Paul Verhaeghe

AUTORITÄT UND VERANTWORTUNG

Aus dem Niederländischen von
Claudia Van Den Block

Verlag Antje Kunstmann

Für Luce

INHALT

EINE ART EINLEITUNG

Eine meiner frühesten Kindheitserinnerungen ist folgende: Ich spiele drau-
ßen, dabei zerbreche ich eine neue Fensterscheibe, die in der Werkstatt
meines Vaters eingesetzt werden soll. Aus Angst vor dem Ärger meines Va-
ters heule ich wie ein Schlosshund. Mein Vater kommt nach Hause und ist
überhaupt nicht böse. Bis heute erinnere ich mich an diese Begebenheit,
und besonders an meine Überraschung. Warum hatte ich nur solche
Angst? Es gab überhaupt keinen Grund dafür. Mein Vater war ein gut-
mütiger Mann, der uns nur selten schlug. Warum machte ich ihn zu dem
Monstrum, das er nie war?

Ich bin dreißig, mein Sohn bricht eine Scheibe aus dem gerade erst gebau-
ten Schrank. Ich bin so wütend, dass ich ihn durchschüttele.
    Bedauern. Und Scham.

* * *

Gymnasium, Kadavergehorsam. Im Internat pickt sich der Aufseher syste-
matisch die schwächeren Jungen heraus, um sie öffentlich zu demütigen.
Das weiß jeder. Jeder ärgert sich darüber, jeder fühlt sich hilflos.

Viele Jahre später. Unser Fakultätsrat wird von einem Professor geleitet,
der Macht und Autorität in sich vereint und sich nicht scheut, davon auch
Gebrauch zu machen – übrigens beides stets zum Vorteil der Fakultät. Bei
einer Sitzung zieht er heftig über den Kollegen X her, der für die Bibliothek
verantwortlich ist. Dort läuft seit geraumer Zeit einiges schief. Das wissen
alle, alle kennen den Grund, ein fest angestellter Bibliothekar, den man
nicht wegbekommt, der aber alles blockiert. Kollege X kann nichts dagegen

tun. Ich ärgere mich und falle dem Leiter des Fakultätsrats ins Wort – ich denke an die Zeit im Internat zurück, wie ohnmächtig ich mich damals fühlte, jetzt ist das anders – und widerspreche: Wenn Kollege X für die Bibliothek verantwortlich ist, muss er auch die dazugehörige Macht bekommen. Falls man ihm die nicht geben kann, kann man ihm auch nichts vorwerfen. Nach der Sitzung geht der Kollege neben mir her, legt kurz seine Hand auf meine Schulter und geht schweigend weiter.

* * *

Eine Diskussion zwischen Assistenten und »dem Prof« in meiner Promotionszeit. Aus verschiedenen Gründen bin ich zu dem Zeitpunkt für alle der Prügelknabe. Während der Diskussion bringe ich einen Punkt ein, von dem ich vollkommen überzeugt bin – er wird einfach weggewischt, woraufhin ich ihn wiederhole und hinzufüge, dass dieser Punkt nicht gehört wurde, weil er von mir kam.

Jahre später werde ich die andere Seite erleben: Meine Argumente werden gehört, weil sie von mir kommen, nicht weil sie richtig sind.

* * *

Mein erster Fakultätsrat als blutjunger Professor. Ich platze vor Stolz und habe das Bedürfnis, bei einer Diskussion laut und deutlich mitzumischen. Nach der Sitzung kommt ein älterer Hochschullehrer auf mich zu und sagt beiläufig: »Kollege, darf ich Ihnen einen Rat geben? Versuchen Sie doch in den nächsten Sitzungen vor allem gut zuzuhören und warten Sie noch ein paar Monate, bis Sie sich selbst zu Wort melden.« Dieser Mann genießt bei mir Autorität, daher höre ich auf ihn. Während meines Studiums ist er einer der wenigen Professoren gewesen, der die Lehre sehr ernst nahm. Beim nächsten Fakultätsrat begreife ich, warum mein Einwand bei der vorigen Sitzung sowohl naiv als auch dumm war. Mangel an Sachkenntnis. Ein gutes halbes Jahr lang halte ich den Mund.

Fünfundzwanzig Jahre später werden mein Fachgebiet und ich von der belgischen Zeitung De Standaard *angegriffen. Ein ganz junger, gerade Promovierter einer anderen Fakultät ist Wortführer und spricht sich kritisch gegen unsere Forschung aus. Dabei unterlaufen ihm so viele Fehler, dass meine Fachgruppe zum ersten Mal den Rückhalt der gesamten Fakultät genießt. Ein Kollege fragt sich: »Kann denn niemand diesen Jungen vor sich selbst schützen?«*

* * *

Uni-Abschlussfeier in der Aula der Universität. Eine Absolventin, mittlerweile eine junge Kollegin, bedankt sich bei mir mit folgenden Worten für meine Seminare: »Sie genießen bei Ihren Studenten viel Autorität, weil Sie Ihre Macht nicht einsetzen.« Ich nicke höflich, finde die Formulierung hübsch und denke mir nichts weiter dabei. In diesem Augenblick ist sie die Intelligentere von uns beiden. Macht ist nicht dasselbe wie Autorität. Das werde ich selbst erst viel später begreifen.

1 IDENTITÄT UND AUTORITÄT

In einem früheren Buch, *Und Ich? Identität in einer durchökonomisierten Gesellschaft*[1], habe ich unsere Identität als ein sich lebenslang entwickelndes Konstrukt beschrieben. Dass ich mich mit Identität beschäftigen wollte, hat mit meiner Arbeit sowohl an der Universität als auch in meiner psychotherapeutischen Praxis zu tun. In meinen Seminaren über Psychodiagnostik nehmen in den vergangenen Jahren sogenannte Persönlichkeitsstörungen immer mehr Raum ein, also Schwierigkeiten im Zusammenhang mit der Identität; doch warum diese plötzliche Zunahme? Als Therapeut erlebe ich, dass deutlich mehr Menschen als früher mit existenziellen Fragen zu kämpfen haben. Mir wurde schnell klar, dass diese Probleme weit über mein Fachgebiet hinausgehen und alle Teile unserer Gesellschaft berühren, Schule und Arbeit jedoch am meisten. Die Erklärung fand ich in gesellschaftlichen Veränderungen, die unserer Identität eine andere Ausprägung geben. Diese Ausprägung macht viele Menschen unglücklich.

Kurz zusammengefasst ging ich von folgender Argumentation aus: Identität ist ein Konstruktionsprozess, der überall in der gleichen Form stattfindet, der Inhalt dieses Prozesses kann sich jedoch stark unterscheiden. Letzteres erklärt, warum eine Gesellschaft mit anderen Problemen zum Psychotherapeuten kommt als eine andere.

Die Konstruktion von Identität lässt sich im Grunde recht einfach beschreiben. Unsere Identität entwickelt sich aus zwei sehr unterschiedlichen, sogar entgegengesetzten Prozessen. Den ersten bezeichne ich gerne mit »Identifikation«, weil dieses Wort denselben Wortstamm wie Identität besitzt. Eine andere Bezeichnung ist »mirroring« oder Spiegelung. Schon von Geburt an hält unsere Umgebung (angefangen mit un-

seren Eltern) uns fortwährend Bilder und Worte vor, die wir übernehmen. Aus diesen Bausteinen konstruieren wir unsere Identität. Dieser
größtenteils gemeinschaftliche Prozess erklärt, warum Menschen, die in
derselben Gemeinschaft aufwachsen, einander mehr gleichen, als ihnen
bewusst ist. *Idem,* der lateinische Stamm von Identität und auch Identifikation, bedeutet wörtlich »derselbe«. Weitgehend unbewusst blicken
wir alle gemeinsam in denselben Spiegel.

Der zweite Prozess, die Separation, ist genau gegenläufig. Schon von
frühester Kindheit an widersetzen wir uns einigen von der Umgebung
auferlegten Zwängen und wollen eigene Entscheidungen treffen. Dieser
Prozess ist bekannter als der Prozess der Identifikation, und zwar aus gutem Grund. Separation ist für zwei Altersabschnitte kennzeichnend, in
denen sich Eltern gerne einmal fragen, wie sie eigentlich auf die Idee
kommen konnten, Kinder zu bekommen. Kleinkinder lernen zwei Wör-
ter sehr früh und kombinieren sie nach Lust und Laune: »ich« und
»nein«. Diese einst als Trotzphase bezeichnete Lebensperiode findet ihre
Fortsetzung in der Pubertät, wenn der Jugendliche Grenzen austestet, indem er sie möglichst oft überschreitet, und verbissen nach Identifika-
tionsfiguren sucht, die seine Eltern vehement ablehnen.

Identifikation und Separation sind keine einander ablösenden Prozesse, sie finden gleichzeitig statt, wenn auch mit wechselnder Priorität.
Bei Erwachsenen können wir gut beobachten, dass manche Menschen
systematisch zu einem »Nein« tendieren, also zur Separation. Sie reagieren mit Ablehnung auf alles, was ihnen angeboten wird. Andere wiederum neigen ebenso systematisch zu einem »Ja«, also zur Identifikation.
Diese Menschen richten sich beispielsweise eher nach der Mode und
schwimmen generell mehr mit dem Strom. Die meisten von uns befinden sich irgendwo zwischen diesen beiden Polen und treffen im güns-
tigsten Fall eine wohlüberlegte Entscheidung für ein Ja oder ein Nein.

Von der Identifikation haben wir dank Psychoanalyse, Entwicklungspsychologie und jüngst der Entdeckung von Spiegelneuronen ein
recht gutes wissenschaftliches Verständnis. Separation hingegen gibt uns
viele Rätsel auf – dabei ist gerade sie für unsere Einzigartigkeit besonders

wichtig. Auffällig ist an diesen beiden Prozessen, dass der erste uns zu Gruppen, also zu Konformität treibt, der zweite aber zu Autonomie und eigenen Entscheidungen. Das ist eine schwierige Verbindung.

Beide Prozesse bestimmen die Konstruktion unserer Identität. Die nächste Frage zielt auf den Inhalt – wer bin ich eigentlich? Statt mich auf die Suche nach verschiedenen Persönlichkeitstypologien zu machen, entschied ich mich dafür, unsere Identität über vier wichtige Beziehungen oder Relationen zu begreifen. Meine männliche Identität ergibt sich aus meiner Beziehung zum anderen Geschlecht. Auch meine Beziehung zur Generation über mir und der Autorität prägt meine Persönlichkeit. Als Erwachsener entwickle ich meine eigene Art, Autorität auszuüben. Weiter bestimmt mich noch mein Verhältnis zu Gleichgestellten (Altersgenossen, Nachbarn, Kollegen). Zuletzt bin ich auch »typisch ich« aufgrund meiner Beziehung zu meinem eigenen Körper, zu »meinem Selbst«.

Der Zusammenhang zwischen Konstruktion (Identifikation und Separation) und Inhalt (die vier Relationen) liegt auf der Hand. Wie ich mich beispielsweise dem anderen Geschlecht oder Autorität gegenüber verhalte, hängt größtenteils von der Gemeinschaft ab, in der ich aufwachse. Die Spiegel, in die ich blicke, werden von der Kultur bestimmt. Daher unterscheidet sich auch unsere Identität stark von der in anderen Kulturen, wo man in andere Spiegel blickt und daher andere Relationen und andere Identitäten entwickelt – manchmal so anders, dass es zu ernsten Konflikten mit unseren Spiegeln, also mit uns kommt.

Dieses Konfliktpotenzial ergibt sich daraus, dass die vier Relationen voller Gebote und Verbote stecken, darunter die dominanten Normen und Werte der Gesellschaft, in der wir aufwachsen. Die Aussage in meinem vorigen Buch, dass jede Identität auf eine Ideologie zurückzuführen ist, wirbelte einigen Staub auf. Doch sie lässt sich recht einfach belegen, denn die unsere Identität bestimmenden Relationen sind eben niemals neutral.

Besonders deutlich wird dies in unserem Verhältnis zum anderen Geschlecht, unter anderem, weil die Gebote und Verbote eine tief gehende Veränderung erfahren haben. Wer klagt immer zum falschen Zeitpunkt über Kopfschmerzen? Wie teilen wir die Aufgaben rund um Erziehung und Versorgung unserer Kinder auf? Und warum bekommen Frauen noch immer weniger Lohn für die gleiche Arbeit? Beschränken wir uns auf die klassische Zweiteilung (Männer versus Frauen) und lachen uns bei der Verunglimpfung von Homosexuellen in aller Stille scheinheilig ins Fäustchen, oder gehen wir ganz selbstverständlich auch von einem dritten (homosexuell) oder sogar vierten Geschlecht (transsexuell) aus?

Der Gleichgestellte hieß vor nicht allzu langer Zeit noch unser »Nächster« und in einem anderen Jargon »Kamerad«. Jemand, dem wir helfen mussten, auch wenn uns gerade nicht danach war. Inzwischen sieht das anders aus. Arbeite ich mit anderen eng in einem Team zusammen oder gebe ich meiner eigenen Karriere Vorrang? Bin ich bereit, einen Teil meines Gehalts für Rentner, Arbeitslose und Kranke abzugeben, oder betrachte ich diese als Schmarotzer? Akzeptiere ich Abgaben für gemeinschaftliche Einrichtungen oder maule ich dauernd über die hohe Steuerbelastung?[2] Kann ich andere in meinen intimen Raum einlassen oder bleibe ich lieber für mich alleine, aus Angst vor jeglicher Berührung?

Der letzte Punkt lenkt den Blick auf eine ganz spezifische Relation innerhalb unserer Identität: die zum eigenen Körper. Während dieser in einer früheren, mittlerweile beinahe vergessenen Zeit »Bruder Esel« genannt wurde und als unrein und Quell der Sünde galt, ist er nun Gegenstand ständiger Sorge. Ist meine Nase nicht zu groß? Sind meine Lippen nicht zu schmal, meine Brüste nicht zu klein? Ist diese Warze nicht vielleicht ein bösartiges Geschwür, und sollte ich nicht besser zur Vorsorgeuntersuchung für Darmkrebs gehen? Im Gegensatz zum heiligen Franz von Assisi, der einst seinen widerspenstigen Körper als »Bruder Esel« bezeichnete, haben Filmstars perfekt definierte Körper, von denen der Normalbürger selbst nach konsequentem Training nur träumen kann. Die ständige Sorge um den Körper gehört zu einer Art Genuss-Pflicht, sei es beim Sport, beim Essen oder bei der Erotik. Bruder und Schwester Esel müssen sich kaputt genießen, die vor ihrer Nase baumelnde Möhre führt sie zu Fitnessstudio, Sportverein und Schönheitschirurg – nach einem Abstecher in den Sexshop.

Die Beziehung zum eigenen Körper ist inzwischen fast mit der zum anderen Geschlecht verschmolzen – die Spiegel im Fitnessstudio dienen ebenso sehr dazu, sich selbst zu begutachten, wie den anderen zu taxieren –, weshalb solche Sportstätten mittlerweile auch als Singlebörse gehandelt werden. Dahinter steckt die Angst vor Zurückweisung. Bin ich gut genug? Genüge ich der unsichtbaren Norm, die ich mir, ausgehend von dem prüfenden Blick des anderen, immer wieder selbst auferlege?

Diese drei Relationen werden von einer vierten umschlossen: unserer Beziehung zu Autorität. In uns arbeitet eine zwingende Kraft, die uns vorhält, wer wir sein müssen und wer wir nicht sein dürfen, als Mann oder Frau, als Gleichgestellter, als Körper. Diese Kraft ist Teil von uns, und doch auch wieder nicht. In der Psychologie spricht man von »Internalisierung« – Gebote und Verbote, die ursprünglich nicht von uns stammen, die wir aber verinnerlicht haben. Sie sind ein Teil von uns geworden, der Teil, der uns ständig ins Gewissen redet. Freud sprach von einem *Über-Ich*, das von oben auf unser Ich herabsieht, und sah dessen Ursprung in einer Identifikation mit dem verbietenden Vater. Interessanterweise ist diese Internalisierung zugleich auch eine Sozialisierung: Wir passen uns an die sozialen Erwartungen an. Ja, vielleicht habe ich von meiner Arbeit die Nase voll, würde am liebsten meinem Chef gehörig die Meinung sagen und eine (deutlich) jüngere Kollegin bespringen – doch ich tue es nicht. Etwas hält mich zurück und gebietet mir, eine gewisse Arbeitsmoral an den Tag zu legen, meinem Chef gegenüber höflich zu bleiben und mich meinen Kollegen gegenüber korrekt zu verhalten. Und das tue ich aufgrund eines inneren Zwangs. Schon eigenartig.

Autorität, Normalität und Macht

Dieses Verständnis von Identität half mir auch zu begreifen, warum wir heute so viele Probleme damit haben. Die gesellschaftlichen Veränderungen der letzten Jahrzehnte haben andere Spiegel installiert und uns eine veränderte Haltung mit anderen Normen und Werten (Erfolg, Wettbewerbsfähigkeit, Flexibilität, Individualismus, Verpflichtung zur »Autonomie«) beigebracht. Diese Werte basieren auf einem dominanten Wirtschaftsmodell, das wir unter dem Begriff Neoliberalismus kennen.

Dass dieser die Menschen krank machen kann, steht mittlerweile außer Frage. Auf gesellschaftlicher Ebene bewirkt der Neoliberalismus zunehmende Ungleichheit und eine Aufteilung der Menschen in Gewinner und Verlierer, die nicht nur ungesund, sondern auch gefährlich ist. Als Ideologie verursacht dieses Modell Angst- und Schuldgefühle. Der andere wird zur konstanten Bedrohung, und wer nicht erfolgreich ist, muss sich sagen lassen, er sei selbst daran schuld. Die aktuelle Häufung von Angststörungen und Depressionen ist eine Folge davon.

Der Neoliberalismus, ursprünglich ein ökonomisches Modell, hat nur deshalb so großen Einfluss, weil seine Macht weit über das Wirtschaftsleben hinausreicht und mittlerweile vorgibt, was normal ist. In »normal« steckt das Wort »Norm«. Wer der Norm folgt, ist normal, wer das nicht tut, gilt als dumm, altmodisch oder gestört.

Damit stellte meine Betrachtung von Identität mich vor eine neue Frage: die der Autorität. Wie konnten sich die westlichen Normen und Werte in so kurzer Zeit – kaum zwei Generationen – derart wandeln? Wie konnte Solidarität zum Unwort werden, Habgier zur Tugend und Genuss zur Pflicht? Welche Autorität und welche mit ihr einhergehende Macht haben diese Veränderung bewirkt? Wie unterscheidet sie sich von der früheren Autorität, welche Verschiebungen haben da stattgefunden?

Darauf Antworten zu finden war alles andere als einfach; dieses Buch ist das Ergebnis meiner Suche. Ein erstes, wesentliches Kennzeichen kann ich bereits an dieser Stelle nennen: Autorität besitzt man niemals als Einzelner, als Individuum. Autorität kann man nur aufgrund von etwas verkörpern, das den Einzelnen übersteigt. Autorität beruht immer auf Moral, ein Zwang, gegossen in Normen und Werte, mit denen eine Gemeinschaft die Beziehungen ihrer Mitglieder regelt: das Verhältnis zwischen Männern und Frauen, unter Gleichgestellten, unter nicht Gleichgestellten und das Verhältnis der Gemeinschaft zu jedem Einzelnen.

Die gegenwärtigen neoliberalen Normen und Werte weichen inhaltlich stark von den christlichen Normen und Werten ab. Die christliche Moral hingegen hat kaum noch Autorität – ihr Zwangscharakter hat sich in Luft aufgelöst. Und doch ist die Annahme, das neoliberale Wertesystem besäße große Autorität, ebenso falsch. Trotz seiner Dominanz hat es wenig moralische Durchschlagskraft. Der Zwangscharakter neoliberaler Normen und Werte hat mehr mit Macht zu tun als mit Autorität.

Hier zeigt sich, dass wir zwischen Macht und Autorität differenzieren müssen. Beide unterscheiden sich deutlich, schließen einander jedoch nicht aus. In jeder Form von Autorität steckt ein Aspekt von Macht. Autorität braucht Macht, um das gewünschte Verhalten durchzusetzen – man spricht in diesem Fall von legitimierter Macht. Andererseits kann Macht auch aus sich selbst heraus funktionieren, ohne Autorität. Dann ist sie das Recht des Stärkeren – gegenwärtig häufig das Recht des Reicheren: Ich muss tun, was der andere sagt, weil er stärker (reicher) ist als ich. Dann beruht Macht auf einer bestimmten Eigenschaft und hat nichts mit Autorität zu tun.

Ein Lehrer ist eine Autoritätsperson – er hat das Sagen. Dass genau dies heute freilich immer weniger der Fall ist, illustriert unsere Probleme mit Macht und Autorität.

Viele Menschen, die mit den gesellschaftlichen Veränderungen nicht einverstanden sind, machen das Schwinden der Autorität dafür verantwortlich. Konservative Stimmen klagen über den Untergang des Abendlandes, und manche suchen die Schuld bei »den Ausländern«. Damit meinen sie Muslime – ironischerweise Angehörige einer Glaubensgemeinschaft, die wesentlich mehr konservative Normen und Werte verkörpert als die heutige westliche Gesellschaft, die deren Schwinden beklagt. Mit diesen Stimmen kann ich mich nicht identifizieren; zugleich jedoch ist auch mir klar, dass der Westen mit Autorität ein Problem hat. Darum musste ich weiterforschen.

Über früher und jetzt

Das aktuelle Wehklagen könnte den Eindruck erwecken, Autorität sei erst vor Kurzem zum Problem geworden. Aber weit gefehlt: Sie steht bereits seit der Aufklärung unter Beschuss. Das ist nicht weiter verwunderlich: Widerstand gegen die Obrigkeit ist schließlich ein Teil unserer Identität. Was wir auf individueller Ebene tun – kritisch untersuchen, welchen Spiegel uns der andere vorhält –, tun wir auch im Kollektiv. In regelmäßigen Abständen stellen wir alle gemeinsam den uns vorgehaltenen Spiegel zur Diskussion, weisen ihn zurück und zertrümmern ihn vielleicht sogar. Und dann machen wir uns auf die Suche nach einem neuen Spiegel.

Schon Kant sah einen Zusammenhang zwischen der Entwicklung eines Kindes und der Entwicklung der Menschheit. Genau wie das Kind ist die Menschheit »unmündig«, und aus dieser Unmündigkeit muss sich der Mensch befreien. Wem das gelingt, der erwirbt sich Autonomie und kann selbst Entscheidungen treffen.

Kant lebte kurz nach der Zeit, in der die Könige ihren Machtanspruch direkt von Gott ableiteten und so als absolute Herrscher regieren konnten. Wer die Autorität des Königs infrage stellte, stellte zugleich auch Gott infrage, und das ließ man besser bleiben. Ab dem 17. Jahrhundert erzwang sich der Westen allmählich einen Demokratisierungsprozess, in dessen Verlauf Kirche und Staat getrennt wurden. Die Etablierung einer neuen Form der Autorität verlief langsam und zum Teil schubweise; den letzten Schub gab, wir erinnern uns noch, »die 68er-Bewegung«.

Auffällig ist, dass Autorität damals vor allem negative Assoziationen hervorrief, ob es sich um autoritäre Herrscher, ultrastrenge Patriarchen, Polizisten und Grenzbeamte oder Diktatoren wie Franco und Pinochet handelte. Autorität, so meinte man, sei per se verwerflich und gehöre abgeschafft. So kam die – im Rückblick – sehr naive Idee auf, der Mensch sei ohne Autorität besser dran, eine Gemeinschaft organisiere sich ohne

Autorität selbst spontan so, wie es für alle von Vorteil ist. Kommunen brauchen keine Regeln, es lebe die Freiheit.

Dieses Denken geht auf einen anderen Philosophen der Aufklärung zurück, nämlich auf Jean-Jacques Rousseau und sein Konzept des »edlen Wilden«, der alleine durch die Wälder zieht, hier einen Apfel pflückt, dort ein Kaninchen fängt, zwischendurch seine Gefährtin befriedigt und sieben rosige Kinder aufzieht. Rousseau war ein leidenschaftlicher Gegner der modernen Zivilisation und der Stadt, die seiner Meinung nach die Idylle nur zerstören konnte. Kein Wunder also, dass die Umweltbewegung der Siebzigerjahre gerne auf seine Gedanken zurückgriff. Zivilisation und Technik sind schlecht, Autorität ist gleichbedeutend mit Diktatur – zurück zu Mutter Natur, lautete die Botschaft.

Mutter Natur. Man braucht kein ausgebildeter Psychologe zu sein, um zu begreifen, dass die Autorität, von der man Abstand nehmen wollte, hier primär mit einem mythischen Vaterbild, dem diktatorischen Patriarchen assoziiert wird. Demgegenüber steht der Traum von einer ebenso mythischen Matriarchin, der sorgenden, liebenden Mutter, deren Verbot so sanft klingt, dass wir es kaum hören. Die die Brust gibt statt der Rute. Nicht zufällig verwiesen die ersten anarchistischen Bewegungen, die zentrale Autorität insgesamt verwarfen, häufig auf ein angeblich ursprüngliches und »natürliches« Matriarchat.

Gleichwohl bedingen diese beiden gegensätzlichen Konzepte einander. Das Vaterkonzept, um es einmal so zu nennen, entwickelt immer mehr Regeln, die nach einer gewissen Zeit neue Probleme schaffen, und diese versucht man dann durch weitere Regeln zu lösen. Der Buchtitel *Richtlinien zur Abweichung von Richtlinien*, auf den ich einmal bei einem psychiatrischen Kongress gestoßen bin, bringt das am besten zum Ausdruck. Nach einiger Zeit funktioniert so gut wie nichts mehr, wie es soll, denn jeder ist ängstlich darum bemüht, nach den Regeln zu leben, und vergisst dabei das Wesentliche. Früher oder später platzt die Bombe, und das andere Extrem kommt zum Tragen: Autorität und Regeln werden für überflüssig erklärt, es lebe die Freiheit, es wird sich schon alles finden.

Anfangs gelingt das auch ganz gut, wahrscheinlich, weil der frühere

Zwang und die dazugehörige Angst noch eine Weile nachwirken. Bis man dann entdeckt, dass der Pfarrer den Ministranten eine ganz spezielle Absolution erteilt, Parlamentsmitglieder ihre Kostenabrechnungen fälschen und Jugendliche der Mittelschicht bei Straßenkrawallen mit Begeisterung Läden plündern. Dann verfällt man wieder ins andere Extrem.

Genau das gewinnt aktuell wieder an Boden: der Ruf nach Autorität – die wir vor nicht allzu langer Zeit doch gerade loswerden wollten. Vor einem halben Jahrhundert schrieben Psychotherapeuten praktisch jede psychische Störung den autoritären Vätern zu – also weg mit ihnen. Heute hört man genau das Gegenteil, und manche Psychoanalytiker wollen den Vater in seiner ganzen autoritären Herrlichkeit wieder einsetzen.

Wie populär dieses Denken ist, zeigt sich bei jeder Wahl. Sobald eine politische Partei *law and order* verspricht, steigen ihre Umfrageergebnisse, und erst recht, wenn sie eine väterliche Galionsfigur vorweisen kann. Ebenso auffällig ist, dass keine einzige dieser Parteien ihr Versprechen einlösen kann. Man beachte, dass bei dieser Lösung Autorität immer von oben kommen muss: durch Gott den Vater, den Vater des Vaterlandes und ihre jeweiligen Vertreter. Wir gewöhnlichen Menschen können uns nach dieser Auffassung nicht selbst beherrschen. Wir sind schlecht und schwach – wir müssen erzogen werden.

Erziehung und Autorität

Gent, Ende September 2014, an einem Donnerstagabend. Eine Horde achtzehnjähriger Studenten wankt den Genter Kattenberg nahe der geisteswissenschaftlichen Fakultät hinunter. Offensichtlich handelt es sich um Erstsemester, und offensichtlich haben sie etwas zu intensiv ihre neu erworbene »Freiheit« ausgekostet. An der Straße liegen überall Müllsäcke, und einer der jungen Menschen fängt an, damit Fußball zu spielen. Die anderen schließen sich mit Feuereifer an, und bald ist der Gehweg übersät von Dosen, platt gedrückten Plastikflaschen und anderem Müll. Eine sechzigjährige Anwohnerin kommt hinzu, lässt eine französische

Tirade vom Stapel und liest den jungen Leuten die Leviten. Die meisten ergreifen die Flucht, ein kleines Grüppchen bleibt betreten stehen. Die Frau befiehlt ihnen zu warten, geht nach Hause, kommt mit einer Rolle Müllsäcke unterm Arm zurück und fordert die Übriggebliebenen auf, die Sauerei zu beseitigen. Dann geht sie. Am nächsten Morgen ist alles ordentlich aufgeräumt. Als sie mir die Geschichte erzählt, fügt sie lächelnd hinzu: »Sie haben sich ihrer Mutter gegenübergesehen.«

Eltern haben Macht und sorgen als Bezugspersonen für Sicherheit. In der Psychologie geht es häufig um die mehr oder weniger sichere Bindung von Kindern. Diese ist in der Tat von höchster Bedeutung; es handelt sich dabei im Wesentlichen um das Verhältnis zwischen Bezugsperson und Baby bis ins Vorschulalter. Wie sicher die Bindung eines Kindes ist, lässt sich paradoxerweise buchstäblich daran messen, wie gut es die Bezugsperson loslassen kann. Ein typisches Bild von sicherer Bindung ist folgendes: In einem unbekannten Raum, in dem ein Kleinkind sich mit seiner Mutter befindet, geht das Kind spontan auf Entdeckungsreise. Immer wenn es in die Nähe eines potenziell gefährlichen Gegenstandes kommt und die Mutter warnende Geräusche von sich gibt, schaut es sich mit breitem Grinsen um und krabbelt dann mit seinem Windelpaket noch schneller von ihr weg (»Fang mich doch!«). Ganz anders ein unsicher gebundenes Kleinkind, das sich in derselben Situation an Mamas Rockzipfel festklammert und nicht von ihr wegzuholen ist.

Den Erfolg unserer Erziehung können wir daran messen, wie unsere Kinder sich von uns lösen können.

Die vom Kleinkind *gefühlte* Sicherheit hängt ganz eng mit der Sicherheit und Vorhersehbarkeit zusammen, die es immer wieder *erfahren* hat. Das zeigt deutliche Auswirkungen bis ins Erwachsenenalter. Jemand hat *Selbst*vertrauen, weil er als Kind erfahren hat, dass er einem *anderen* vertrauen kann. Sicherheit und die dazugehörige Gewissheit und Verlässlichkeit bedeuten nicht, dass die Bezugsperson immer für ihr Baby da sein muss. Im Gegenteil, ein Kind fühlt sich sicher, sobald es davon überzeugt ist, dass Mama oder Papa auf eine vorhersehbare Art verschwindet und wieder zurückkommt. Eltern, die verzweifelt versuchen, immer und überall für ihr Kind da zu sein, geben vor allem ihre eigene Unsicherheit und Angst weiter.

Den Erfolg unserer Erziehung können wir also auch daran messen, wie wir selbst mit Abwesenheit umgehen.

So entsteht ein schönes Spiegelbild. Ein Kleinkind muss lernen, mit der Abwesenheit der Mutter zurechtzukommen, und muss die Gewissheit bekommen, dass sie wiederkommt. Einige Jahre später muss die Mutter lernen, mit der Abwesenheit ihres Teenagers umzugehen. Dann braucht sie die Gewissheit, dass ihr Sohn oder ihre Tochter wieder nach Hause kommt. Wenn der Nachwuchs nicht von zu Hause wegkommt oder richtiggehend aus dem Elternhaus fliehen muss, dann stimmt etwas nicht.

Beide Reaktionen gehen auf eine von Unsicherheit geprägte Vorgeschichte zurück. Als Ursachen dafür kommen verschiedene Faktoren infrage: unberechenbare Eltern, eine allgegenwärtige Mutter, eine traumatische Kindheit … Wenn das erwachsen gewordene Kind zu Hause bleibt, ist es die Außenwelt, die als gefährlich und bedrohlich erfahren wird. Will der junge Erwachsene so weit wie möglich von zu Hause weg, dann liegt das an der Bedrohung aus der Innenwelt. Die erste Gruppe ist eindeutig abhängig und löst das Problem ihrer Unsicherheit, indem sie sich anpasst. Die zweite Gruppe wirkt autonom und selbstständig, bis sich herausstellt, dass sie sich beinahe zwanghaft gegen ihre Umgebung auflehnen muss. Die erste Gruppe bejaht alles stillschweigend, die zweite verwehrt sich mit einem lautstarken Nein, und beide schreiben somit dem anderen eine Allmacht zu, die entweder Unterwerfung oder Widerstand fordert.

Allmacht? Wie sich Autorität in den frühen Erziehungsprozessen einnistet, ist leicht nachvollziehbar. Das Kleinkind ist vollkommen abhängig von der Mutter und bemüht sich nach Kräften, in ihrer Gunst zu bleiben. Wenn Lucy brav ist, freut sich Mama. Wenn sie ungezogen ist, ärgert sich Mama. Aufgrund einer typisch menschlichen Eigenschaft – unseres phänomenalen Lernvermögens – begreift das Kind schnell, wie es sich verhalten muss. Die erste Strafe, die ein Kind erhält, ist weltweit dieselbe: Es muss sich von der sicheren Nähe der Gruppe entfernen (»geh auf dein Zimmer«). Auch unter Erwachsenen ist das die soziale Sanktion der Wahl, nämlich Ausgrenzung, Gefängnisstrafe, Verbannung.

Autorität, insbesondere die der Mutter, sorgt für die Sicherheit, in der das Kind allmählich Autonomie erwerben und in Ruhe die Außenwelt erkunden kann. Bei Goethe klingt das so:

In der Beschränkung zeigt sich erst der Meister,
Und das Gesetz nur kann uns Freiheit geben.[3]

Die Freiheit besteht in diesem Fall darin, in völliger Sicherheit auf Entdeckungsreise zu gehen. Ironischerweise führt diese auf der Basis von Autorität erworbene Sicherheit dazu, dass die erste Strafe (Ausgrenzung) nach einiger Zeit ihre Wirkung verliert – »Geh auf dein Zimmer!« »Mit größtem Vergnügen!« – und die Autorität vor eine neue Herausforderung stellt. Ein Kind kann Autonomie zu stark und zu früh einfordern, während die Umgebung noch auf Anpassung an die Gruppenbelange beharrt. In einer traditionellen Familie ist das der Moment, in dem die väterliche Autorität auf den Plan tritt. In ihrer altmodischen Ausprägung dürfte sie weniger subtil als die mütterliche Autorität an dieses Problem herangehen, weil es mehr um physische Macht als um Autorität geht.

Unsichere Eltern, unsichere Kinder

In der Erziehung ist Sicherheit dem Freiheitsdrang übergeordnet. Als ich mit diesem Buch begann, erzählte mir ein junges Elternpaar folgende Geschichte: Sie kämpften mit der Entscheidung, in welchen Kindergarten ihre Tochter gehen solle. Zusammen mit der gerade dreijährigen Eva hatten sie verschiedene Einrichtungen besucht und wollten nun von ihrer Tochter hören, wo es ihr am besten gefiel. Das Kind war sich nicht sicher, und die Eltern wussten es auch nicht.

Evas Zweifel spiegelte die Unsicherheit ihrer Eltern, und das tut den heutigen Kinder nicht gut. Elterliche Verfügungsgewalt über ihre Kinder ist heutzutage alles andere als selbstverständlich. Dass Kinder frühreifer und frecher sind, ist nur die halbe Wahrheit. Die sogenannte Frühreife ist nämlich das Ergebnis davon, dass die Eltern Angst haben, mit der elterlichen Position auch die damit verbundene Autorität einzunehmen. Ihre Angst äußert sich ferner in zweifellos gut gemeinten, aber falsch verstandenen pädagogischen Prinzipien nach dem Motto »Kinder müssen mitreden dürfen«. Dabei vergessen wir, dass es sich um Kinder handelt, dass Eltern für ihre Kinder verantwortlich sind und bei allem Mitspracherecht das letzte Wort behalten müssen. Im folgenden Kapitel werde ich aufzeigen, dass das Fundament der klassischen Autorität verschwunden und das Elternsein dadurch um einiges schwieriger geworden ist als früher.

Die Auffassung, Erziehung käme ohne Autorität aus, ist ein Irrtum sondergleichen. Oder wie es ein junger Vater mir gegenüber ausdrückte: »Bei Fünfjährigen stehe ich nicht so auf Demokratie.« In der normalen Entwicklung nehmen Eltern gegenüber Kleinkindern und Kindern eine deutliche Autoritätsposition ein und lassen ihrem Nachwuchs allmählich immer mehr Autonomie, bis er »volljährig« ist. Derzeit kehren wir diese Reihenfolge häufig um. Kleinkinder dürfen so ungefähr alles (und bekommen auch noch Beifall für ihre Taten), und auch in Kindergarten und Grundschule werden wenig Grenzen gesetzt. Wenn Kinder dann in die Pubertät kommen und die dazugehörigen Probleme bereiten, versuchen wir es mit »Absprachen«. Das scheitert mit Pauken und Trompeten, haben wir doch nie die Grundlagen dafür gelegt. Werden die Probleme dann größer, suchen wir Hilfe bei einem Psychologen oder sogar Psychiater.

Kein Wunder, dass Schulen sich so schwertun. Die Schule nimmt eine Position zwischen der häuslichen Umgebung und der Außenwelt ein, zwischen Kindheit und Erwachsenenalter, zwischen anfänglichem Gehorsam und wachsender Autonomie. Ihr Ziel ist einerseits die Vermittlung von Wissen, andererseits die Persönlichkeitsbildung junger Menschen. Aktuell erwarten die Eltern von der Schule, dass sie ihren Kindern Autorität vermittelt. Die Schule wiederum klagt, dass Eltern ihre Kinder nicht mehr erziehen. Was geht hier vor sich?

SCHULE UND AUTORITÄT

Es gibt immer mehr problematische Schüler, immer mehr Lehrkräfte leiden unter Burn-out. Die Schwierigkeiten in den Schulen nehmen weiter zu, und so gut wie jeder hat eine Erklärung dafür parat (zu viele Reformen, zu wenige Mittel, zu viele Schüler mit Migrationshintergrund, zu wenig Orientierung am Arbeitsmarkt, zu viele weibliche Lehrkräfte, und zu guter Letzt zu viele Farbstoffe und Konservierungsmittel in unseren Lebensmitteln). Meiner Meinung nach ist vor allem das Verschwinden der Autorität dafür verantwortlich, die traditionell in der Rolle des Lehrers verkörpert ist.

Unsere westliche Kultur geht auf die römische Tradition zurück, bei der ein *discipulus,* ein Schüler, *disciplina* erwirbt. *Disciplina* steht für Kenntnis und Erziehung, aber auch für Zucht. Sie wird vom *magister,* vom Lehrer also, vermittelt. Der *magister* ist älter und weiß es besser; der Schüler ist jünger und weiß viel weniger. Aufgrund dieses Gefälles muss der Schüler auf die Person hören, die von der Gemeinschaft die Autorität dazu erhalten hat. Das Ziel ist, dass der Schüler nach einiger Zeit den Lehrer nicht mehr braucht und selbstständig seiner Wege gehen kann. In der mittelalterlichen Rangordnung war er erst Schüler, dann Geselle, und danach konnte er selbst Meister oder Lehrer werden.

Viele Schulen legen heutzutage vor allem auf das Schulklima großen Wert, und die Schulleitung geht häufig von einer implizierten Partnerschaft zwischen Schüler und Lehrer aus. Bei diesem Ansatz liegt der Akzent auf selbstständigem Lernen, denn ein Kind soll von sich aus wissbegierig sein; die Lehrkraft von heute fungiert eher als Moderator oder Coach – jemand, der keine Autorität auszuüben braucht, denn wenn die Lernumgebung interessant genug ist, werden die Kinder von selbst zu lernen beginnen.

In der Praxis sieht es freilich anders aus. Das macht aber nichts, denn die allgegenwärtige Psychologie gibt uns sowohl eine Erklärung als auch eine Lösung an die Hand, sodass wir am Bild des Kindes festhalten können, das von sich aus nach schwierigem Lernstoff verlangt. Das Zauberwort lautet »Motivation«. Manche Kinder sind offenbar nicht oder nicht ausreichend motiviert, um zu lernen, oder sogar nicht ausreichend motiviert für den Schulbesuch. Motivation ist etwas Geheimnisvolles, etwas, worüber ein Schüler offenbar in mehr oder weniger großem Maße verfügt (bestimmt wird bereits untersucht, ob es genetische Ursachen dafür gibt), und das bei der jüngsten Generation deutlich abnimmt. Daher muss man sie von außen ergänzen, und darum geht es doch in der Schule, oder? Es ist für einen Lehrer eine vernichtende Kritik, wenn »er es nicht schafft, seine Schüler zu motivieren«.

Das Ergebnis sieht so aus: Die Klasse wird zur Arena, in der ein kritisches Kinderpublikum laut den studierten Stand-up-Comedian kommentiert, der mit seiner Multimedia-Show krampfhaft versucht, ein wenig Interesse zu wecken. Das Problem – die mangelnde Motivation von Schülern – bleibt bestehen, aller Motivierungstechniken und dem Senken des Niveaus zum Trotz.

Dann zieht man den Psychologen zurate. »Unser Sohn ist nicht motiviert. Er sieht nicht ein, wozu die Schule gut sein soll.« Doch auch der Therapeut weiß nicht weiter. Zwangs-Psychotherapie funktioniert nun einmal nicht. Die zunehmende Nachfrage danach zeigt aber, warum psychologische Behandlungen immer mehr zur heimlichen Disziplinierungsmaßnahme werden.

Einen anderen Ausweg – wieder über den Psychologen – bietet die Suche nach einer passenden Störung, die als Deus ex Machina erklärt, warum Sohnemanns Schulleistungen nicht den hohen Erwartungen entsprechen. Es folgen individuelle Vergünstigungen für den Sohn, die stets eines gemeinsam haben: Die Anforderungen werden immer weiter gesenkt.

Ich stelle überhaupt nicht in Abrede, dass es wirklich Kinder mit solchen Schwierigkeiten gibt, Kinder, die zusätzliche Hilfestellung gut gebrauchen können. So gut wie jede Studie zeigt, dass eine deutliche Mehrheit dieser Schwierigkeiten mit einem sozialen Rückstand zu tun hat, insbesondere mit dessen Auswirkungen auf die Sprachentwicklung.

Weiteren Studien ist zu entnehmen, dass die Hilfsangebote größtenteils von Kindern der Mittelschicht in Anspruch genommen werden, wo die Probleme viel weniger gravierend sind.[4]

Mittlerweile wagt in unserem überregulierten Schulsystem kaum jemand mehr, eine Autoritätsposition einzunehmen, obwohl alle eigentlich darum betteln. Aber keiner will diese Kastanien aus dem Feuer holen und sich dabei die Finger verbrennen. Die Eltern wollen, dass die Schule ihre Kinder erzieht, vonseiten der Schulen heißt es, man könne nur Unterricht bieten. Lehrkräfte klagen darüber, dass die Eltern ihnen keine wohlerzogenen Kinder mehr schicken, Eltern klagen, dass die Schule ihren Kindern keine Disziplin beibringt. Doch wenn eine Lehrkraft tatsächlich streng ist und einen Schüler bestraft, bekommt sie es gleich mit entrüsteten Eltern zu tun. Erzieht eine Mutter ihre Kinder mit eiserner Disziplin, so gilt sie als Tigermutter, und man spricht von Kindesmisshandlung.[5] Eine zu softe Erziehung ist aber auch wieder nicht das Richtige, und mittlerweile gibt es in verschiedenen Gemeinden eine offizielle Regelung, nach der die Eltern von Schulschwänzern bestraft werden können.

War es jemals schwierig, Kind zu sein, so ist es heute sehr schwierig, Eltern zu sein. Die Rollen haben sich offenbar sogar umgedreht, wenn man Beispiele (glücklicherweise nur Einzelfälle) betrachtet, in denen Kinder von Amts wegen ermutigt werden, ihre Eltern zurechtzuweisen. Früher war so etwas typisch für totalitäre Staaten wie die DDR, wo Kinder explizit kontrollieren sollten, ob ihre Eltern brave Genossen waren. 2007 startete das britische Innenministerium eine Kampagne, bei der Kinder mithelfen sollten, das Verhalten ihrer Eltern zu korrigieren.[6] Auch wenn es dabei »nur« um Umwelterziehung geht (Abfallsortieren, gesunde Ernährung, Verkehrssicherheit), bleibt diese Umkehrung doch bedenklich. Und dass die Macht von Kindern über ihre Eltern als *pester power*[7] bezeichnet wird, ist ebenfalls alles andere als beruhigend.

Der nächste Schritt bei diesem Machtwechsel ist mittlerweile ebenfalls schon Realität: Kinder, die ihre Eltern misshandeln und Lehrkräfte mobben. Eine Studie aus dem Jahr 2007 zeigt, dass drei von vier Erwachsenen in den Niederlanden finden, die heutigen Kinder seien brutal, asozial und hinterhältig. Der britische Pädagoge Furedi zitiert eine Studie von 2008, nach der die Hälfte (!) der Lehrkräfte in England von Schülern gepiesackt oder gar tätlich angegriffen werde. Auffällig ist, dass sehr viele Lehrkräfte das der Schulleitung nicht melden, »aus Angst vor einer negativen Beurteilung«. Lehrkräfte fürchten also ein schlechtes Zeugnis, nicht ihre Schüler.[8]

Damit wären wir wieder am Anfang, bei der Suche nach Erklärungen und Lösungen für die Misere in den Schulen. Das konservative Mittel der Wahl wäre die Rückkehr zu Zucht und Ordnung, während progressive Denker davor zurückschrecken. Dabei wird ein merkwürdiger Umstand deutlich: Aus irgendwelchen Gründen gehört autoritäres Denken in das konservative Gedankengut und eine antiautoritäre Einstellung zu progressiven Bewegungen wie der 68er.

Antiautoritäre Bewegungen

Nun, da der Konservatismus eine Renaissance erlebt, äußern sich viele eher abfällig über die »68er« und die Studentenaufstände. Damals wurde Straßenpflaster aufgebrochen, die Debatten nahmen kein Ende, und bekannte Sponti-Sprüche haben ihren Ursprung in dieser Zeit (»Keine Macht für niemand«). Man vergisst dabei gerne, dass sich überall in Europa Menschen gegen hierarchische Strukturen auflehnten. Historisch gesehen sind die 68er nur ein Ausrufezeichen in einer Geschichte, die weit über die Universitäten hinausreichte und die ihren Anfang bei den radikalen Freidenkern der Aufklärung nahm.

Im Rückblick lassen sich die einzelnen Bewegungen wesentlich klarer voneinander trennen: sexuelle Revolution (»Make love, not war«), antiautoritäre Erziehung (»selbstbestimmtes Lernen«), Befreiungstheologie (Jesus als Che Guevara), Frauenbewegung (»Mein Bauch gehört mir«), Antipsychiatrie (»Die Verhältnisse sind krank, nicht die Menschen«).[9]

Man braucht sich gar nicht besonders anzustrengen, um in diesen Bewegungen die Kern-Relationen zu finden, die unsere Identität bestimmen: die zu unserem Körper, zum anderen Geschlecht, zur Autorität. Am deutlichsten wird das bei der sexuellen Revolution, weil Erotik nun einmal mit allem zusammenhängt. Wie darf ich mit meinem Körper umgehen, wie mit dem Körper einer anderen Person, welche Form von Genuss ist erlaubt? Warum werden Frauen als minderwertig betrachtet? Und warum muss ich einer Autoritätsperson (Lehrer, Direktor, Priester) gehorchen, auch wenn diese offensichtlich böse Absichten hat?

Die damaligen Veränderungen in diesen unterschiedlichen Bereichen hatten einen starken Einfluss darauf, wer wir heute sind. Ihre Essenz findet sich in einer Forderung, die all diese Protestbewegungen eint: das Verlangen nach Autonomie, die Abkehr vom patriarchalen Wissensmonopol. Die Zwänge des Patriarchats hatten für eine weitreichende Konformität gesorgt, die selbst noch in der Art des Widerstands erkennbar war. So protestierte ich als Student zusammen mit Hunderten anderer Studenten dagegen, im Gleichschritt laufen zu müssen. Fast alle in den gleichen braunen Parkas und blauen Jeans, demonstrierten wir für das Recht auf Unterschied und brüllten unsere Slogans einer Gruppe von Altersgenossen zu, die ebenfalls eine Uniform trug, wenn auch eine offizielle (wir hatten außerdem keine Schlagstöcke).

Wie nicht selten bei gesellschaftlichen Umwälzungen schoss man zunächst über das Ziel hinaus. Im Niederländischen und ganz sicher in den Niederlanden spiegelt sich dieses Paradox der »Befreiung« sehr schön in der Wendung »moet kunnen« wider, deutsch »es *muss* möglich sein«. Alles, was zuvor verboten war, gehörte plötzlich zum Pflichtprogramm. Aktuell beobachten wir schon wieder die Gegenbewegung dazu. Für viele Verstöße gibt es derzeit eine Nulltoleranz, wir ersticken beinahe in politischer Korrektheit, und viele Studenten trauen sich kaum noch, den Mund aufzumachen – sie haben Angst, wissen jedoch nicht einmal genau, wovor. Und sie haben keine Ahnung, an wen sie sich mit dieser Angst wenden können.

Vor dieser Herausforderung stehen wir heute: Wir haben sowohl als Gesellschaft wie auch als Individuen ein enormes Problem mit Autorität. Viele Menschen sehen die Lösung in der Rückkehr einer strengen Figur, die Groß und Klein in die Schranken weist, einer Kreuzung aus Dirty Harry, Robocop und Gandalf.

Doch diese Lösung würde nicht funktionieren, denn die Medizin wäre dabei schlimmer als die Krankheit, bestünde sie doch aus einer selbst gewählten Unmündigkeit. Kant würde sich im Grabe umdrehen. Wollen wir eine wirkliche Lösung, so müssen wir zunächst einmal das Problem begreifen.

2 AUTORITÄT UND URSPRUNG: WARUM? DARUM!

Eine Lehrkraft, die heute eine Autoritätsposition einnimmt, muss sich schnell sagen lassen: »Für wen halten Sie sich eigentlich?« – eine geradezu existenzielle Frage, bei der sich der Fragende meist nicht im Klaren darüber ist, wie sehr er damit den Nagel auf den Kopf trifft. Worauf basiert die Autorität der Lehrkraft? Nach welchen Kriterien akzeptieren wir die Autorität einer Person oder lehnen sie ab? Was ist überhaupt die Basis von Autorität?

Die Antwort ist wesentlich schwieriger als erwartet. Die schlüssigste Analyse fand ich bei einer der brillantesten Denkerinnen des vorigen Jahrhunderts, nämlich Hannah Arendt. Ihr Essay *What is authority?* setzt eine Art Schlussstein unter alle früheren Studien zum Thema.[1]

Autorität lässt sich gar nicht so einfach umschreiben. Man könnte beim Unterschied zwischen Macht und Autorität ansetzen. Bei Tieren fällt Autorität mit Macht zusammen. Das stärkste Tier hat die größte Macht, das schwächste die geringste. Bei den Menschen ist das entscheidende Kriterium das Geld; wer am meisten Geld besitzt, hat auch am meisten Macht, und umgekehrt. Doch körperliche Stärke und Reichtum sind beim Menschen keine Garantien für Autorität. In vielen Situationen ist der Gebrauch von Macht eher auf fehlende oder falsch verstandene Autorität zurückzuführen. Eine Lehrkraft, die ständig Strafen verteilt und das Strafmaß häufig steigern muss, hat keine Autorität. Autorität beruht auch nicht auf Überredung. Versucht ein Vater seinen Sohn zu überreden, doch noch zu lernen, und knüpft daran allerlei Belohnungen, zeugt das nicht von Autorität (»wenn du jetzt zwei Stunden lernst, darfst du den Rest des Abends am Computer spielen«).

Autorität basiert auf Ungleichheit und bewirkt, dass jemand eine selbstverständliche Macht über eine andere Person ausübt, die sich ihr mehr oder weniger freiwillig unterwirft. 1548 schrieb der damals achtzehnjährige Etienne de la Boétie einen Essay mit dem Titel *Von der freiwilligen Knechtschaft*.[2] Autorität hat wenig oder überhaupt nichts mit Gewalt zu tun, die Unterwerfung geschieht auf freiwilliger Basis. Der Professor hält eine Vorlesung, die Studenten hören zu und machen sich Notizen. Der Richter fällt ein Urteil, die Streitparteien fügen sich. Der Arzt kommt zu einer Diagnose, der Patient nimmt diese an und vereinbart einen Termin für die weitere Behandlung.

Das Entscheidende steckt in der »Selbstverständlichkeit« dieser Unterwerfung. Warum ist Autorität selbstverständlich? Nicht wegen der Person als solcher, denn dann wäre es wieder reine Macht. Die vorwurfsvolle Frage vom Beginn dieses Kapitels – »Für wen halten Sie sich eigentlich?« – trifft genau den Kern. Der Ursprung der Autorität muss anderswo liegen, außerhalb der einzelnen Person. Autorität funktioniert wie Befehlsgewalt oder militärisches Kommando, das einem von außen übertragen wird: Autorität besitzt, wer das Sagen hat. Das Kommando kann man bekommen, ausüben, verlieren, abgeben – der Ursprung der Autorität liegt also außerhalb der Person selbst.

Dass die Basis der Autorität außerhalb des Individuums liegt, ist der wichtigste Unterschied zur Macht. Macht hat eine zweigleisige Struktur und umfasst beispielsweise zwei Personen, von denen eine stärker ist als die andere und daher ihren Willen durchsetzen kann. Macht ist immer aufgeschobene Gewalt. Autorität hingegen hat eine Dreiecksstruktur. Autorität über andere gründet auf einem dritten Faktor und einer externen Quelle, an die alle Beteiligten glauben. Auf dieser Basis erfolgt die mehr oder weniger freiwillige Unterwerfung. Autorität ist immer ein innerer Zwang. Wer Autorität begreifen will, muss ihren Legitimationskern betrachten.

Eine solche Betrachtung beruft sich häufig auf das, was klassisch als das »natürliche« Autoritätsmodell gilt, nämlich die Erziehung. In ihrer traditionellsten Ausformung hat der Vater das Sagen, was gut zu der

Feststellung passt, dass bis vor Kurzem alle führenden Positionen mit Männern besetzt waren.

Auf den ersten Blick bietet das eine naheliegende Erklärung für den Ursprung von Autorität. Vaterschaft verleiht eine angenommene natürliche Befehlsgewalt über die Kinder, und sofort haben wir eine entsprechende Basis für Autorität. Die väterliche Autorität wird dann gewissermaßen auf andere, verwandte Positionen (Lehrkräfte, Richter, Priester usw.) übertragen, die somit ihrerseits einen Zwang ausüben können, dem sich Menschen freiwillig unterwerfen.

Diese Erklärung klingt schlüssig, wenn auch etwas altmodisch. Sie fällt ins Auge (Väter gibt es überall) und beruft sich auf ein scheinbar wissenschaftliches Argument (Vaterschaft ist eine biologische Tatsache, sie gehört zu unserer Natur). Einem kritischen Geist jedoch genügt diese Antwort ganz und gar nicht. Wenn Vaterschaft die Quelle der Autorität ist, auf wen oder was gründet sich dann die Vaterschaft? Ein Verweis auf die Biologie mag in diesen Zeiten der Neurowissenschaften und Genetik gut ankommen, doch einen wissenschaftlichen Beweis liefert er nicht.[3]

Eine ähnliche Argumentation findet sich auch bei Freud, in seiner Theorie über den Urvater. Jeder Vater übt, basierend auf dem biologisch-evolutionären Erbe des ursprünglichen Urvaters, eine selbstverständliche Befehlsgewalt über seine Kinder aus. Weniger bekannt ist, dass Freud später selbst darauf kam, wie absurd diese Argumentation eigentlich ist. Machen wir uns auf nach Wien.

UNSERE VÄTER: STRENG, ABER GERECHT

Im Unterschied zur modernen Psychiatrie hat Freud sich intensiv mit Autorität beschäftigt. Mentale Störungen sind der Psychiatrie zufolge Abweichungen der Gehirnfunktionen, basta.[4] Dabei wird vergessen, dass die Psychiatrie die einzige medizinische Disziplin (Disziplin!) ist, die eine Behandlung auch unter Zwang durchführen lassen kann, zur Not mit einer Zwangseinweisung in Einrichtungen, die man früher Irrenhaus nannte. Der Patient wird also weggesperrt. Nicht zufällig hieß die erste psychiatrische Behandlung *le traitement moral* – moralische Behandlung.

Freud beschreibt, wie seine Patienten mit Gewissensfragen über Sexualität und allem, was damit zu tun hat, (sehr heftig) rangen. In der viktorianischen Zeit verkörperte der Patriarch die Autorität, Frauen und Kinder mussten sich dem väterlichen Gebot fügen. Das moralische Ringen mit dem eigenen Verlangen, den eigenen Trieben lässt sich in dieser Zeit auf einen Kampf mit dem Vater zurückführen. Das ist die Kernidee von Freuds Ödipus-Theorie, die er darüber hinaus auf Kultur im Allgemeinen ausweitet. Unsere Kultur dient dazu, unsere Natur im Zaum zu halten; der Vater steht dabei für die strenge Kultur, Frauen und Kinder für die genussbetonte Natur. Die Kurzversion des Ödipuskomplexes lautet dann in etwa folgendermaßen: Das Menschenkind, genauer gesagt der kleine Junge (Freud schrieb wenig über Mädchen), ist ein mit Trieben gefülltes Gefäß und träumt davon, den Vater aus dem Weg zu schaffen, um die Mutter ganz für sich zu haben. Leider muss er die Erfahrung machen, dass Papa größer und stärker ist, und er bekommt Angst vor Strafe. So große Angst, dass er sogar sein Verlangen negiert und sich mit dem väterlichen Verbot identifiziert. So entsteht das Gewissen (das Über-Ich). Als Folge davon braucht der Vater nicht mehr persönlich anwesend zu sein; das Kind fühlt sich bereits beim Gedanken an verbotenes Verlangen schuldig.

Neurosen, damals die häufigste mentale Störung, entstehen, wenn Menschen versuchen, *viel moralischer* zu sein, als sie können. Auf Freuds Beschreibung gestützt, müssen wir davon ausgehen, dass die Väter seiner Patienten äußerst streng waren und ihren Kindern die Angst vor Gott und den Geboten so eintrichterten, dass eine Neurose unausweichlich war. Diese Vorstellung passt auch in unser Bild der Vergangenheit, als Männer noch echte Männer und Väter noch echte Väter waren. Und somit hätten wir gleich unsere natürliche Quelle der Autorität.

So schlüssig sie auch klingt, diese Erklärung stimmt nicht, und zwar aus zwei Gründen. Zuerst passt diese Theorie nicht zu den Beispielen, die Freud selbst anführt. Außerdem gibt es einen logischen Fehler, wenn man den Vater als Quelle der Autorität ins Bild rückt. Diesen Fehler zu benennen ist einfach, zu einer genauen Erklärung muss man jedoch weiter ausholen.

Das Bild des strengen Vaters sucht man bei den von Freud selbst beschriebenen Patienten vergeblich. In vier der fünf bekannten Fallstudien stoßen wir auf eine schwache Vaterfigur, stattdessen hat die Mutter die Hosen an. Darüber hinaus erwähnt Freud in seinen ersten Praxisjahren noch eine zweite Gruppe sehr häufig: Väter, die sich nicht an das Gesetz halten. Sexueller Missbrauch war schon damals weit verbreitet, und auch damals ging die größte Gefahr nicht von einem unbekannten alten Mann aus. Bereits 1857 stellt Auguste Tardieu, einer der Pioniere der Gerichtsmedizin, fest, dass Väter häufig zu den Tätern gehören.

Schwach und gescheitert – oder schlimmer noch: missbrauchend. Trotz dieser Realität halten viele doch am Bild des »strengen, aber gerechten« Vaters fest, jemand, der endlich für Ordnung sorgt.

Freud: der geträumte Vater

1909 schreibt Freud ein Vorwort zu einem Werk seines Kollegen Otto Rank. Dessen Buch handelt über den Mythos des Helden, und so bekommt das Vorwort den Titel »Der Familienroman der Neurotiker«. Auf knapp fünf Seiten beschreibt Freud, wie seine Patienten es schaffen, ein idealisiertes Vaterbild zu bewahren. Ist ihr echter Vater zu schwach oder – schlimmer – missbraucht er sie, so erträumen sie sich einfach eine bessere Version. *Pater semper incertus est*, über die biologische Vaterschaft bestehen immer Zweifel. »Mein Vater ist nicht mein *wirklicher* Vater, nein, mein echter Vater war ein Prinz, ein König. Zufällig, wegen einer Verwechslung im Krankenhaus, bin ich hier gelandet, in dieser Familie. Ich gehöre hier nicht hin, das weiß ich, das fühle ich.« In einem anderen Artikel beschreibt Freud eine ebenso häufige Fantasie: Darin schlägt der Vater das Kind, was nach Freuds Analyse offenbar ein (ebenso dem Reich der Fantasie entsprungener) Ausdruck seiner vermuteten Liebe ist.[5]

Der strenge, aber gerechte Supervater ist ein Produkt unserer Fantasie als Gegenentwurf zur stets enttäuschenden Wirklichkeit. Der von Freud beschriebene »Familienroman« ist ein bekanntes Thema, das sowohl in Groschenromanen wie in hoher Literatur auftaucht. Dabei sind die echten Eltern (die erst am Ende der Geschichte wiedergefunden werden) immer anders und vor allem besser als ihre Platzhalter. Einer banaleren Version dieses Themas bedienen wir uns alle: Die Qualitäten unserer Väter wachsen insbesondere nach ihrem Tod. Nach und nach vergessen wir ihre üblen Angewohnheiten und überhöhen ihre positiven Charakterzüge. So werden sie letztlich zu Figuren, die sie in Wirklichkeit niemals waren. *De mortuis nihil nisi bene*, über die Toten nur Gutes. Ein Held muss vor allem eines sein: tot, das trägt gewaltig zur Idealisierung bei.

Am auffälligsten an diesem Wunschtraum ist seine Überzeugungskraft. Bis vor Kurzem glaubte beinahe jeder an den strengen, aber gerechten Vater, auch (und vielleicht besonders) wenn die Realität ein völlig anderes Bild zeigte. Freud gibt dafür eine plausible Erklärung: Wir flüchten uns in unsere Fantasiewelt, wenn die Realität unbefriedigend ist. Er selbst gibt sich jedoch mit dieser Erklärung nicht zufrieden. Es muss noch andere Gründe geben, warum so viele Menschen an dieses Traumbild glauben.

Man beachte, dass auch Freud sich auf die Suche nach einem externen Ursprung, einem zugrunde liegenden Prinzip macht, aus dem der konkrete Vater aus Fleisch und Blut seine Autorität bezieht. Er stellt sich also genau die Frage, die auch unser Ausgangspunkt war. Freuds Erklärung ging in die Geschichte als der Mythos des Urvaters ein.

Von Primaten im Nebel bis Schuld und Sühne

Ich beschreibe zunächst eine einfache Version von Freuds Mythos – einfach, weil sie an eine immer noch populäre Überzeugung anknüpft. Vor langer, langer Zeit lebten unsere Ahnen, halb Affen, halb Menschen, in kleinen Gruppen in der Savanne. Die Leitung einer solchen Gruppe lag in den Händen des stärksten Männchens, das für Ordnung sorgte und die böse Außenwelt auf Abstand hielt. Zum Ausgleich beanspruchte das Männchen alle Weibchen für sich und verbot seinen Söhnen jede Art von Sex. Wurden sie zu aufdringlich, jagte er sie weg oder erschlug sie. Alt und grau geworden, wurde der Vater selbst Opfer seiner stärkeren Söhne, die ihn aus dem Weg räumten, um dann untereinander auszumachen, wer den Thron (und das Bett) übernehmen durfte. Unterdessen warteten die Weibchen brav und zitternd ab, wer ihr nächster Herr und Meister werden würde.

In der zweiten Staffel der HBO-Serie *Game of Thrones* lernen wir Craster kennen, den Urvater in seinem Bergfried, und seine neunzehn Frauen, die auch seine Töchter sind. Jedes männliche Baby wird im Wald geopfert, jedes weibliche landet später in Crasters Bett. Schließlich wird Craster von wenig vertrauenswürdigen Mitgliedern der Nachtwache ermordet, die dabei auch Mormont, ihren guten Kommandanten, töten. Anschließend vergewaltigen sie die Frauen und rauben alles, was sie finden können. Die Moral von der Geschichte: besser ein schlechter Urvater als gar kein Urvater.

Solche und ähnliche Geschichten finden viele Menschen nach wie vor überzeugend, weil sie mit dem Bild übereinstimmen, das die populärwissenschaftliche Biologie uns geraume Zeit präsentiert hat. Demzufolge ist die väterliche Autorität ein evolutionär bedingtes Merkmal und somit eine natürliche Größe, die irgendwie mit der männlichen DNA verschmolzen ist. Tausende von Jahren Evolution haben das Vaterbild ein wenig angepasst, sicher – die Kultur, nicht wahr? –, doch in jedem Anzugträger schlummert ein wüster Haremsführer. Und Frauen werden doch so gerne dominiert.

Auffällig ist, wie gerne wir uns und unsere Gesellschaft in der Tierwelt wiedererkennen (der dominante Silberrücken und das untertänige Gorillaweibchen). Wobei das »wir« in der Wissenschaft sich bis vor Kurzem ausschließlich auf Männer bezog, die in der Tierwelt – welch eine Überraschung – immerzu ein durch und durch klassisches patriarchales Modell erkannten. Dabei steht ein älteres, starkes männliches Exemplar einem Rudel braver, jüngerer Weibchen voran, die sich von Zeit zu Zeit willig bespringen lassen. Aufmüpfige Jungtiere hält er unter seiner Fuchtel, treiben sie es zu bunt, verjagt er sie. Das ist ohne Zweifel das Wunschdenken vieler männlicher Biologen … Und natürlich zugleich eine Rechtfertigung der »natürlichen« Autorität des Mannes.

Erst im letzten Jahrzehnt des vorigen Jahrhunderts wurde diese Auffassung korrigiert, unter anderem dank der Studien von Biologinnen (Jane Goodall über Schimpansen, Dian Fossey über Gorillas und Birute Galdikas über Orang-Utans). Die engsten Verwandten von uns Menschen leben in hierarchischen Gruppen, deren Führer nicht einfach Führer sind, sondern stark von den Schichten unter ihnen gesteuert werden. Die Weibchen haben in diesen Gruppen deutlich mehr mitzureden als lange Zeit angenommen. Einzeltieren hingegen kommt keine Bedeutung zu. Das Verhalten in der Gruppe ist die Folge von sozialen Verhältnissen in einem größeren Ganzen, in dem das Alphamännchen oder -weibchen vor allem deshalb »Alpha« ist, weil es gut Netzwerke und Koalitionen bilden kann.

Dennoch klingt die pseudobiologische Geschichte über Urväter für viele Menschen nach wie vor überzeugend, und manche verweisen dabei sogar auf Freud als höchste Instanz. Der Vater der Psychoanalyse wartet zwar tatsächlich mit einer ähnlichen Geschichte auf, doch seine Erklärung ist komplexer. Überraschenderweise sieht er den Ursprung der Autorität in einer urtümlichen Gewalttat *gegen* den Vater. Ja, auch bei Freud gab es einen Urvater, der nur aufgrund von körperlicher Stärke über seine Horde herrschte. Ja, er beanspruchte alle Frauen für sich. Und ja, am Ende töteten ihn seine Söhne aus sexueller Frustration und weil sie seinen Platz einnehmen wollten. Aber sein Tod bedeutete nicht das Ende, im Gegenteil; erst *nach* seinem Ableben bekam er Autorität, basierend auf einem nachträglich eingesetzten Vaterkult. Statt sich mit den endlich verfügbaren Frauen zu vergnügen, werden die Söhne nach dem Vatermord von Schuldgefühlen zerfressen. Daher erheben sie den getöteten Vater zu einer gottgleichen Autorität, gehen ehrfürchtig in die Knie, bringen Opfer und züchtigen sich selbst. Kurzum, sie werden gläubig, brav und neurotisch.[6]

Die Einsetzung des Gesetzes im abstrakten Sinne folgt auf eine urtümliche Gewalttat. In einem späteren Werk sieht Freud darin den Ursprung monotheistischer Religionen. Diese sind nahezu immer Vater-Religionen. In ihrer Entstehung erkennt er denselben Prozess wie beim »Familienroman der Neurotiker«: Es ist der Sohn, der den Vater in völlig neue Sphären erhebt und sich dann selbst an diesem Traumbild misst. Im bekanntesten Fall opfert sich der Sohn (Jesus) selbst, um den Kult Gottvaters einzusetzen. Die beiden anderen »Söhne« – für das Judentum Moses mit Jahwe, und Mohammed mit Allah für den Islam – kommen besser weg. Alle drei setzen das Wort des Vaters und die dazugehörige Gesetzgebung ein. Moses kommt vom Berg Sinai mit dem in Stein gehauenen Gesetz Gottes, mit Jesus bekommen wir die Bergpredigt, und Mohammed begründet die Scharia. Die Trennung von religiöser und bürgerlicher Autorität kommt erst Jahrhunderte später.

Der Glaube an Gott, den Herrn

Die Quelle der Autorität ist eine vergöttlichte Urvaterfigur. Sobald die Vaterverehrung sich etabliert hat, strahlt dessen Autorität auf alle nachfolgenden Väter aus. Somit können diese ihrerseits kleine Urväter werden. Autorität bekommt damit einen religiösen und mystischen Touch. Vom Urvater über Gott, den Vater, zum konkreten Vater, das ist in etwa die Herleitung.

Diese Herleitung ist verlockend klar, doch die Argumentation stimmt nicht. Freud erkennt ehrlicherweise den Zirkelschluss bei seiner eigenen Erklärung. Jeder Vater bekommt automatisch Autorität, weil er zum Rang der Väter gehört, der auf den ursprünglichen Urvater zurückgeht. Doch die Autorität des Urvaters wurde von den Söhnen etabliert, und auch erst nach seinem Tod. Die Absurdität dieser Argumentation erinnert Freud an einen Spruch eines Kirchenvaters (Kirchen*vater*), Tertullian, in seiner Betrachtung über das Wesen Gottes. *Credo quia absurdum.* Ich glaube, weil es absurd ist. Patriarchale Autorität kann nicht begründet werden, sie ist eine Frage des Glaubens.[7]

Was wir sowohl aus Freuds Mythos als auch aus der Bibel ableiten können, ist, dass sich nach dieser Argumentation die Quelle der Autorität außerhalb und in diesem Fall oberhalb von uns befindet, bei einer höheren Instanz. Moses steigt nach seinem Zwiegespräch oder *colloque singulier* mit Gott von einem Berg herab. Das greifbare Ergebnis sind die in Stein gehauenen Gesetze.[8] Auffällig ist, dass in der ursprünglichen Version die Hälfte der Zehn Gebote den Gläubigen zu Gehorsam gegenüber dem göttlichen Vater verpflichtet, in Kombination mit einer absoluten und exklusiven Loyalität. Auch hier gibt es einen Zirkelschluss. Gott ist die Quelle der Autorität, weil er uns auferlegt, ihm und nur ihm zu gehorchen. Die übrigen Gebote, die das Zusammenleben der Menschen untereinander regeln, erhalten ihre Kraft durch den Glauben an die Unterwerfung unter die göttliche Allmacht – eine Macht, an die man glauben muss, sonst stürzt sie wie ein Kartenhaus in sich zusammen.

PASCAL UND DIE MYSTISCHE GRUNDLAGE DER AUTORITÄT

1662 wurde Ludwig XIV. gekrönt, später bekannt als der Sonnenkönig. Er regierte mit absoluter Macht und berief sich dazu auf *le droit divin* – das göttliche Gesetz. Ein Jahr später starb Blaise Pascal, einer der brillantesten Denker Frankreichs. Sein bekanntestes Werk heißt schlicht *Pensées,* Gedanken. Im 60. Gedanken stellt Pascal die Frage nach der Essenz des Rechts.[9] Seine Antwort ist bis heute so schockierend wie erfrischend: Die Abgrenzung von Recht und Unrecht unterscheidet sich je nach Ort und Zeit; es gibt keine mystische Basis für Autorität, im Gegenteil, sie basiert allein auf Gewohnheit:

alles wankt mit der Zeit, die Gewohnheit macht alle Billigkeit allein dadurch, daß sie angenommen ist, das ist der geheimnißvolle Grund ihres Ansehns. Wer sie auf ihr Princip zurückführt, vernichtet sie. Nichts ist so fehlerhaft als die Gesetze, welche die Fehler gut machen; wer ihnen gehorcht, weil sie gerecht sind, gehorcht der Gerechtigkeit, die er sich einbildet, aber nicht dem Wesen des Gesetzes, es ist ganz in sich selbst gesammelt, es ist Gesetz und weiter nichts.

Pascal macht hier Schluss mit dem Prinzip »streng, aber gerecht«, Schluss mit dem göttlichen Gesetz. Und es kommt noch schlimmer. Im folgenden Absatz nimmt Pascal vorweg, was Freud einige Jahrhunderte nach ihm herausfindet. Wer sich auf die Suche nach dem Ursprung von Recht und Autorität macht, um sie damit zu begründen, den erwartet eine herbe Enttäuschung. Es gibt nichts zu begründen, je mehr man den Grund sucht, desto flüchtiger wird er. Besonders ironisch wird es, wenn Pascal schreibt, eine Suche nach dem Ursprung sei die sicherste Art, Autorität zu untergraben. Auch Freud machte diese Erfahrung: Auf der Suche nach der Grundlage von Autorität steht man am Ende vor einer Absurdität, an die man glauben kann oder eben nicht. Der tiefgläubige Pascal entscheidet sich für den Glauben, knüpft an seine nüchterne Argumentation jedoch eine schwerwiegende Schlussfolgerung. Diese Wahrheit – Autorität gründet auf nichts als Gewohnheit – sollte man besser nicht im gemeinen Volk verbreiten. Die braven Leute lässt man besser in ihrem Wahn, man lässt sie lieber in dem Glauben an das Authentische und Ewige des Gesetzes, das ist für alle am besten. Das ist im Grunde schon das, was später Paternalismus genannt wird. Nach dem Motto »Vater weiß es besser« oder »Ich will nur dein Bestes«, auf das ich später noch zurückkomme.

Pascals Gedanke zeugt von seltener Klarheit. Seit Menschengedenken ist es eher die Regel als die Ausnahme, dass Autorität von einer göttlichen Instanz abgeleitet wird. Menschen schreiben Autorität einer vergöttlichten Figur zu; dann leiten sie ihre eigene Autorität aus dieser selbst erdachten Figur ab. Diesen Zirkelschluss finden wir sowohl in den ältesten wie den bekanntesten Gesetzen wieder.

Vor knapp viertausend Jahren hatte Babylonien nach unserem Wissensstand als eines der ersten Reiche eine organisierte Rechtsprechung auf der Grundlage niedergeschriebener Gesetze. Der Codex Hammurapi, benannt nach dem damaligen Herrscher, beginnt mit der Mitteilung, die Götter Anu, Enlik und Marduk hätten den König beauftragt, »für Gerechtigkeit im Land zu sorgen, dem Übel und der Schlechtigkeit ein Ende zu bereiten und zu verhindern, dass die Starken die Schwachen unterdrücken«. Der König und seine beinahe dreihundert Gesetze haben die Macht des Rechts, weil die Götter es so wollen – *sagt der König*. Fünfunddreißig Jahrhunderte später wird die bekannteste Verfassung geschrieben: die amerikanische Verfassung. Diese basiert auf der Unabhängigkeitserklärung, die natürlich wiederum einer Grundlage bedarf. Was lesen wir?

Wir halten diese Wahrheiten für ausgemacht, daß alle Menschen gleich erschaffen worden, daß sie von *ihrem Schöpfer* mit gewissen unveräußerlichen Rechten begabt worden, worunter sind Leben, Freiheit und das Streben nach Glückseligkeit.*[10]

Der israelische Historiker Yuval Harari vergleicht beide Rechtssysteme und kommt zu der Feststellung, dass der Verweis auf Gott mehr oder weniger die einzige Übereinstimmung ist. Der Codex Hammurapi geht von einer fundamentalen Ungleichheit unter den Menschen aus, die amerikanische Bill of Rights postuliert eine fundamentale Gleichheit. Rechtsautoritäten berufen sich auf ein höheres Wesen, um sich selbst und ihre Gesetze als die einzig wahren zu begründen. Doch offenbar gibt es mehrere höhere Wesen, und offenbar haben sie allesamt höchst unterschiedliche Auffassungen, mit einer Ausnahme: dass sie Das einzig Wahre verkörpern.[11]

Für uns im Westen ist göttliches Recht eine veraltete Idee, und wir Westeuropäer schmunzeln schon einmal, wenn wir hören, wie der amerikanische Präsident sich zum x-ten Mal auf Gott beruft, um seinen Worten Autorität zu verleihen. Wir wissen es besser, bei uns gab es die Aufklärung, die historische Periode, in der wir entdeckten, dass Vernunft eine bessere Basis für Recht und Ordnung bietet als Religion; wir können darauf unsere Autorität gründen. Das zumindest meinen wir.

* [Kursivierung durch mich]

DIE MÄR VON DER VERNUNFT

Ein Jahrhundert nach Pascal kommt Immanuel Kant als Höhepunkt der Aufklärung ins Bild. Laut Kant war das wichtigste Ziel der Aufklärung »(…) der Ausgang des Menschen aus seiner *selbstverschuldeten* Unmündigkeit«[12]. In den darauf folgenden Sätzen weist uns Kant unmittelbar den Weg:

> *Unmündigkeit* ist das Unvermögen, sich seines Verstandes ohne Leitung eines anderen zu bedienen. *Selbstverschuldet* ist diese Unmündigkeit, wenn die Ursache derselben nicht am Mangel des Verstandes, sondern der Entschließung und des Mutes liegt, sich seiner ohne Leitung eines anderen zu bedienen. Sapere aude! Habe Mut, dich deines *eigenen* Verstandes zu bedienen! ist also der Wahlspruch der Aufklärung.[13]

Kants Leitgedanke ist klar: Denke selbst und werde ein freier Mensch. Die Aufklärung stellt Vernunft, als einzigartige Eigenschaft des Menschen, in den Vordergrund. Vernunft steckt in jedem von uns, also kann jeder Mensch aufgrund seines rationalen Vermögens allgemein akzeptierte Prinzipien entdecken, um sein Leben richtig zu führen. Allgemein akzeptiert, also nicht mehr durch eine höhere Macht oder ihre Verkörperung auferlegt.

Ich vermute, die Mehrheit von uns hegte diesen Gedanken schon einmal. Wie schwierig kann es sein, sich ein gerechtes System auszudenken? Und wenn es gerecht ist, wird die große Mehrheit von uns sich ihm dann nicht gerne unterwerfen? Damit wäre das Problem mit der Autorität und ihrem Ursprung vom Tisch. Es genügt, dass jeder seinen gesunden Menschenverstand gebraucht. Die paar Ausnahmen, die dies nicht tun, werden wir schon überzeugen und notfalls verpflichten.

Das Problem ist bis auf zwei »Details« vom Tisch. Zum einen kann niemand mit Sicherheit sagen, was Vernunft nun genau beinhaltet. Zum anderen zeigt jeder Versuch, universelle moralische Regeln (»Maximen«) zu formulieren, vor allem die Beschränktheit der Regeln und die Notwendigkeit, sie in einen Kontext zu setzen. Hochkarätige Studien haben sich damit auseinandergesetzt, doch glücklicherweise können wir schon die Prämisse leicht widerlegen. Bei seiner Suche nach den Grundlagen der Moral führt der niederländisch-amerikanische Biologe Frans de Waal zwei Beispiele klassischer Grundprinzipien an, die er demontiert.[14]

Die erste Maxime ist sehr bekannt: »Behandele andere so, wie du selbst behandelt werden willst.« De Waal: Ich sehe auf einem Kongress eine schöne junge Frau, folge ihr in ihr Hotelzimmer und bespringe sie (es geht hier um einen Biologenkongress). Ich behandle sie also so, wie ich selbst behandelt werden will. Und dem Vegetarier, der zu mir zum Essen kommt, serviere ich ein Steak, wunderbar blutig!

Die zweite Maxime ist eine Fortsetzung der ersten. »Was die größte Anzahl von Menschen glücklich macht, ist die vernünftigste Maßregel.« De Waal: Ein Mann spielt die ganze Nacht Tuba, er hält die gesamte Nachbarschaft wach und lässt sich nicht zur Vernunft bringen. Er wird (schmerzlos) im Schlaf ermordet, die Nachbarschaft ist zufrieden, das Problem gelöst. Oder noch weiter gedacht: Eine bestimmte Gruppe von Menschen (Juden, Osteuropäer, Banker) macht die Stadt unsicher, also weg mit ihnen, und alle sind wieder glücklich.

Der bislang gelungenste Versuch, eine tugendhafte Maxime à la Kant zu bedenken, stammt von dem amerikanischen Philosophen John Rawls und seinem berühmten Gedankenexperiment über »den Schleier des Nichtwissens«. Man stelle sich vor, dass man nicht weiß, wo man geboren wird (Gent oder Kabul) und auch nicht in welcher Familie (Junkies oder brave Bürger); man weiß nicht, ob man Mann oder Frau, homo- oder heterosexuell wird, zu welcher ethnischen Gruppe man gehören wird, und ob man gesund oder behindert geboren wird. Man weiß also überhaupt nichts, darf jedoch im Vorfeld Regeln und Gesetze festlegen, die für jeden gelten. Rawls geht davon aus, dass man auf diese Weise zu den angemessensten Regeln gelangt und somit zur gerechtesten Gesellschaft.[15]

Vieles spricht für diese Argumentation, doch an der Umsetzung hapert es. Angenommen, wir können basierend auf diesem Gedankenexperiment ein gerechtes Regelwerk ausarbeiten, so bleibt noch die Frage, wie dieses eingesetzt werden soll. Es mag zynisch klingen, doch so ein gerechtes System wird nur funktionieren, wenn es einem auferlegt wird, höchstwahrscheinlich sogar mit Gewalt. Die Geschichte lehrt uns, dass dies eher die Regel als die Ausnahme ist.

Ursprüngliche Gewalt

Kant zeigt mit seiner Auffassung über die Zielsetzung der Aufklärung (»Unmündigkeit ist das Unvermögen ...«) zwei Quellen der Autorität auf. Autorität kommt entweder aus dem autonomen Individuum selbst, das sich aufgrund der Vernunft freiwillig dem Gemeinwohl unterwirft. Oder sie kommt von einer zwingenden höheren Instanz, der sich das unmündige Individuum unterwirft. Beide Möglichkeiten lassen eine ganz pragmatische Frage außer Acht: Auf welche Weise wird Autorität in der konkreten Wirklichkeit eingesetzt, wo kommt sie eigentlich her, wo liegt ihr Ursprung? Der moderne Staat strebt nach Gerechtigkeit und Redlichkeit. Doch wann und wie beginnt der moderne Rechtsstaat?

Die Geschichte lehrt uns, dass dieser Beginn beinahe immer mit Gewalt verknüpft ist; Gewalt ist offenbar eine so gut wie unvermeidliche Methode, eine unrechtmäßige Regierung zu stürzen (Gandhi stellt hier die Ausnahme dar). Von einem juristischen Standpunkt aus ist es wichtig zu begreifen, dass diese ursprüngliche Form der Gewalt niemals gesetzlich sein *kann*, im Gegenteil. Sie wendet sich ja gerade gegen die bestehende Gesetzeslage, und häufig werden offizielle Repräsentanten dieser Rechtsordnung getötet. Dennoch liegt hier der Ursprung der künftigen gesetzlichen Autorität: Eine bestehende Autorität wird gewaltsam zu Fall gebracht und durch eine neue Rechtsordnung ersetzt, die im Nachhinein die ursprüngliche Gewalt rechtfertigt.

Das ist die Argumentation des französischen Philosophen Jacques Derrida. Nach einer bisweilen recht leidenschaftlichen Darlegung des

Rechts kommt er zum selben Ausgangspunkt wie Freud in seiner Studie über die Autorität des Urvaters: Am Ursprung der Autorität gibt es immer eine ursprüngliche Form der Gewalt – das ist das deutlich weniger mystische Fundament. Das Gesetz ist Gesetz »kraft des Gesetzes«[16].

Selbst Kant muss dies zugeben – sehr widerwillig. Für ihn ist Gewalt niemals gerechtfertigt, außer wenn sie dazu dient, einen Rechtsstaat zu errichten. Die Rechtfertigung für Gewalt, die Recht erzeugt, sieht er in dem »natürlichen« Streben des Menschen nach Freiheit, sie basiert also auf einem Naturgesetz.[17]

Beispiele solcher Gewalt gibt es unzählige. Die französischen Ideale von Freiheit, Gleichheit und Brüderlichkeit konnten erst über eine äußerst blutige Revolution eingeführt werden. Die amerikanischen Gründerväter konnten ihr Grundgesetz erst schreiben, nachdem sie sich der kolonialen Rechtsprechung Großbritanniens mit Waffengewalt entledigt hatten. Zuerst waren sie Rebellen (wir würden sie Terroristen nennen), dann waren sie Freiheitskämpfer, und noch später hießen sie Gründerväter (Founding Fathers). In Freuds Terminologie: Nach dem Vatermord führen die Söhne eine neue Rechtsordnung ein, wobei sie nach einiger Zeit selbst die Position des Vaters einnehmen und in der Folge ihre Autorität auf eine angenommene höhere Macht, eine mystische Basis gründen. *God bless America. Gott mit uns. Allah hu Akbar.*

Zurück zum Start: Der erträumte Anführer

Im Unterschied zur traditionellen Auffassung, dass Autorität in Gott begründet liegt, sowie zu Kants Überzeugung, dass der Mensch selbstständig denken muss, glauben viele Menschen, dass Autorität am besten von einer Führerfigur ausgehen sollte. Den Glauben an einen großen Anführer, der aufgrund seiner natürlichen Eigenschaften (er ist weise und gerecht) die Befehlsgewalt erwirbt oder zugewiesen bekommt, gab es zu allen Zeiten. Die Idee geht zurück auf Platons weisen Philosophenkönig, doch der wichtigste Impuls ging von Thomas Hobbes aus. Nach ihm legt Rousseau eine sehr eigene Interpretation dieses Gedankens vor, und in

Deutschland plädierte zu Beginn des vorigen Jahrhunderts seinerseits Max Weber für eine charismatische Führerschaft.

Der Engländer Hobbes wuchs in einer Epoche auf, in der praktisch jeder gegen jeden kämpfte. Dem Dreißigjährigen Krieg (1614–1648) zwischen Katholiken und Protestanten ging der Krieg zwischen Katholiken und Hugenotten (französische Calvinisten) voraus, und anschließend kam noch der englische Bürgerkrieg zwischen König und Parlament, Katholiken und Anglikanern. Kein Wunder also, dass Hobbes vom Krieg aller gegen alle spricht (*bellum omnium in omnes*) und dass er das Leben als »scheußlich, tierisch und kurz« (*nasty, brutish and short*) beschreibt. Als politischer Denker sieht er das Scheitern einer auf Religion gegründeten Gesellschaft und schlägt ein für diese Zeit unerhörtes Gegenmittel vor: eine säkularisierte Gesellschaft unter der strengen Herrschaft eines Souveräns (eines »Leviathan«), der selbst ebenfalls gewissen Vorschriften unterworfen ist.

Letzteres, der souveräne Herrscher, der sich an Regeln zu halten hat, ist das Heikle daran. Für Hobbes musste die Autorität bei einer Person und ungeteilt bleiben – die blutigen Folgen geteilter Autorität waren ihm nur allzu vertraut – und daher absolutistisch sein. So spricht er dann auch von einem »sterblichen Gott«. Doch der souveräne Herrscher muss erst vom Volk autorisiert werden, bevor er herrschen kann und darf. Das Volk gibt dabei seine Freiheit auf, im Tausch gegen Sicherheit.

In Hobbes' Entwurf kommt die Autorität nicht mehr vom Himmel herab, sondern wird dem Herrscher von unten, vom Volk, zuerkannt. Zweihundert Jahre nach Hobbes kommt Rousseau mit einem ideologischen Husarenstück daher. Anders als Hobbes hält er ein Plädoyer für das autonome Individuum, für die Freiheit des Volkes, das im Einklang mit der Natur lebt; doch mit derselben Theorie legt er zugleich auch den Grundstein für Diktatoren wie Robespierre, Stalin und Hitler.

Seine Argumentation lautet folgendermaßen: Jeder Mensch besitzt natürliche, gesunde Instinkte, die ihn zu Freiheit und Gerechtigkeit treiben, doch das moderne Leben (wir schreiben das Jahr 1750) hat uns Menschen verdorben. Die Lösung dafür ist ein Großer Gesetzgeber (Souverän), der die in jedem Menschen vorhandenen gesunden Instinkte vertritt. Damit repräsentiert er den »allgemeinen Willen«, weshalb kein Widerstand geduldet werden kann. Aufgrund seiner persönlichen Eigenschaften ist der Große Gesetzgeber die beste Verkörperung des allgemeinen Willens. Zu seinen Aufgaben gehört die (Um-)Erziehung des Volkes, damit dieses die eigenen gesunden Instinkte wieder erkennt und erlernt. Wer sich gegen den Großen Gesetzgeber stellt, stellt sich nicht nur gegen den allgemeinen Willen, sondern unfreiwillig auch gegen seine eigenen Interessen. Daher ist die (Um-)Erziehung so wichtig, damit die ursprünglichen Gegner einsehen, dass der Wille des Gesetzgebers ihrem eigenen Willen entspricht.

In *1984* beschreibt George Orwell, wie Winston, die gegen den totalitären Staat rebellierende Hauptperson (verliebt der Kerl sich doch glatt in eine Frau und macht sich auf einmal *seine eigenen* Gedanken), einer Umerziehung unterzogen wird, bis er alles glaubt, wogegen er sich zuvor eingesetzt hatte. Orwell wusste nur zu gut, wovon er schrieb, hatte er doch die linken Diktaturen hautnah miterlebt. Noch nach der Veröffentlichung seines Romans ließen Mao Zedong (China) und Pol Pot (Kambodscha) Millionen von Intellektuellen auf dem Land »umerziehen« und verpflichteten sie zu der Freiheit eines Staates, der »im Namen des allgemeinen Willens […] das Recht und sogar die Pflicht [hat], zu kontrollieren, Zensur auszuüben, zu lügen, zu bestrafen, Menschen ins Exil zu schicken und hinzurichten«.[18]

Der linke Populismus von einst wurde durch rechten Populismus ersetzt, doch die Argumentation bleibt dieselbe, und der große Führer präsentiert sich gern als Sprachrohr des *gesunden Volksempfindens* (»ich spreche aus, was jeder denkt«). Der große Führer, Rousseaus Gesetzgeber, wich Anfang des vorigen Jahrhunderts in der Tat einer charismatischen Führerschaft, wie Weber sie beschrieben hatte.

Für den Ökonomen, Historiker, Juristen und Soziologen Max Weber ist ein solcher Führer die Lösung für eine gefährliche gesellschaftliche Entwicklung hin zu einem Staat, der auf reiner Rationalität basiert. Rationalität legt den Grundstock für eine unpersönliche Autorität, ausgeübt durch eine instrumental organisierte Regierung. Sie wird laut Weber über einen eisernen Käfig der Bürokratie ausgeübt. Eine solche Zweckrationalität des Zusammenlebens, so schreibt er, führt zu einer Ablösung von Autorität und Moralwerten, und sogar zu einem Verlust von Sinnhaftigkeit. Für ihn liegt die Lösung in einer von Werten geprägten Rationalität, verkörpert von einem demokratisch gewählten charismatischen Führer. »Charisma« definiert Weber dabei als die Ausstrahlung außergewöhnlicher, übermenschlicher Eigenschaften, die dazu führen, dass dem Träger außergewöhnliche Qualitäten und Macht zugeschrieben werden. Wenn eine solche Figur durch demokratische Wahlen die Macht erhält, kann sie ein Gegengewicht zur Zweckrationalität bilden und erneut eine personengebundene Autorität ausüben.[19]

Drei Jahrzehnte später bringt ein solch charismatischer Führer Deutschland an den Abgrund, und die instrumentale Rationalität feiert ihren Höhepunkt. Der Aufstieg Hitlers geschah nicht zufällig. In Krisenzeiten suchen Menschen verzweifelt nach Lösungen und setzen all ihre Hoffnung auf solche Figuren. Sind sie erst einmal gewählt, verschwindet die Demokratie im Nu.

Hobbes' Souverän, Rousseaus Großer Gesetzgeber, Webers charismatischer Führer … Man muss kein Psychoanalytiker sein, um in diesen Figuren die Züge des idealen Vaters zu erkennen; wir sind also wieder am Ausgangspunkt. Es ist kein Zufall, dass Rousseau gegen schlechte Eltern wetterte und die Erziehung umgestalten wollte, was Despoten wie Mao Zedong später mit ihrer Umerziehung von Dissidenten in die Praxis umsetzten. Die Praxis zeigt jedoch, wie erträumte Führergestalten sich als Albtraum entpuppen können.

Hannah Arendt, glasklar

Die Suche nach dem Ursprung von Autorität führt zu keiner überzeugenden Antwort. Sämtliche Versuche laufen ins Leere und haben sogar den entgegengesetzten Effekt. Am erhellendsten beschreibt dies Hannah Arendt.

Der Lebenslauf dieser deutsch-jüdisch-amerikanischen Philosophin verläuft entlang der historischen Meilensteine der westlichen Welt im vorigen Jahrhundert. Ihre Biografie – und noch viel mehr ihre Bücher – sind äußerst lesenswert. 1954 schreibt sie einen Essay mit dem Titel *What is authority?*. Ihr Ergebnis ist so deutlich wie überraschend. Im Westen hat Autorität einen dreipoligen Ursprung, dessen Überzeugungskraft mittlerweile so gut wie verschwunden ist.[20] Zu diesem Ergebnis gelangt Arendt nach einer messerscharfen Analyse der Funktionsweise von Autorität.

Autorität basiert auf einer externen und höheren (»transzendentalen«) Instanz, von der man die Befehlsgewalt beziehen kann, die sie einem jedoch auch wieder entziehen kann. Das »Höhere« bewirkt, dass Autorität nach einer Pyramidenstruktur funktioniert. Wer am oberen Ende der Pyramide steht, ist dem Allerhöchsten am nächsten und besitzt daher die meiste Befehlsgewalt. Die Autorität nimmt ab, je weiter man in der Pyramide nach unten geht; jede niedrigere Ebene hat weniger Befehlsgewalt als die höheren, jedoch mehr als die noch weiter unten liegenden. Zudem sind die verschiedenen Ebenen eng integriert und miteinander verbunden.

So erhält man ein hierarchisches Modell, in dem eine wichtige Voraussetzung für das Wirken der Autorität sichtbar wird, nämlich die Ungleichheit. Verschiedenheit im Sinne von hierarchischer Unterschiedlichkeit ist notwendig. Arendt weist feinsinnig darauf hin, dass die egalitärste Regierungsform die Diktatur ist. Der Diktator steht über und vor allen anderen, die in der Tat alle gleich sind. Für Autorität ist entscheidend, dass sie auf der Grundlage freiwilliger Unterwerfung funktioniert. Eine Diktatur dagegen gründet sich auf Gewalt.

Die Unterwerfung geschieht freiwillig, weil Autorität auf eine externe Größe zurückgeht, an die eine Mehrheit glaubt. Für die westliche Welt beschreibt Arendt drei stark miteinander verwobene Quellen: die klassische Philosophie (Platon), das alte Rom und das Christentum. Platon steht für Vernunft und ewige Wahrheit. Rom steht für Tradition und Vorfahren. Das Christentum kombiniert beides und fügt noch eine ordentliche Portion Angst hinzu.

Die Funktionsweise der Autorität ist vermutlich universell. Ihre Quellen jedoch sind orts- und zeitgebunden. Damit zeigt Arendt auf, dass Autorität, wie wir sie kennen, keine unveränderliche Größe ist. Die uns bekannte Autorität ist zu einer bestimmten Zeit entstanden und kann demnach auch wieder verschwinden. Sie verschwindet, wenn der Glaube an ihre Quelle schwindet.

DER DREIPOLIGE URSPRUNG DER AUTORITÄT

In seinem Entwurf eines idealen Staates weist Platon die Befehlsgewalt dem Philosophenkönig zu, weil er die ewigen Wahrheiten und das Gute und Schöne am besten versteht (*kalos kai agathos*). Das normale Volk verfügt nicht über diese Erkenntnis. Damit auch das Volk dieses Wissen erhält, suggeriert Platon eine Lösung, die dem gemeinen Volk auch gut zweitausend Jahre später noch den Schlaf raubt: Mit einem Federstrich erfindet er sowohl die unsterbliche Seele als auch die Hölle. Das Jenseits ist ein Ort, an dem das allerletzte Evaluationsgespräch stattfindet; zu Gericht sitzen dabei die Götter.[21] Wer zu Lebzeiten schlecht war, wird in die Unterwelt gebracht und dort zehnfach bestraft; wer gut war, wird belohnt und darf in die himmlischen Sphären aufsteigen. Aus Platons Beschreibung wird ersichtlich, dass weder er selbst noch seine Philosophen-Kollegen daran glaubten. Das ist auch überhaupt nicht nötig, denn sie kennen die »ewigen Wahrheiten« und führen daher ein vorbildliches Leben. Die gewöhnlichen Menschen sind es, die daran glauben müssen, damit auch sie sich anständig verhalten – aus Angst vor Hölle und Verdammnis.

Rom ist der nächste Schritt in der Geschichte der westlichen Welt. In jeder römischen Villa gab es einen Hausaltar für die *Lares*, die Geister der Ahnen. Autorität ging auf die Gründer der Stadt zurück und auf ihre Sitten und Gebräuche (*mores*), die von Generation zu Generation übermittelt wurden. Autorität beruhte auf Tradition (*tradere* bedeutet übergeben). In erster Instanz waren dafür die *patres* zuständig, die Mitglieder des Senats. Patres bedeutet auch Väter, und Senat weist auf das Alter hin (*senex* ist ein Greis). Aufgrund ihres Alters standen die Senatoren den Stadtgründern am nächsten, daher hatten sie den größten Anteil an der Autorität der Vorväter.

Das solideste Fundament erhielt die traditionelle Autorität mit dem Christentum im 5. Jahrhundert nach Christus. Zu dieser Zeit übernahm die Kirche die politische Macht, es entstand das »Heilige Römische Reich«. Augustinus, der wichtigste Kirchenvater, kombinierte dabei griechische und römische Werte. Die Hölle, wie Platon sie beschrieben hatte, wurde in den Glaubenskanon aufgenommen, Sünder konnten demnach nicht mehr einfach mit Vergebung rechnen, die Mehrheit würde im Höllenfeuer schmoren müssen. Die ewige Wahrheit lag bei Gott, und die Philosophen mussten den wahren Gläubigen weichen. Von den Römern übernahm Augustinus die Bedeutung von Stadt, Gründung und Tradition. Der Gründungsakt des Christentums ist der Tod und die Auferstehung Christi. Durch diesen Akt wurde die *Civitas Dei* gegründet, die Stadt Gottes. Einige Jahrhunderte später erwirbt der Papst als Nachfolger des ersten Gründers (Petrus) die höchste Autorität als Stellvertreter Gottes. Sein Segen lautet *Urbi et Orbi* (für die Stadt und die Welt), und Rom ist nach wie vor die Ewige Stadt.[22]

So kommen die drei grundlegenden Elemente zusammen: eine höhere Wahrheit mit Gott, dem Vater, als höchster Quelle, der Gründungsakt mit den dazugehörigen Traditionen und die Hölle als Mittel der Abschreckung für das gemeine Volk. Diese Kombination ist so stark, dass sie beinahe zwei Jahrtausende lang den Ton angibt. Ihr wichtigstes Fundament ist zweifellos die Angst – Angst vor Strafe und Buße, vor ewiger Verdammnis in der Hölle oder zumindest für eine unerträglich lange Zeit im lodernden Fegefeuer. Das »Leben in Gottesfurcht« war über Jahrhunderte hinweg so real, wie wir es uns heute kaum mehr vorstellen können.

Die Geschichte ist gespickt mit Päpsten und Kardinälen, Kaisern und Königen, Prinzen, Rittern, Richtern – alles Repräsentanten Gottes, des Vaters, und durch ihn ausgestattet mit einer häufig absoluten Autorität, dem Gottesgnadentum. Nur Gott waren sie Rechenschaft schuldig (und nach ihrer eigenen Aussage war er stets einverstanden). Merkwürdigerweise geht Arendt nicht näher darauf ein, dass der dreipolige Ursprung ihrer Autorität immer wieder aufs Neue das Patriarchat festigt. Für die alten Griechen ist der freie Bürger per definitionem ein Mann. Rom ist die *patria*, das Vaterland, regiert von den *patres* im Senat. Das Christentum ist ein Patriarchat sondergleichen, in dem man sich Gott dem Vater unterwerfen muss, Frauen dagegen der Ursprung der Sünde sind – es sei denn, sie sind Mütter, und am besten auch noch jungfräuliche.

Bereits 1954 merkt Arendt jedoch an, dass Autorität auf dem Rückzug ist – zumindest in dieser patriarchalen Ausprägung.

Das Schwinden der patriarchalen Autorität

Alle paar Wochen statte ich einem früheren Nachbarn einen Besuch ab. Vierundachtzig Jahre alt ist er, seit Kurzem halbseitig gelähmt und somit zur Passivität verdammt. Aufgrund seiner Herkunft, er stammt aus einer Bauernfamilie, und weil er während des Zweiten Weltkriegs aufgewachsen ist, hat er nur eine schlechte Schulbildung, was mit seiner Intelligenz natürlich nichts zu tun hat. Immer wieder klagt er: »Was haben sie uns nur alles weisgemacht« – wobei »sie« vor allem für die Kirche steht. Er glaubt an nichts mehr, auch nicht an die traditionelle Politik – sie hat für ihn ebenso ihre Autorität verloren. Für die jüngere Generation gilt das noch mehr: Es gibt kein Jenseits, nur das Hier und Jetzt, und man ist vor allem von der Angst getrieben, nicht gelebt zu haben.

Mit der Angst vor der Hölle schwindet auch die wichtigste Säule der Verbindung zwischen Religion und Autorität. Dies geschieht obendrein in einer Generation und zu einer Zeit, in der auch die Verbindung zwischen Autorität und Alter obsolet geworden ist. Tradition dient weitgehend nur noch als Touristenattraktion. Den Senat schaffen wir ab. Erfahrung (Dienstalter) ist ein Hindernis, und mit über fünfzig eine Arbeit zu suchen ist beinahe ein Ding der Unmöglichkeit. Betriebe, Universitäten und psychiatrische Einrichtungen werben noch immer stolz mit ihrem weit in der Vergangenheit liegenden Gründungsjahr, doch das eigene Geburtsjahr übergehen Geschäftsführer heutzutage geflissentlich. Alles muss jung, hip und neu sein, alt ist out. Und eine ewige Wahrheit gilt allenfalls eine Modesaison lang.

Keine Angst vor dem Jenseits, keine Tradition, kein Glaube – für Hannah Arendt ist klar, was das bedeutet. Autorität, wie wir sie noch kannten, gibt es nicht mehr, und sie kommt auch nicht zurück. Arendts Werk illustriert, was wir bereits bei Pascal lasen. Die Frage nach dem Fundament der Autorität untergräbt diese zugleich. »Er [der Mensch] muß nicht merken die Wahrheit der Usurpation, sie ist von Alters ohne Grund eingeführt worden; man muß sie ansehn lassen als rechtsgültig, ewig und muß ihren Anfang verbergen, wenn man nicht will, daß sie bald ein Ende nehme.«[23]

Das Schwinden der Autorität nahm bereits viel früher ihren Anfang, wie man bei Pascal erkennen kann. Er liefert auch eine Erklärung, warum sie doch noch so lange fortdauerte: Der Mensch ist ein Gewohnheitstier, und wenn der Grund für eine Gewohnheit wegfällt, verschwindet die Gewohnheit selbst nicht sofort, sondern stirbt einen langsamen Tod. Allerdings wird der Sterbeprozess ab einem bestimmten Zeitpunkt beschleunigt.

Warum Religion und Tradition schwinden, ist bekannt: Immer mehr Menschen haben Zugang zu Bildung, zudem versorgt uns die Wissenschaft mit pragmatischen Antworten. Wir beten nicht mehr zur heiligen Apollonia (Schutzheilige von Menschen mit Zahnleiden), sondern wir gehen zum Zahnarzt. Und Sex ist eine feine Sache, keine Sünde. Immer mehr Menschen haben Zugang zu relativierendem Wissen, immer weniger Menschen fürchten sich vor der Hölle.

Inzwischen wurde die Frage vom Anfang dieses Kapitels recht ernüchternd beantwortet. Autorität beruht auf dem Glauben an ein mystisches Fundament und auf Angst, und im Hintergrund spielt auch noch eine ursprüngliche Form von Gewalt eine Rolle. Diese wird als Autorität immer erst im Nachhinein legitimiert, sodass sich scheinbar auch inhaltlich ein Grund für die Gewalt ergibt. Sobald man diesen inhaltlichen

Grund analysiert, erkennt man, dass er offenbar keine Grundlage besitzt. Meine Generation bekam die Wahrheit bereits recht früh zu hören. Wenn wir als Kind oft genug fragten, warum wir etwas tun sollten, warum wir »gehorchen« sollten, bekamen wir als Antwort: »Warum? Darum!«, und als Zugabe gab es noch eine Ohrfeige.

Strukturelle Betrachtung der Autorität

Traditionelle Autorität ist gleichbedeutend mit patriarchaler Autorität, die stark hierarchisch funktioniert und Männern vorbehalten ist. Diese Verknüpfung ist so stark, dass wir uns kaum eine andere Konstellation vorstellen können. Das erklärt die panischen Reaktionen auf das Schwinden dieser Autorität und die Versuche, sie wieder zum Leben zu erwecken. Mit Blick auf Arendt verstehen wir, dass diese Versuche nicht von Erfolg gekrönt sein werden und dass Autorität und Patriarchat keine Synonyme sein müssen. Dank ihrer Analyse können wir die Struktur der Autorität offenlegen und sehen, ob sie auch anders besetzt werden könnte. Obendrein können wir dadurch auch den wichtigen Unterschied zur Macht begreifen.

Autorität beruht auf einer dreipoligen Struktur. (1) Etwas (eine Einrichtung) oder jemand (der das Sagen hat) hat Autorität über (2) etwas oder jemand anderen aufgrund von (3) einer externen Quelle, an die die beteiligten Parteien glauben und der sie sich freiwillig unterwerfen. Diese Quelle braucht nicht »höher« (Christentum) oder »älter« (Rom, Tradition) zu sein, sie muss auch nicht als pyramidenförmige Hierarchie funktionieren. Sie muss jedoch außerhalb des Individuums liegen und von einer Mehrheit akzeptiert sein. Sind diese Voraussetzungen erfüllt, dann entsteht Autorität. Wer Autorität innehat (ein Individuum, eine Institution), hat diese, weil er von der Mehrheit die Verfügungsgewalt zugewiesen bekommen hat. Falls diese Person oder Einrichtung diese Gewalt nicht zufriedenstellend ausübt, wird ihr die Autorität entzogen und an eine andere Person übertragen.

Autorität impliziert also Macht und eventuell auch das Ausüben von gesetzlicher Gewalt. Macht und Gewalt bekommen nur die zu spüren, die sich nicht oder nicht mehr freiwillig der Autorität unterwerfen – die gegen das Gesetz verstoßen. Will eine Mehrheit sich nicht länger unterwerfen (weil der Glaube an die Quelle der Autorität verschwunden ist), dann stürzt die Autorität in sich zusammen. Von diesem Moment an funktioniert die einst gesetzmäßige Macht nur mehr als schiere Macht, Gewalt und erzwungene Unterwerfung nehmen daraufhin zu. Wenn dieser Zustand länger andauert, zeigt die Geschichte, wie Gegengewalt entsteht, es gibt also Rebellion und Aufstand. Häufig entsteht nach einer gewissen Zeit von Neuem Autorität, die im Nachhinein die ursprüngliche Gewalt legitimiert. Was einst nur ein Aufstand war, wird dann in einen Freiheitskampf umbenannt.

Wir sind uns dessen noch nicht wirklich bewusst, doch wir stehen am Ende einer Ära. Wir verabschieden uns von der patriarchalen Form der Autorität, die, grob geschätzt, etwa zehntausend Jahre lang alles bestimmte – sexuell, sozial, religiös, politisch und ökonomisch.[24] Das heißt nicht, dass wir uns von der Autorität verabschieden. Laut Arendt kann eine Gesellschaft ohne Autorität nicht bestehen, denn Autorität regelt die zwischenmenschlichen Beziehungen. Im letzten Satz ihres Essays bemerkt sie, dass wir ohne Autorität erneut mit den »elementaren Problemen des menschlichen Zusammenlebens« konfrontiert werden. Die Gretchenfrage lautet, welche neue Form der Autorität wir entwickeln werden.

Darauf müssen wir dringend eine Antwort finden, denn mittlerweile ist es augenfällig, dass bei einigen klassischen zwischenmenschlichen Beziehungen die traditionelle Autorität nicht mehr funktioniert. Im zweiten Teil dieses Buches gehe ich darauf näher ein. Als Vorgeschmack soll es im folgenden Kapitel um die Beziehungen in der Erziehung, der Politik und der Pflege gehen, drei Bereiche, die aktuell zum Scheitern verurteilt sind, sofern sie an dem patriarchalen Modell festhalten.

3 DREI UNMÖGLICHE BERUFE

1925 machte Freud einen zukunftsweisenden Witz. Es gibt, so behauptete er, drei unmögliche Berufe: Erziehen, Kurieren und Regieren. In seiner Zeit betraf das drei männliche Rollen: Väter, Ärzte und Politiker. 1972 überraschte Lacan mit einem Ausspruch: Das Gefühl, das am besten zur Vaterschaft passe, sei Scham. Dasselbe hätte er über Politiker sagen können, und mit Bedauern muss ich auch die Psychotherapeuten hinzufügen. Alle drei sind zum Scheitern verurteilt – daher die Scham.[1]

Um es in aller Deutlichkeit zu sagen: Ich bin überzeugt, dass es durchaus möglich ist zu erziehen, politisch tätig zu sein und Menschen zu helfen. Die Unmöglichkeit, die Freud meint, und die Scham, auf die Lacan verweist, haben mit einer bestimmten Ausprägung dieser drei Berufssparten zu tun, einer Ausprägung, die an die patriarchale Position der Lehrerfigur anknüpft. Papa weiß es am besten, er hat das Sagen. Der Politiker garantiert, unter ihm werde alles besser. Der Therapeut wedelt mit einer evidenzbasierten Studie, die die Wirksamkeit seiner Behandlung belegt.

Dieses System hat jahrhundertelang funktioniert, ganz einfach, weil die Mehrheit daran glaubte. Im vorigen Kapitel habe ich die Selbstverständlichkeit der Autorität wie folgt nachgezeichnet: Der Professor hält ein Seminar, die Studenten hören zu. Der Richter fällt ein Urteil, die Streitparteien halten sich daran. Der Arzt stellt eine Diagnose, der Patient nimmt diese an. Doch heutzutage stellen die Professoren ihre Mikrofone immer lauter, um die schwätzenden Studenten zu übertönen. Angeklagte gehen unmittelbar nach Urteilsverkündung in Berufung und werden dabei von ihren Anwälten voll unterstützt (da rollt der Rubel). Und der Patient holt sich eine zweite oder sogar eine dritte Meinung zu seiner Diagnose.

Um es noch einmal klar zu sagen: Das Patriarchat kann nur funktionieren, wenn die Beteiligten auch daran glauben. Fällt das Fundament dieses Glaubens weg, hat es jeder Lehrer schwer. Das ist die Schlussfolgerung, die ich bei Hannah Arendt gefunden habe: Für sich allein kann man keine Autorität haben, welche Qualitäten man auch besitzt. Autorität verleihen einem Dritte, und das auf einer festen Basis: dem Glauben an das zugrunde liegende System. Niemand kann für sich allein Lehrer sein. Der Kaiser ist immer ohne Kleider unterwegs, doch man muss sich gedulden, bis ein Kind es wagt, das laut auszusprechen. In traditionellen, patriarchalen Umständen bekommt das Kind eine Ohrfeige und lernt, den Mund zu halten. Der Herrscher darf nun einmal nicht entblößt werden.

Je näher jemand einem Meister steht – Vater, König, Kaiser, Professor, Arzt oder Parteivorsitzender –, desto genauer kennt er die Schwächen dieser Figur. Und noch genauer die Schwächen seiner Auffassungen. Nur wenige Parteimitglieder glauben bedingungslos an die Ideologie, die sie nach außen hin repräsentieren. Doch bis vor Kurzem wäre niemand auf den Gedanken gekommen, Schwächen, Fehler und möglicherweise sogar Betrug nach außen zu tragen. Die Herrschaft zu demaskieren bedeutete Verrat, und früher bedeutete Loyalität vor allem, den Schein aufrechtzuerhalten.

Diese Art von Mittäterschaft ist heute so gut wie verschwunden. An der wachsenden Gruppe von Akteuren wie dem Whistleblower Edward Snowden lässt sich illustrieren, wie sehr der Glaube an einen »strengen, aber gerechten Vater« gebröckelt ist. Man beachte, dass die Snowdens von heute ihre Enthüllungen zum Wohl der Allgemeinheit veröffentlichen, dabei häufig enorme persönliche Risiken in Kauf nehmen und sich nicht wie banale Opportunisten damit bereichern wollen. Ein tragisches Beispiel ist Arthur Gotlieb, der korrupte Praktiken der niederländischen Gesundheitsbehörde Nederlandse Zorgautoriteit (NZA) ans Licht brachte. Er wurde dafür derart schikaniert, dass er sich schließlich das Leben nahm.[2]

Typisch für unsere Zeit ist, dass Whistleblower keine isolierten Figuren mehr sind – WikiLeaks ist ein kollektives Projekt, dadurch ist ein noch gründlicheres Vorgehen möglich. Wer hätte einst gedacht, dass ein

Nachkomme eines Kaisers des »Heiligen Römischen Reiches«, obendrein verheiratet mit einer Enkelin Bismarcks, von seinem Posten als Verteidigungsminister zurücktreten muss, weil er bei seiner Doktorarbeit geschummelt hat? So geschehen mit Karl-Theodor zu Guttenberg, als eine digitale *open peer review* überwältigende Beweise für Plagiat zutage brachte.[3]

Das Schwinden traditioneller Loyalität – besser gesagt Mittäterschaft – bringt weiterhin immer mehr Skandale ans Licht, in Kirche, Politik, Bildungswesen und im Schoß der Familie. Machtmissbrauch ist mit dem patriarchalen System strukturell verflochten. Es geht hier nicht um zufällige Fehler von Menschen, die zu Unrecht in einer gehobenen Position gelandet sind: Es ist die Position selbst, die zwangsläufig zu Fehlern führt.

Man verleihe jemandem eine unantastbare Position (an die also so ziemlich jeder glaubt) und kombiniere sie mit mangelhafter Kontrolle von außen, und schon hat man einen idealen Nährboden für Missbrauch. Eine patriarchale Autorität schafft sich häufig eine geschlossene Gemeinschaft, die die Außenwelt als feindlich und / oder minderwertig betrachtet. In extremeren Ausprägungen schließt sich eine solche Gemeinschaft völlig von der Außenwelt ab. Je geschlossener eine Gruppe ist, desto kränker ist sie – das bestätigen auch die klinische Psychologie und die klassische Psychiatrie. In eine Inzestfamilie gelangt niemand hinein, und niemand darf sie verlassen. In einem totalitären Staat verfügen die Bürger nur über beschränkte Bewegungsfreiheit, und ausländische Gäste erhalten einen »Führer«, der ihnen nur das zeigt, was sie sehen dürfen. Sobald diese Isolierung durchbrochen wird, sind die Tage eines totalitären Regimes gezählt.

Inzest ist eine extreme Ausprägung von Machtmissbrauch, wie er in solchen geschlossenen Gruppen entsteht. Dazu passt ein Ausspruch, den mir einmal Karine Vandenberghe zitierte, die ehemalige Vorsitzende von Amnesty International Vlaanderen: »Why do people hit and abuse their family members? Because they can.« Dabei steht »people« so gut wie immer für Männer und Väter, und »family members« für Frauen und Kinder. Das führt uns zum ersten unmöglichen Beruf: der Vaterschaft.

ERZIEHUNG ALS UNMÖGLICHER BERUF: DAS ENDE DER VÄTER

Väter wird es immer geben, zumindest als biologische Notwendigkeit. Doch das Selbstverständliche und Exklusive der väterlichen Autorität, wie wir sie bis vor Kurzem noch kannten, hat sich mit dem Verschwinden des Patriarchats verflüchtigt. Das jedoch wirft einige Fragen auf, denn Erziehung geht nun einmal nicht ohne Autorität.

In der traditionellen Familie gab es eine klare Rollenverteilung. Die Macht lag in erster Linie bei der Mutter, in einem typisch wechselseitigen Verhältnis (Mutter versus Kind). Die Autorität lag vor allem beim Vater, ohne dass er dafür viel tun musste – die Quelle seiner Autorität lag außerhalb seiner selbst. Die Mütter blieben zu Hause, erledigten den Haushalt und standen in direktem Bezug zu ihren Kindern. Väter waren Fremde; morgens waren sie bereits weg, und abends kamen sie zu einem festgelegten Zeitpunkt von einer Aktivität nach Hause, die man »die Arbeit« nannte. Das Nach-Hause-Kommen war nicht immer etwas, auf das man sich freute, denn hatte man als Kind etwas ausgefressen, dann war es gut möglich, dass die Mutter dem Vater davon erzählte. In diesem Fall setzte es oft Schläge. In einem bekannten flämischen Kinderlied klingt das dann so:

>»Mamaatje die zal kijven, papaatje die zal slaan.
>Klein, klein kleutertje, maak je hier gauw vandaan.«

>*(Mama wird schimpfen, Papa hauen.*
>*Kleines Kindelein, mach dich lieber davon.)*

Wer 2012 dem flämischen Kindersender Ketnet zuhörte, bekam auf einmal eine andere Variante zu hören: »O mijn lieve mamaatje, zeg het niet tegen papaatje.« (*O meine liebe Mama, bitte sag's dem Papa nicht.*) Der Sprecher des öffentlichen Rundfunks ließ vernehmen, der traditionelle Text entspreche nicht mehr dem Zeitgeist, und in den Niederlanden habe man schon viel früher von ihm Abstand genommen.

Die neue, angeblich fortschrittliche Version schafft eine Mittäterschaft zwischen zweien der drei Beteiligten – unter Ausschluss des dritten. Das ist aus mehreren Gründen fragwürdig. Widmen wir uns noch einmal dem Unterschied zwischen Macht und Autorität. Schiere Macht spielt sich zwischen zwei Personen ab, von denen die stärkste per definitionem die Zügel in der Hand hat. Kontrolle von außen gibt es nicht, Macht kann daher auch willkürlich ausgeübt werden. Autorität hingegen setzt eine dreipolige Struktur voraus, bei der eine Person oder Instanz über eine zweite Person oder Instanz das Sagen hat, und zwar aufgrund einer dritten Person oder Instanz, also einer externen Quelle außerhalb der beiden. Daraus ergibt sich eine wichtige Konsequenz: Autorität muss sich einer dritten Instanz verantworten. Eltern repräsentieren Regeln und Gesetze in dem Bewusstsein, dass auch sie ihnen unterworfen sind. Die Macht, die sie über ihre Kinder ausüben, darf niemals reine Macht sein: Sie wird durch Autorität eingeschränkt.

In der traditionellen Familie repräsentierte vor allem der Vater Gesetz und Außenwelt. Die Mutter verwies ausdrücklich auf ihn (»Warte nur, bis Vater nach Hause kommt!«), der Vater konnte wiederum auf die Außenwelt verweisen. Mütter blieben zu Hause und übten dort sehr viel Macht aus, besaßen jedoch kaum Autorität. Die Autorität, die der Vater ausübte, wurde ihm vom Gesetz verliehen. Eine Autoritätsperson zeichnet aus, dass sie auf eine externe Quelle ihrer Autorität verweisen kann, ohne mit dieser zusammenzufallen. Denn die Autoritätsperson ist selbst einer umfassenderen Autorität unterworfen, die für alle gilt, also auch für sie.

Damit stoßen wir auf die Schwachstellen der patriarchalen Familie von früher. Manche Väter entpuppten sich als Diktatoren, die in ihrem kleinen Reich ihre eigenen Regeln schufen. Kontrolle gab es kaum, denn in der typischen pyramidenförmigen Struktur des Patriarchats befand sich die Familie ganz unten. Wer unter dem Familienoberhaupt stand, konnte sich an niemanden wenden. Wer über ihm stand, schloss in typischer Mittäterschaft die Augen. Die ersten Zufluchtsorte für misshandelte Frauen gab es ab etwa 1975, und Vergewaltigung in der Ehe wurde in Belgien erst 1989 strafbar, in den Niederlanden erst 1991 und in Deutschland gar erst 1997.

Im Rückblick fällt auf, dass die Väter von damals sich kaum mit ihren Kindern beschäftigten. Sie waren viel außer Haus, bei der Arbeit und beim Fußball. Ohnehin gehörte Erziehung nicht zu ihren Hauptaufgaben. Ihr Part beschränkte sich größtenteils darauf, das Zeugnis zu unterschreiben und im Auftrag der Mutter Strafen zu erteilen. Bestrafung wurde von einer Strafpredigt begleitet, in der der Vater dem Sohn oder der Tochter ins Gewissen redete, immer mit dem Verweis auf später. Das Wort »Predigt« weist auf die Verwandtschaft mit dem Pastor oder Priester hin, der – gemeinsam mit dem Lehrer – in der traditionellen Autoritätspyramide die nächsthöhere Ebene darstellte.

Der patriarchale Vater war typischerweise ein abwesender Vater. Seine Abwesenheit erhöhte sein Potenzial als Schreckgestalt und sorgte dafür, dass es lang dauerte, bis sein Versagen entdeckt wurde. Das Patriarchat verlieh dem Vater übermenschliche Proportionen, und als Verkörperung von Recht und Ordnung musste er immer und überall ein gutes Vorbild geben. Stellte sich dann heraus, dass er versagt hatte, war das ein Schlag. In *Jenseits von Eden* fand Steinbeck dafür schmerzlich schöne Worte.

Wenn ein Kind anfängt, die Erwachsenen zu durchschauen, wenn seinem ernsthaften kleinen Gehirn aufgeht, daß die Erwachsenen auch keinen göttlichen Verstand besitzen, daß ihre Ansichten nicht immer klug, ihre Gedanken nicht richtig, ihre Urteile nicht gerecht sind, dann wird es von trostlosem Entsetzen gepackt, und seine Welt fällt in Trümmer. Die Götter sind vom Thron gestürzt; der sichere Boden ist verschwunden. Eines aber ist ausgemacht, wenn Götter stürzen; dann purzeln sie nicht bloß ein wenig herunter, nein, dann zerkrachen und zersplittern sie gleich in tausend Stücke und versinken in grünen Schlamm. Ein trübseliges, unersprießliches Unterfangen, sie wieder zusammensetzen und aufbauen zu wollen; ihren Glanz gewinnen sie nie wieder zurück. Und nie wird die Welt des Kindes wieder heil und ganz. Großwerden ist mit Schmerzen verbunden.

Adam begann, seinen Vater zu durchschauen. […] Wer weiß, was die Ursache für so etwas ist: ein Blick ins Auge, eine durchschaute Lüge, eine Sekunde des Zögerns? – dann stürzt eben im Gehirn des Kindes das Götterbild mit Krachen von seinem Piedestal.[4]

Früher wurde dieses Versagen verschleiert, heute ist das anders, und die Erwartungen, die auf den Schultern junger Väter lasten, sind größer als je zuvor – so groß, dass manche die Vaterrolle gar nicht erst annehmen. Andere wiederum beschäftigen sich, im Vergleich zur vorigen Generation, wesentlich mehr mit ihren Kindern. Und genau diese Gruppe der bewussten Väter überkommt bisweilen das Gefühl, sie würden versagen. Das gilt im Übrigen auch für die Mütter.

Vermutlich waren sich Eltern noch nie so stark ihrer elterlichen Pflichten bewusst. Von allen Seiten werden sie auf ihre Verantwortung und damit auch auf potenzielles Versagen hingewiesen. In ihrem Buch *Een verpletterend gevoel van verantwoordelijkheid* (Erdrückendes Verantwortungsgefühl) legt die Journalistin Kaat Schaubroeck eine messerscharfe Analyse dazu vor. Was auch immer mit einem Baby, Kleinkind oder Kind schiefgeht, schuld daran sind die Eltern. Falsche Ernährung, falsche Schlafgewohnheiten, falsches dies und falsches das. Eltern müssen offenbar ständig Evaluationsgespräche über sich ergehen lassen, bei denen das Ergebnis schon im Voraus feststeht. *No mercy for the weak.*

Die Evaluation wird obendrein schon bald vom eigenen Nachwuchs vorgenommen. Selbst junge Kinder durchschauen schnell, dass ihr Vater seinen eigenen Regeln nicht folgt (»Du hast aber am Sonntag deine Zähne auch nicht geputzt!«). Ältere Kinder entdecken noch mehr Verstöße (»Mein Vater schaut sich im Internet Pornos an!«), auch bei der Mutter

(»Meine Mutter hat ein Profil bei Tinder!«). Die klassische Scheinwelt ist durchlöchert, das Etikett »Vater« genügt nicht mehr, um ganz selbstverständlich eine Autoritätsposition innezuhaben. Eltern müssen sich nun selbst »beweisen« – und das ist zugleich die beste Methode, jemanden scheitern zu lassen, denn jeder Beweis ist unvollständig und überzeugt daher nur kurzfristig. Das typische Gefühl der Überlegenheit, wie man es von früher kennt, ist mittlerweile in Scham umgeschlagen. Reflektierte Väter begreifen durchaus, dass sie selbst dem nicht genügen, was sie von ihren Kindern verlangen. Ein Vater von zwei heranwachsenden Töchtern sagte mir: »Wenn sie wüssten, mit welchen Blicken ich manchmal ihre Freundinnen ansehe, würden sie mich für einen schmierigen alten Mann halten.«

Daraus ergeben sich – etwas übertrieben gezeichnet – zwei aktuelle Ausprägungen der Vaterrolle. Da wäre der Vater, der sich der Vaterschaft nie stellt oder nach kurzer Zeit das Handtuch wirft. Seine Aufmerksamkeit gehört ganz der Karriere und seinem eigenen Leben, so ein Würmchen hat da keinen Platz. Auf der anderen Seite sehen wir den sehr bewussten Vater, der viel Zeit mit seinen Kindern verbringt, der überbesorgt ist, Erziehungsratgeber liest und überall dabei sein will. Dieser Vater entpuppt sich als eine Art zweite Mutter, und das ist keine gute Idee: Eine Mutter ist genug.

Entweder glänzen sie also mit Abwesenheit oder sie sind zu viel da – die Karikatur lässt nicht lange auf sich warten. Dabei fehlt, so heißt es, die Entscheidungsfreude, der Mut, im richtigen Moment Nein zu sagen. Tun sie dies doch, so werden sie sofort abgekanzelt (»So was von konservativ!«). Es sind verwirrende Zeiten für Männer. Man muss es sich einmal durch den Kopf gehen lassen: Man soll für seine Kinder Freund und Vater sein, Hausmann und (im richtigen Moment) Macho für die Frau, und im Beruf noch kollegial und karrieregeil zugleich.

Unsere Erwartungen an die richtige Erziehung sind sehr ambivalent. Immer mehr plädieren für eine Rückkehr zu einer strengen Erziehung, denn »die Jugend von heute« treibe es zu bunt. Eltern und Schulen werfen sich gegenseitig vor, zu lax zu sein. Doch wer dann tatsächlich streng ist, wird in der Luft zerrissen. Die frühere Autorität wollen wir nicht mehr, eine neue haben wir noch nicht parat. Wir brauchen einen völlig anderen Ansatz, den ich in Kapitel 6 vorstelle.

PATERNALISMUS: DIE WELT ALS SPIELPLATZ

Ziel von Erziehung ist, dass sie sich selbst überflüssig macht. »Vertrauensvoll loslassen« heißt das. Wir können unseren Erfolg als Eltern daran festmachen, dass unsere Kinder uns in aller Ruhe verlassen, selbst eine Familie gründen und ihre Kinder erziehen können. Wie in der Geschichte von Glückel von Hameln, einer emanzipierten deutschen Jüdin, aus dem 18. Jahrhundert:

Es ist einmal ein Vogel gewesen, der hat drei junge Vögelein gehabt und hat sich mit ihnen am Ufer des Meeres aufgehalten. Mit einem Male sieht der alte Vogel, daß ein großer Wind kommt und daß das Meer größer wird und über das Ufer kommt. So sagt er zu seinen Kindern: »Wenn wir nicht bald auf jener Seite vom Meere sind, so sind wir verloren.« Aber die jungen Vögelein haben noch nicht fliegen können, also nimmt der Vogel das eine Vögelchen zwischen seine Füße und fliegt mit ihm über das Meer. Wie sie mitten über dem Meere sind, sagt der alte Vogel zu seinem Sohne: »Mein Kind, welche Nöte und Sorgen habe ich mit dir und wie wage ich mein Leben um deinethalben. Wenn ich nun alt sein werde, willst du mir auch Gutes tun und mich in meinem Alter ernähren?« Sagt das junge Vögelchen: »Mein herzlieb Vater, bring mich nur über das Wasser, ich will in deinem Alter alles für dich tun, was du von mir verlangst.« Der alte Vogel wirft seinen Sohn auf diese Reden ins Meer, daß er versauft und sagt: »So soll man es einem Lügner, der du bist, machen.«
Also fliegt der alte Vogel wieder hinüber und holt das andere Vögelchen. Wie sie mitten ins Meer kommen, redet der alte Vogel wieder zu dem Vögelchen, wie er mit dem ersten geredet hat. Das Vögelchen sagt ihm auch, alles Gute in der Welt zu tun, gleichwie das

erste geredet hat. Aber der alte Vogel nimmt es auch, wirft es ins Meer hinein und sagt: »Du bist auch ein Lügner« und fliegt wieder an das Ufer zurück und holt das dritte Vögelchen. Wie er auch mit dem dritten Vögelchen mitten ins Meer kommt, sagt er auch zu ihm: »Mein Kind, sieh, wie ich mich mühe und wie ich mein Leben um deinetwegen wage. Wenn ich nun alt werde und mich nicht mehr rühren kann, wirst du mir auch Gutes tun und mich in meinem Alter ernähren, wie ich dir in deiner Jugend tue?« Also antwortete das junge Vögelchen seinem Vater: »Mein lieber Vater, es ist alles wahr, was du sagst, daß du große Not und Sorge für mich hast. Ich bin schuldig, solches wieder an dir abzugeben, wenn es möglich sein wird, aber gewiß kann ich es dir nicht sagen. Aber das will ich dir zusagen, wenn ich auch einmal werd Junge kriegen, so will ich bei meinen jungen Kindern tun, wie du bei mir tust.« Da sagt der Vater: »Du redest recht und bist auch klug, dich will ich leben lassen und dir über das Wasser helfen«[5]

Zur Erziehung gehört auch das Vertrauen darauf, dass die folgende Generation ebenfalls – auf ihre Art – für ihre Kinder sorgen wird. Fehlt dieses Vertrauen, oder klammert sich die alte Generation an ihre Macht und versucht, die jüngere Generation klein zu halten, kommt es zu Problemen.

Denselben Prozess können wir auch außerhalb der Erziehung und der Familie sehen. Eine bestimmte soziale Klasse fühlt sich über alle anderen erhaben und findet es normal, Entscheidungen über und für alle anderen Klassen zu treffen. So eine Haltung nennen wir »Paternalismus«. Schon der Name stellt den Bezug zum Patriarchat her. Diejenigen, die sich über die anderen erhaben fühlen, die *patres*, gehen davon aus, dass die anderen eigentlich noch Kinder sind und nicht wissen, was das Beste für sie ist. Also entscheiden sie an ihrer Stelle, wie es ein »strenger, aber gerechter Vater« tun würde.

Lacan kritisierte 1960 die damaligen Psychotherapeuten für eine, wie er meinte, ähnliche Haltung. Anfangs wirkt diese Haltung sehr positiv:

»Was ich will, das ist das Wohl der anderen«. Dann jedoch schwingt die Zielsetzung des Therapeuten um: »Was ich will, ist das Wohl der anderen, vorausgesetzt, es bleibt im Bild des meinen. Ich würde noch mehr sagen – es entwertet sich so schnell, als es wird – vorausgesetzt, es hängt von meiner Anstrengung ab.« Der Patient als unmündiges Kleinkind, unfähig, die richtigen Entscheidungen zu treffen, bekommt es mit einem allmächtigen Vater-Therapeuten zu tun, der weiß, was gut ist, und das zur Not auch unter Zwang durchsetzt.[6]

Diese Kritik zieht sich durch die Geschichte des patriarchalen Westens wie ein roter Faden. Wer an der Macht ist, trifft Entscheidungen mit weitreichenden Folgen für bestimmte Bevölkerungsgruppen, ohne diese dabei zurate zu ziehen und ohne ein Mandat dafür zu haben. Die Kombination dieser beiden Kennzeichen ist typisch für den Paternalismus.

Holzschnittartig finden wir sie im Kolonialismus wieder, wo der Westen jahrhundertelang von seiner Überlegenheit ausging. Einen etwas verhalteneren Paternalismus finden wir sogar bei Figuren, bei denen wir es nicht erwarten. Im selben Gedanken der *Pensées,* in dem Pascal die Quelle von Recht und Ordnung demontiert, schreibt er auch, »zum Wohl des Menschen müsse man ihn oft täuschen«.[7] Und Voltaire, Galionsfigur der Aufklärung, sah auf das einfache Volk herab und hielt es für eine gute Sache, dass es für diese Leute die Religion gab. »Wenn Gott nicht existierte, müsste man ihn erfinden.«[8] Die Oberschicht – Adel, Philosophen, Klerus – fühlte sich intellektuell und moralisch überlegen und ging davon aus, dass die Unterschicht von Natur aus dumm und unmoralisch sei und sich nicht benehmen, geschweige denn richtige Entscheidungen treffen könne. Die entsprechende Arbeitsteilung war im 19. Jahrhundert eindeutig: »Halt du sie dumm, ich halte sie arm«, sagte der Kaiser zum Papst. Und brav, könnte man noch hinzufügen.

Die Überzeugung, die Masse sei dumm, hält sich unter Gebildeten nach wie vor, unter anderem als Argument gegen die Demokratie. Diese Ansicht zeugt nicht nur von einem verfehlten Überlegenheitsgefühl, es handelt sich zudem um eine höchst riskante Argumentation, weil sie »Expertenregierungen« den Weg bereitet – der Schritt zu einem totalitären Regime ist dann nur mehr kurz. Paternalismus ergibt sich nicht etwa notwendig aus einer angeborenen intellektuellen und moralischen Schwäche großer Gruppen von Menschen, im Gegenteil. Dieses System macht Menschen intellektuell und moralisch schwach. »Was haben sie uns nur alles weisgemacht?«

Zum Paternalismus gehört die Überzeugung, stellvertretend für einen anderen entscheiden zu müssen und dabei die besten Absichten zu verfolgen. Ersteres ist reiner Machtmissbrauch, Letzteres, auch wenn es aufrichtig gemeint ist, höchst gönnerhaft. Mir kommt dabei das Bild einer Altenpflegerin in den Sinn, die das Zimmer betritt mit der Frage: »Na, wie geht's uns denn heute?« Pflege und Politik sind die letzten Bastionen des Paternalismus. Doch auch dort ist der Kaiser nackt, werden Machtpositionen immer öfter entlarvt.

POLITIK ALS UNMÖGLICHES BERUFSFELD: »WER GLAUBT DIESEN MENSCHEN EIGENTLICH NOCH?«

Einleitend möchte ich zunächst einige romantische Worte über Vaterland und Politik verlieren. Ein Land gleitet in eine Zeit des Untergangs, in der moralische Verderbtheit mit dem Verlust von ökonomischer und politischer Macht einhergeht. Die Arbeitslosigkeit ist hoch, junge Menschen sind ständig auf der Suche, das Leben wird immer unsicherer, und zudem wird das Land noch von einer feindlichen ausländischen Macht bedroht. In dem Moment erhebt sich eine starke Figur, ein *Pater Patriae*, der mit fester Hand das Ruder in die Hand nimmt, Normen und Werte wiederherstellt, Arbeitsplätze schafft, eine Gruppe von Profiteuren identifiziert und diese dann tatkräftig eliminiert. Großbritannien hatte Churchill, Frankreich de Gaulle, der Iran Khomeini, Russland Putin … Eine aufgeklärte Diktatur ist ein Trugbild, und Romantik ohne Intelligenz führt ohne Umwege zum Faschismus. Als Traumbild ist dies die Fortsetzung von Freuds »Familienroman der Neurotiker«, nämlich das Verlangen nach einem strengen, aber gerechten Vater. Die Politik zehrte jahrelang von diesem Verlangen. Regierungschefs präsentierten sich als gute Hausväter und reduzierten damit ihre Wähler zu unmündigen Kindern. Das Land wurde immerzu Vaterland genannt, und jeder Sohn musste bereit sein, sich im Notfall dafür zu opfern. Patriotismus ist der kleine Bruder des Patriarchats.

Bei Ausbruch des Ersten Weltkriegs meldeten sich Tausende junge Männer freiwillig zur Armee. *Dulce et decorum est pro patria mori,* so dichtete bereits Horaz: Eine süße Ehre ist es, für das Vaterland zu sterben. Eine ganze Generation marschierte so in den Tod. Wie viele Freiwillige würden sich wohl heute, hundert Jahre später, melden? Das amerikanische Heer besteht hauptsächlich aus Söldnern, und wirklich überzeugte Soldaten, Kämpfer für Gott und Vaterland, nennen wir Terroristen oder Knallköpfe.

Der Erste Weltkrieg hat viel dazu beigetragen, die romantische Idee des Vaterlands und des politischen Patriarchats zu untergraben. Die Inkompetenz der militärischen und politischen Führer auf beiden Seiten war so eklatant, dass sie sich trotz Zensur und unvollständiger Berichterstattung bis zur Bevölkerung herumsprach. Sicher, ein Teil der Intellektuellen hatte die Nase voll. Robert Graves' autobiografischer Bericht über die Kriegsjahre macht dies schon im Titel mehr als deutlich: *Goodbye to all that.* Graves' Mitstreiter war Wilfred Owen, einer der sogenannten *war poets* – britische Offiziere, die ihre Kriegserfahrungen in Gedichtform fassten. Nach einer unerträglich realistischen Beschreibung eines durch Giftgas sterbenden Soldaten (»Wenn du nur einmal in würgendem Traum / Hinter dem Karren gingst, auf den wir ihn geworfen, / Die weißverdrehten Augen sähst, auf dem Gesicht den Schaum, / Sein hängendes Gesicht wie eines Teufels krank vom Sündenschorfen«) schließt Owen (in der Übersetzung von Joachim Utz):

Nie würdest du, Freund, Kindern eine Story
Von Krieg und Ruhm servieren und den Rest
Des alten Lügenworts: Dulce et decorum est
Pro patria mori.[9]

Owen fiel genau eine Woche vor dem Waffenstillstand vom 11. November 1918.

Das 20. Jahrhundert können wir unter anderem als das Jahrhundert betrachten, in dem eine politische Ordnung sich selbst überlebte. Ob es sich nun um eine kommunistische, sozialistische oder sogenannte christdemokratische Regierung handelte, ihre Struktur war immer dieselbe. Einige wenige Männer, häufig unter der Fuchtel eines starken Anführers, entschieden für den Rest der Bevölkerung, ganz und gar überzeugt von der Richtigkeit ihres Tuns.[10]

Hundert Jahre nach dem Debakel des Ersten Weltkriegs ist der Glaube an einen *Pater Patriae* nicht nur so gut wie erloschen, sondern diese Figur weckt an sich schon Misstrauen. Diese Umkehrung lässt sich auch gut an Mainstream-Filmen erkennen. Bis vor etwa fünfzig Jahren konnte man auf den Kinoleinwänden durchweg folgendes politisch korrekte Szenario verfolgen: Nicht-westliches Regime (kommunistisches, afrikanisches, asiatisches oder südamerikanisches) ist bis auf die Knochen korrupt und wird von einem übergewichtigen Diktator regiert (der auch die Heldin missbraucht). Glücklicherweise wird es von einer westlichen Demokratie bekämpft, am Ende fällt die Heldin ihrem Befreier in die Arme. Heute dagegen kann man keinen politischen Film, keine Serie über unsere eigenen Politiker mehr anschauen, ohne dass einem Korruption und Eigeninteresse vom Bildschirm nur so entgegenschwappen, von *Die Unbestechlichen* über *Borgen – Gefährliche Seilschaften* bis hin zu *House of Cards*. Politiker sind doch alle nur an ihrem eigenen Vorteil interessiert.

Die Realität ist, so meine ich, noch viel schmerzhafter. Bis auf eine Minderheit sind unsere Politiker gar nicht so korrupt – sie sind vor allem machtlos. Unser Regierungsmodell stammt aus dem 19. Jahrhundert und wurde nicht an die heutige Lebenswirklichkeit mit einer multinationalen Wirtschaft und einer hoch ausgebildeten Bevölkerung angepasst. »Wer glaubt diesen Menschen noch?«, sagte der ehemalige belgische Premierminister Yves Leterme, als er noch in der Opposition saß. Doch dieser Ausspruch wurde, sobald er selbst an die Regierung kam, auch auf ihn und seine Partei gemünzt.

Führende Kräfte, die den Paternalismus unseres Modells verschleiern möchten, tun der Glaubwürdigkeit der Politik keinen Gefallen. Das sieht man beispielsweise an der folgenden Passage aus der niederländischen Thronrede von 2013:

> Es ist nicht zu übersehen, dass die Menschen in unserer heutigen Netzwerk- und Informationsgesellschaft mündiger und selbstständiger sind als früher. Zusammen mit der Notwendigkeit, das Staatsdefizit zu verringern, führt dies dazu, dass sich der klassische Versorgungsstaat langsam, aber sicher in eine Partizipationsgesellschaft verwandelt. Von jedem, der dazu in der Lage ist, wird erwartet, dass er Verantwortung für sein Leben und sein Umfeld übernimmt.[11]

Diese Passage lässt sich direkt auf ein Beratungsdokument des Raad voor het openbaar bestuur (Rat für öffentliche Verwaltung) mit dem Titel *Loslaten in vertrouwen* (vertrauensvoll loslassen) zurückführen. Der Unterton des Dokuments ist ziemlich gönnerhaft: Politik wird von Leuten gemacht, die über den Bürgern stehen, die Bürger sind eigentlich wie Kinder. Sobald diese Bürger von einer bestimmten erwachsenen Reife zeugen, kann der patriarchale Staat sie vertrauensvoll loslassen.

Eines entgeht dem Staat dabei jedoch völlig: Die Bürger haben das Vertrauen in die Regierenden schon längst aufgegeben. »Misstrauisch loslassen« wäre ein wesentlich passenderer Ausdruck dafür. Bezeichnungen wie »vertrauensvoll loslassen« und »Partizipationsgesellschaft« erwecken den Eindruck, als wolle die Politik dem Bürger mehr Autonomie geben, doch jeder durchschaut, dass mit diesen Euphemismen nur einschneidende Sparmaßnahmen verschleiert werden sollen und man von »Loslassen« kaum sprechen kann. Bürgern wird die »Freiheit« zugestanden, gewisse Aufgaben innerhalb der engen, von der Regierung festgelegten Richtlinien selbst zu übernehmen und dabei zugleich für die Kosten aufzukommen.

Verantwortung übernehmen und Vereinbarungen treffen heißt das dann. Letzteres ist in derselben doppeldeutigen Art auch in der Schule gang und gäbe. Ein typisches Gespräch zwischen Lehrer und Schüler endet mit dem Satz: »Dann vereinbaren wir also, dass du …« Das seltsame Umschwenken von der ersten Person Plural (wir) zur zweiten Person Singular (du) verdeckt die zugrunde liegende Botschaft: »Ich will, dass du das tust. Tust du es nicht, bekommst du eine Strafe.« Mit einer wirklichen Vereinbarung, bei der beide Parteien Mitspracherecht haben und gemeinsam zu einem Kompromiss kommen, hat dies wenig zu tun. Noch unsinniger wird es, wenn wir uns ansehen, wie es weitergeht. Wenn nämlich der Schüler oder der Bürger den Vorschlag ablehnt, muss er sich anhören, er »erfülle seinen Part nicht«. Das führt mich zu einem weiteren Schlagwort der Politik, der »Eigenverantwortung«. Mit diesem Begriff möchte man den Menschen ein schlechtes Gewissen machen: »Haben auch Sie Ihren Beitrag geleistet und Verantwortung übernommen?«

Diese Definition des Begriffs Verantwortung kehrt dessen eigentliche Bedeutung radikal um. Juristisch kann man nur verantwortlich für etwas sein, wenn man eine Rechenschaftspflicht hat. Eine Bank beziehungsweise deren Geschäftsleitung muss sich ihrer Verantwortung stellen, wenn sich herausstellt, dass sie durch betrügerische Praktiken Geld ihrer Kunden verprasst hat. Eine Bevölkerung zur Verantwortung zu bitten, damit zwölf Prozent des Bruttoinlandsprodukts in die Rettung der Banken fließen können, ist dagegen eine verkehrte Welt, wird damit doch den Opfern die Schuld in die Schuhe geschoben.[12]

Kritische Stimmen zu diesem Sprachgebrauch und seinen Implikationen kommen nicht nur aus der linken Ecke. Ende 2012 beschloss das Nederlandse Sociaal en Cultureel Planbureau, ein dem Gesundheitsministerium angegliedertes Forschungsinstitut: »In vielen Fällen bedeutet mehr Verantwortung, dass der Staat dem Bürger die Pflicht auferlegt, so zu handeln, wie es der Staat für das Beste erachtet.«[13] »Vertrauensvoll loslassen« heißt in Wirklichkeit, dass Verpflichtungen nach unten durchgereicht werden, nicht aber die dazugehörigen Entscheidungsbefugnisse, und deutlich geringere finanzielle Mittel. Gemeinden und Städte müssen gegenwärtig viele Aufgaben selbst stemmen, während ihre Mittel drastisch gekürzt werden. Die Folgen liegen auf der Hand. Eine ganze Reihe von Gemeinschaftseinrichtungen, die früher kollektiv getragen wurden, werden nun in den Privatsektor abgeschoben. Weniger finanzkräftige Bürger haben dabei das Nachsehen.

Auch die flämische Regierungserklärung von 2014 will dem Bürger Verantwortung und Mitspracherecht geben. »Vertrauen, Verbinden und Fortschritt« lautet der Titel. Der belgische Biochemiker und Exmanager Ludo Couvreur zählte die Schlüsselworte in dem Text: sechs Mal Selbstständigkeit, dreiundvierzig Mal »Vertrauen«, zweiundzwanzig Mal »vereinfachen«, zwei Mal »maximieren«, fünfundzwanzig Mal »Verantwortung«, zweiundvierzig Mal »Partizipation«, zwei Mal »Responsibilisierung«, fünfzig Mal »Wachstum«. Logisch wäre es, finanzielle Mittel zur Verfügung zu stellen, wenn man Aufgaben an den Bürger abgibt. Doch genau das fehlt in dieser Regierungserklärung …

Die traditionelle politische Ordnung, sowohl rechts als auch links, erinnert an Herrn Waldemar aus Edgar Allan Poes Kurzgeschichte »Die Tatsachen im Fall Waldemar«. Herr Waldemar ist tot, nur weiß er es selbst noch nicht. Ein Termin beim Psychotherapeuten wäre da wohl angeraten.

DIE ERFOLGSGESCHICHTE DER PSYCHOTHERAPIE

Die Psychotherapie ist im Gesundheitswesen ein ziemlich neues Berufsfeld. Die kaum hundert Jahre alte Bezeichnung haben wir Freud zu verdanken. Die Psychoanalyse nach Freud war bis zur Hälfte des vorigen Jahrhunderts die vorherrschende Behandlungsform, wenn auch nur für ausgewählte Patienten. Der Durchbruch gelang der Psychotherapie in den Sechzigerjahren des vorigen Jahrhunderts, als völlig verschiedene psychotherapeutische Methoden nebeneinander, durcheinander und vor allem auch gegeneinander angeboten wurden. Wenn die verschiedenen Therapeuten überhaupt etwas gemein hatten, dann war das ihre Ablehnung der bürgerlichen Gesellschaft, zu der sie übrigens auch die Psychoanalyse zählten. Ihr Ziel war es, die Patienten von bevormundenden Strukturen zu befreien, Gesundheitssystem inklusive. Ironischerweise lautete eine zentrale These gerade Freuds, die viktorianische Gesellschaft mache krank und sei unter anderem schuld an den Neurosen jener Zeit.

Obendrein war der gesamte medizinische Sektor, zu dem auch die Psychotherapie gehörte, durchdrungen von einem religiösen Paternalismus. Die Pflegekräfte waren ursprünglich beinahe durch die Bank Nonnen oder Patres, die von ihren Kongregationen aus bestimmten Gruppen Hilfsbedürftiger halfen, von Alten und Kindern bis hin zu physisch Kranken und psychiatrischen Patienten, die als Unmündige nicht mehr selbst entscheiden konnten. In diesem Rahmen der Bevormundung entstanden die ersten psychotherapeutischen Zentren. Plötzlich musste die Mutter Oberin mit dem langhaarigen Therapeuten im Schlabberpulli zusammenarbeiten – das war gewiss für beide Seiten eine ungeplante Herausforderung.

Der Befreiungstherapeut der Sechzigerjahre wollte mit Freud nichts zu tun haben, er wollte die Schafe sowohl von der Herde als auch vom Schäfer befreien – wobei die entfremdete Gesellschaft die Herde darstellte, während der Patriarch, in dessen Namen all das geschah, der Schäfer war. Damit rüttelten die Psychotherapeuten an der dominanten Auffassung des Gesundheitswesens selbst, denn dort war man darauf bedacht, die bestehende Ordnung so weit wie möglich instand zu halten. Das problematische Verhältnis zwischen Psychotherapeuten und Pflegesektor trat besonders scharf in der sogenannten Antipsychiatrie-Bewegung zutage: Einzelne Psychiater wandten sich gegen das System, in dem sie arbeiten mussten, weil sie überzeugt waren, dass ebendieses System an der Wurzel der mentalen Probleme lag, die sie zu behandeln hatten.

Ein halbes Jahrhundert später versteht sich die Psychiatrie als Teilbereich der Neurowissenschaften, und die Psychotherapie ist zu einem respektierten Sektor des Gesundheitswesens aufgestiegen. Das ist, aus einer gewissen Distanz betrachtet, zweifelsohne eine Erfolgsgeschichte. Das

Amateurhafte der Anfangsjahre ist einer evidenzbasierten Herangehensweise gewichen – womit gemeint ist, dass es überzeugende wissenschaftliche Belege (Evidenz) für die Wirksamkeit einer Behandlung gibt. Eine Behandlungsform, die anfangs nur wohlhabenderen Bürgern vorbehalten war, steht nun so gut wie allen zur Verfügung, da die Kosten psychotherapeutischer Behandlungen häufig von den Krankenkassen übernommen werden.

Doch erstaunlicherweise sieht man beispielsweise in Flandern, dass sich immer mehr Menschen aus dem offiziellen Psychotherapie-Zirkus ausklinken. Viele Patienten erscheinen gar nicht erst zu den Terminen in den staatlich finanzierten Zentren. Das macht den Therapeuten Angst, denn von den Fallzahlen hängt ihre Finanzierung ab. Übrigens klinken sich nicht nur Patienten aus, auch Therapeuten tun sich offenbar immer schwerer. Im Pflegesektor allgemein, besonders jedoch im Bereich der Psychotherapie ist Burn-out weit verbreitet.

Irgendetwas ist da aus dem Ruder gelaufen. Freud nannte Psychotherapie einen unmöglichen Beruf. Gegenwärtig ist diese Therapieform zwar sehr erfolgreich, dennoch nimmt die Unmöglichkeit immer deutlichere Formen an. Warum wenden sich sowohl Therapeuten als auch Patienten ab?

Häufig scheitert Psychotherapie – und somit der Psychotherapeut –, weil die Erwartungen zu hoch sind. Wie bereits Freud schrieb:

Ich habe wiederholt von meinen Kranken, wenn ich ihnen Hilfe oder Erleichterung durch eine kathartische Cur versprach, den Einwand hören müssen: Sie sagen ja selbst, dass mein Leiden wahrscheinlich mit meinen Verhältnissen und Schicksalen zusammenhängt; daran können Sie ja nichts ändern; auf welche Weise wollen Sie mir denn helfen? Darauf habe ich antworten können: – Ich zweifle ja nicht, dass es dem Schicksal leichter fallen müsste als mir, Ihr Leiden zu beheben; aber Sie werden sich überzeugen, dass viel damit gewonnen ist, wenn es uns gelingt, Ihr hysterisches Elend in gemeines Unglück zu verwandeln.[14]

Die Ursachen für persönliche Probleme sind in der Tat immer häufiger gesellschaftlicher Natur. Wenn jemand psychische Probleme hat, weil er trotz eifriger Suche keine Arbeit findet und dafür noch als Schmarotzer bezeichnet wird, erhält er beim Psychotherapeuten keine zufriedenstellenden Antworten. Im schlechtesten Fall spielt Psychotherapie dann dieselbe Rolle wie ein Beruhigungsmittel für eine von ihrem Mann misshandelte Frau; dank der Pillen nimmt sie den Missbrauch kaum mehr wahr und versinkt immer tiefer in einer höchst ungesunden Umgebung. In beiden Fällen (existenzielle und gesellschaftliche Probleme) wird dem Psychotherapeuten eine Expertenrolle zugewiesen – die des Lehrers also –, die er unmöglich ausfüllen kann. Das macht Therapeuten krank.

Warum aber wenden sich auch Patienten ab? Vermutlich hat es mit einer verschobenen Zielsetzung der Psychotherapie zu tun. Glaubt man einigen zynischen flämischen Kollegen, so will ein Therapeut nämlich mittlerweile vor allen Dingen seine Warteliste abarbeiten – doch so weit will ich gar nicht gehen. Früher wollte ein Psychotherapeut einem Patienten helfen, heute bekommt er oder sie den impliziten Auftrag, den Patienten dem System anzupassen. Von Staats wegen ist Psychotherapie zum neuen Disziplinierungsmittel geworden. Daher wenden sich die Patienten von ihr ab.

Diese Veränderungen fallen insbesondere im Vergleich mit der Anfangsperiode der Psychotherapie in den Sechziger- und Siebzigerjahren des vorigen Jahrhunderts ins Auge. Menschen suchten Hilfe für psychische Probleme, die man im Allgemeinen auf gesellschaftliche (religiös-patriarchale), ökonomische (entfremdete Arbeit) und individuelle (Erziehung) Faktoren zurückführen konnte. Psychotherapie musste darauf antworten, indem sie Persönlichkeitsentfaltung und Autonomie förderte. Den größten Einfluss auf die damalige Behandlung hatte ein Buch mit dem Titel *On becoming a person* (deutsch: *Psychotherapie aus der Sicht eines Therapeuten*) von Carl Rogers, der die patientenzentrierte Therapie entwickelte. Buchtitel und Bezeichnung der Therapieform sprechen für sich: Der Patient steht im Zentrum, als Person.

Zwei Generationen später ist der Psychologe gemeinsam mit dem

Manager zum Wächter der bestehenden Ordnung geworden. Der Kontrast zur ursprünglichen Zielsetzung könnte nicht schärfer sein. Die heutige Psychodiagnostik hantiert vor allem mit sozialen Normen für »abweichendes Verhalten«.[15] Die anschließende Therapie verpflichtet Menschen, sich an ein gesellschaftliches Ideal anzupassen. Derzeit ist dieses Ideal von der Doktrin des freien Marktes durchdrungen. Dessen Normen lassen sich leicht aufzählen: selbstsicheres Auftreten, Erfolg, Flexibilität, Effizienz, Selbstvertrauen. In dieser Vision sind Probleme mit Stress vor allem die Folge einer verkehrten Wahrnehmung seitens des Patienten, nicht einer stressgeladenen Umgebung; daher muss der Patient an seiner Wahrnehmung arbeiten.[16] Einer bezahlten Arbeit nachzugehen ist unverzichtbar. Hier zeigt der Paternalismus, was Sache ist: Es geht nicht um das Wohl einer schwächeren Gruppe, sondern darum, die bestehende Ordnung zu wahren.

Das wird deutlich, wenn wir uns vor Augen halten, dass Großbritannien aus Sorge um den Arbeitsmarkt 2006 beschloss, kurzzeitige kognitive Verhaltenstherapien kräftig zu bezuschussen. Man befürchtete nämlich, es könnten zu viele Menschen mit einer Depression zu Hause sitzen und die Wirtschaft eine Menge Geld kosten.[17] Natürlich ist eine sinnvolle Arbeit äußerst wichtig für unsere geistige Gesundheit. Doch leider ist für immer mehr Menschen der heutige Arbeitsmarkt eine Quelle von chronischem Stress, der sie letztlich krank macht.[18] Sie ein wenig aufzupäppeln, um sie dann wieder an denselben Arbeitsplatz zurückzuschicken, mutet da wenig ratsam an.

Unter den stresskranken Menschen sind übrigens auch immer mehr Psychotherapeuten.

Pflegeberufe auf der Couch

Die Entscheidung, Psychotherapeut zu werden, fällt niemand leichtfertig. Es steckt der Wille dahinter, Menschen auf humane Weise zu helfen (»all diese Tabletten, das kann doch nicht gut sein«). So studiert man also klinische Psychologie. Die erste Enttäuschung kommt in den Seminaren, von denen man sich etwas anderes erwartet hat. Der Sprachgebrauch kommt einem weltfremd vor, die Professoren liegen einem nicht, und die Mitstudenten brechen das Studium reihenweise enttäuscht ab. Man selbst hält durch, denn positiv ist zu vermelden, dass es offenbar sehr nützliche psychotherapeutische Methoden gibt, deren Wirksamkeit in wissenschaftlichen Studien überzeugend belegt ist. Nach dem Masterabschluss absolviert man noch eine Ausbildung zum Therapeuten, bei der einem der Fachjargon in Fleisch und Blut übergeht. Daraufhin bekommt man endlich seinen Traumjob und darf als Psychotherapeut wirken. Der Terminkalender füllt sich, nun endlich kann man *wirklich* Menschen helfen.

Und dann kommt das Erwachen – die Probleme, mit denen Menschen in die Therapie kommen, sind viel komplexer als die aus dem Handbuch. Die so eifrig gelernten Methoden bleiben in ihrer Wirksamkeit deutlich hinter den Erwartungen zurück.[19] Die Behandlungsdauer (die Anzahl der Sitzungen) pro Patient wird von oben drastisch beschnitten, sodass eine nachhaltige Arbeit kaum möglich ist. Überdies erwarten die Patienten, dass man ihre Probleme wie durch Zauberhand löst. Geschieht dies nicht, brechen viele die Therapie ab. Genau diese Patienten evaluieren in der Regel dann auch den Therapeuten – ROM heißt das in den Niederlanden, *Routine Outcome Monitoring*, und das beschäftigt einen.[20]

Noch ein paar Jahre später ist man, ohne es zu merken, in eine der drei folgenden Situationen hineingeschlittert: Man setzt sich weiterhin für die Patienten ein, gerät dadurch aber häufig mit dem Regelwerk der Organisation in Konflikt: Für eine bestimmte Problematik sind nur sechzehn Sitzungen vorgesehen, man selbst ist aber schon bei der neunzehnten Sitzung. Das geht nicht. Die Kluft zwischen eigenem Einsatz und der Haltung der Vorgesetzten – und mehr noch: die Überregulierung wird unerträglich. Man bekommt einen Burn-out und muss selbst zum Therapeuten. Eine zweite Möglichkeit ist, dass man der eigentlichen Arbeit entflieht, indem man in der Hierarchie aufsteigt. Man sieht dann kaum noch Patienten und wird so auch nicht mehr mit dem Scheitern konfrontiert. Als Bonus kann man den Mitarbeitern auf die Finger klopfen, wenn ihre ROM-Werte zu wünschen übrig lassen. Eine dritte Möglichkeit besteht darin, sich zum Zyniker zu entwickeln. Damit gehört man dann zur Gruppe derer, die sagen, der Patient sei selbst die Ursache seiner Probleme. »Sie sind nicht *resilient* genug, sie müssen stressresistenter werden.« Scheitert die Behandlung, dann ist das ihre eigene Schuld, denn sie sind »nicht therapierbar«.

Glücklicherweise gibt es noch eine vierte Möglichkeit: Man verlässt derart starre Organisationen und macht sich auf die Suche nach gleichgesinnten Kollegen, die etwas dagegen unternehmen wollen. Aufgrund der eigenen klinischen Erfahrung und aus den klinischen Studien, die dies immer wieder bestätigen, weiß man, was wirklich funktioniert: zu seinen Patienten ein tragfähiges Verhältnis aufzubauen, und sie selbst aktiv an ihrer Behandlung zu beteiligen. Mit anderen Worten, sie als Erwachsene zu behandeln, mit denen man gemeinsam einen Prozess der Veränderung durchläuft.

Veränderung oder Umkehr?

Erziehen, Kurieren, Regieren ist dann unmöglich, wenn Erzieher, medizinisches Personal und Politiker sich weiterhin an einer Autoritätsposition festklammern, deren Grundlage heute nicht mehr vorhanden ist. Wir stehen momentan am Beginn eines bedeutenden Wandels hin zu einer horizontalen Autorität. Im Gesundheitssektor wird in den Niederlanden und Belgien bereits stark auf Teamarbeit gesetzt. Der psychotherapeutische Sektor entwickelt sich etwas langsamer, doch überall öffnen Gruppenpraxen, die sich auf eine enge Zusammenarbeit (Intervision) als neue Autorität stützen. Betriebe werden von Gruppen geleitet, von Kooperativen bis hin zu Aktionärsversammlungen. Abseits der parteipolitischen Ränge entsteht eine neue Form der Bürgerschaft, die sich zunehmend von traditionellen Strukturen löst. Die pyramidenförmigen Autoritätsstrukturen von früher sind nur noch letzte Bastionen der Macht.

Diese Verschiebung hin zu einer neuen Bürgerschaft macht mir Hoffnung. Die Veränderung kommt – wie eigentlich fast immer – von unten (*grass roots*). Ihr steht eine Gruppe gegenüber, die das patriarchale Modell um jeden Preis erhalten will. Wie sich bei Wahlen zeigt, findet auch dies bei einem Teil der Wähler Anklang. Um diese beiden Tendenzen soll es im folgenden Kapitel gehen.

4 RÜCKKEHR (DARTH VADER) ODER VERÄNDERUNG (BIG BROTHER)?

Die traditionelle patriarchale Autorität ist so gut wie verschwunden, und damit auch die aus ihr folgende freiwillige Unterwerfung unter bestimmte Konventionen. Die Auswirkungen sind auf verschiedenen Gebieten spürbar (Notärzte und Schaffner können ein Lied davon singen). Die fieberhafte Suche nach einer Lösung ist bereits in vollem Gange, meist werden zwei radikal verschiedene Antworten angeboten.[1]

Die erste Antwort ist der verzweifelte Versuch, zur früheren Autorität zurückzukehren. Das muss scheitern, weil ihre Grundlage verschwunden ist. In verschiedenen Bereichen herrscht zunehmend Macht ohne Autorität, die Unterwerfung daher erzwingen muss, beispielsweise in Wirtschaft, Politik, Schule und sogar im Gesundheitswesen. Unsere panische Konzentration auf den Terrorismus von Muslimen macht uns offenbar blind für die viel größere Bedrohung von innen.

Die zweite Antwort verspricht eine neue Autorität. »Neu« steht dabei für eine andere Grundlage und eine andere Wirkweise im Vergleich zum Patriarchat. Es mag überraschend klingen, doch ich habe stark den Eindruck, dass die neue Autorität mit einer radikalen Umkehrung einhergehen wird. Statt aus einer überhöhten, singulären Instanz wird sie sich auf horizontaler Ebene, aus einer Gruppe speisen. Darth Vater macht Platz für Big Brother.

Vom Vater des Vaterlands hin zum (doch nicht so) idealen Schwiegersohn

Die Versuche, zur früheren Ordnung zurückzukehren, fallen vor allem in der Politik ins Auge. Jede politische Partei verspricht Veränderung; sobald sie jedoch in der Regierung ist, heißt es, es gebe keine Alternative. Derzeit sehen Politiker nicht mehr aus wie Väter des Vaterlands, sondern eher wie Traumschwiegersöhne, bei denen sich jedoch nach einiger Zeit herausstellt, dass sie es auf das Tafelsilber abgesehen haben. Ihr Scheitern ist das Scheitern eines überholten Systems. Wenn Regierende doch mit diesem System arbeiten, zeigt sich eine Verschiebung von Autorität zu Macht, mit einem Schwerpunkt auf Kontrolle von außen und Zwang. Politische Führer entpuppen sich als Machthaber, sie sind jedoch keine Autoritätspersonen mehr. Die Demokratie erlischt nach und nach, diktatorische Regelungen nehmen zu – weshalb viele Politiker ihr Tun auch derart leidenschaftlich rechtfertigen.

Eine solche Rechtfertigung kann nur mit dem Verweis auf eine externe Quelle gegeben werden, denn so funktioniert Autorität. Die Kirche hat als wichtigste Säule des Patriarchats ausgedient und ist sich dessen mittlerweile selbst bewusst. Ende 2014 wandten sich die belgischen Bischöfe an Experten, die ihnen beim Umgang mit pädophilen Priestern helfen sollten. »Ohne diese Unterstützung sind die kirchlichen Verantwortlichen kaum beschlussfähig«, ließ Bischof Bonny von Antwerpen verlauten. Auch der Nationalismus mit seinen Verweisen auf Tradition und Volksseele hat an Überzeugungskraft eingebüßt, auch wenn er sich weiterhin mit lateinischen Sprüchen schmückt (*Absit invidia verbo – Nur kein Neid*). Eine neue Quelle für Autorität darf vor allem nicht anfechtbar sein und muss ein möglichst starkes Sicherheitsgefühl hervorrufen.

Mittlerweile haben Politiker diese neue Quelle gefunden: die Statistik! Heute geht jede Regierungshandlung einher mit einem Verweis auf die Statistik – der Traumschwiegersohn entpuppt sich als Buchhalter. Das murrende Volk wird mit Statistiken überschüttet, die beweisen sollen, dass der entsprechende Vorschlag alternativlos ist. Sitzungen von Kommissionen beginnen größtenteils mit Spreadsheets – darüber lässt sich in der Tat schwer diskutieren. Zahlen spiegeln eine kühle, objektive Wirklichkeit wider, sie sind weder links noch rechts, sondern basieren auf wissenschaftlichen Untersuchungen, so heißt es gemeinhin.

Bevor ich Spreadsheets als neue Quelle der Autorität näher beleuchte, zunächst noch ein paar Worte zu der doppelten Verschiebung, die sich nahezu unbemerkt vollzieht, wenn Autorität ihre Fundierung in Zahlen sucht. Die erste Verschiebung betrifft die Autoritätsperson: Wer verkörpert die neue Autorität? Bei der zweiten, noch wichtigeren geht es um den moralischen Charakter der Autorität: Welche Normen und Werte stecken in oder hinter den Zahlen?

Gaskammern, Gulags und Armenspeisung

Die erste Verschiebung lässt sich am einfachsten erkennen. Traditionelle Autorität geht einher mit einer klaren Befehlskette, in der die höchste Autoritätsperson die größte Verantwortung trägt. Jedes Glied der Kette repräsentiert die patriarchale Autorität und ist der nächsthöheren Instanz Rechenschaft schuldig. Dass dies hin und wieder gründlich schiefläuft, tut dem klar erkennbaren Charakter der Autoritätspersonen keinen Abbruch. Bei einem solchen System kann sich Widerstand immer gegen eine Person richten, die bekanntermaßen Autorität innehat (Direktor, Chefarzt, Rektor, Kardinal).

Sobald sich Autorität auf Zahlen stützt, schwindet die Möglichkeit, sich gezielt gegen jemanden zu wenden. Zahlen führen offenbar in digitalen Adern ein autonomes Leben, das auf unangreifbaren Algorithmen basiert. In gewissen Abständen treten diese aus dem Untergrund hervor auf den Bildschirm. Diese Erscheinung ruft Enthusiasmus oder Niedergeschlagenheit bei den Zuschauern hervor, die in beiden Fällen vor allem Zuschauer sind. Viel können sie nicht tun, die zu ergreifenden Maßnahmen stehen als solche schon in den Statistiken festgeschrieben. Außerhalb dieser Zwänge zu denken ist undenkbar. Mit Zahlen lässt sich kein Dialog führen, man kann sie auch nicht vor die Tür setzen. Antwortet man mit anderen Zahlen, heißt das, dass man im selben Denksystem bleibt. Autorität ist nicht mehr in Personen inkarniert, sondern funktioniert autonom und anonym. Es liegt – wie man heute so gerne sagt – am »System«. Und dem müssen wir uns alle zusammen beugen.

Diese erste Verschiebung – von einer klar erkennbaren Autoritätsfigur zu einem anonymen Spreadsheet – ermöglicht eine zweite Verschiebung von einer moralisch-ideologischen hin zu einer angeblich objektiven Autorität, und verbirgt diese zugleich. Die erfolgreichste Ideologie ist diejenige, die sich unsichtbar machen kann, die ihr ideologisches Wesen als objektive Darstellung »der Realität« zu verkaufen versteht.

Wer in diese Falle tappt, lässt eine entscheidende Tatsache außer Acht. Autorität geht *immer* von moralischen Vorstellungen darüber aus, wie das ideale Verhältnis zwischen Eltern und Kindern, zwischen Männern und Frauen, zwischen Gleichen und Ungleichen aussehen muss. Diese Verhältnisse sind von Normen und Werten durchdrungen und können daher niemals objektiv wissenschaftlich analysiert werden. Eine Verschiebung von einer traditionellen hin zu einer instrumentalen, auf sogenannten wissenschaftlichen Erkenntnissen basierenden Autorität ist höchst gefährlich. Im vorigen Jahrhundert konnte man dies eindrücklich sowohl am Nationalsozialismus in Deutschland als auch am Kommunismus in Russland beobachten. In beiden Fällen wurde aus dem Experiment sehr schnell ein totalitäres Regime, und zwar auf Grundlage einer instrumentalisierten Rationalität, die Menschen auf Statistiken reduziert.

Derzeit vollzieht sich genau so eine Verschiebung, die freilich ein noch größeres Risiko birgt – und wir haben es noch kaum bemerkt. Das Risiko ist noch größer als damals, da Statistiken heute in einer digitalen Bürokratie verankert sind. Jeder macht früher oder später folgende banale Erfahrung: Auf eine Anfrage bei einer offiziellen Instanz kann eine auf der Hand liegende Antwort nicht gegeben werden, weil diese Antwort in der digitalen Verarbeitung nicht vorgesehen ist. Weniger banal ist es, Flüchtlinge zurückzuschicken, »weil die Quote erreicht ist«. Besonders drastisch wird es, wenn eine demokratische Verwaltung durch Finanzzentren ersetzt wird und diese Zentren autonom und anonym Beschlüsse durchsetzen, die auf Statistiken basieren, wobei Menschen aus Fleisch und Blut auf Zahlen reduziert werden (»der« Asylbewerber, »der« arbeitslose Fünfzigjährige, »die« alleinerziehende Mutter, »der« Unternehmer). Webers eiserner Käfig ist nun eine digitale Zwangsjacke und somit noch wesentlich unpersönlicher und unmenschlicher. *Computer says no.*

Statistik als Grundlage von Autorität mag objektiv wirken, doch der Schein trügt. Autorität ist immer mit moralischen Themen verknüpft, genau wie Humanwissenschaften ganz allgemein – darum heißen sie Humanwissenschaften. Die Statistiken sind das Ergebnis von im Vorfeld getroffenen Entscheidungen: Was soll »gemessen« werden und wie? Je nachdem, wie die Antwort auf diese Fragen lautet, erhält man andere Zahlen als Ergebnis und kommt zu anderen »objektiven« Schlussfolgerungen.[2]

Einige Beispiele illustrieren die Verflechtung von Autorität, Humanwissenschaften und Themen der Moral. Wie untersuchen wir die Entwicklung eines Kindes? Welches Ideal verfolgen wir dabei? Vor noch nicht allzu langer Zeit war Bescheidenheit eine Tugend, und ein Kind, das sich selbst in den Vordergrund spielte, wurde daran gemessen. Wie können wir unser Bildungswesen anders organisieren? Welche Erwachsenen sollen am Ende dabei herauskommen? Es ist noch nicht lange her, dass wir kritische Bürger als Ideal hatten; heute müssen junge Menschen nach ihrer Ausbildung in erster Linie eine »Ich-AG« sein, die sich sofort in den Arbeitsmarkt integrieren kann. Wo ziehen wir die Linie zwischen psychisch normal und abweichend, und worauf gründen wir diese Abgrenzung, auf sozioökonomische Kriterien oder auf das persönliche Befinden der Betroffenen? Welches ökonomische System wählen wir (Ökonomie ist keine exakte Wissenschaft)?[3] Und legen wir dabei den Schwerpunkt auf Wachstum oder doch lieber auf Nachhaltigkeit? Wie berechnen wir Gewinn und Verlust? Finden Umweltschäden Eingang in unsere Bilanzen? Wie sieht es mit den gestiegenen Staatsausgaben (unsere Steuern) für die gemeinsame Infrastruktur aus? Oder zählen für uns nur die Gewinne der Unternehmen und Anleger?

Je nach Frage erhält man andere Zahlen und dementsprechend andere Handlungsrichtlinien, die auf unterschiedlichen Menschen- und Gesellschaftsbildern beruhen. Wissenschaftliche Methoden in den Humanwissenschaften können objektiv sein, doch das gilt nicht für den Rahmen der wissenschaftlichen Arbeit selbst. Die Fragen, anhand derer man wissenschaftlich arbeitet, implizieren zuvor getroffene moralische Entscheidungen. Das ist ausnahmslos immer so. Die Art und Weise, wie ein Problem formuliert wird, drängt unsere Gedanken bereits in die Richtung der Lösung. Das Kaninchen kommt nur deshalb aus dem Hut, weil wir es zuvor hineingesteckt haben. Das übersehen wir gerne, wenn wir auf angeblich »objektive« Zahlen starren.

Obendrein kann man mit Zahlen sehr überzeugend lügen. In der Hoffnung, weniger Krankengeld für die Behandlung von Depressionen ausgeben zu müssen, investierte die britische Regierung sehr viel Geld in kurzzeitige kognitive Verhaltenstherapie. 2008 folgte dann die euphorische offizielle und wissenschaftliche Evaluation: Vier von zehn Patienten waren genesen! Bis der klinische Psychologe Paul Moloney, Inhaber einer Praxis und Dozent in Birmingham, diese Zahlen einmal genauer unter die Lupe nahm. Von der ursprünglichen Patientengruppe sprang die Hälfte nach der ersten Sitzung ab, manche sogar schon davor. Von den restlichen Patienten durchlief nur die Hälfte die ganze Behandlung. Und bei einem Drittel dieser Gruppe war die Behandlung schließlich erfolgreich. Wenn man also nachrechnet (ein Drittel von der Hälfte der Hälfte), dann sind das also nicht einmal ganz neun Prozent erfolgreich beendete Therapien. Woher stammen also die *four out of ten recovered*? Bei dieser Berechnung wurden nur die Menschen gezählt, die das Programm vollständig durchlaufen hatten. Eigentlich hätte man also schlussfolgern müssen: Dieses Programm hat ein Vermögen gekostet und verhältnismäßig wenig Erfolg gebracht.[4] Eine etwas allgemeinere Schlussfolgerung lautet, dass man den Zahlen der Regierenden nicht glauben sollte, wenn man nicht weiß, wie sie zustande gekommen sind.

Der übermäßige Gebrauch von Statistiken, auch wenn sie stimmen, bewirkt, dass wir kaum noch wissen, welche Fragen die Zahlen eigentlich beantworten sollen.[5]

In seiner bizarren Science-Fiction-Reihe *Per Anhalter durch die Gala-*

xis stellt uns Douglas Adams den Computer Deep Thought vor, der speziell zu dem Zweck gebaut wurde, uns eine Antwort auf die Frage nach dem Sinn des Lebens, dem Universum und dem ganzen Rest zu geben. Nach einer Rechenzeit von 7,5 Millionen Jahren liefert Deep Thought die Antwort: 42. Auf die Bitte nach weiteren Erläuterungen entgegnet er, die Antwort erscheine nur deshalb unbegreiflich, weil die Fragenden nie verstanden hätten, wie die eigentliche Frage laute. Um diese zu formulieren, müsse ein noch viel leistungsstärkerer Computer gebaut werden.[6]

Die Debatte sollte nicht die Zahlen als solche kritisieren, sondern die Frage stellen, wie eine wissenschaftliche Arbeit angelegt ist, die diese Zahlen zum Ergebnis hat, und in welchen theoretischen Überbau sie eingebunden ist. Dass eine solche Debatte stattfindet, ist recht unwahrscheinlich, einfach weil man gemeinhin nicht anerkennt, dass »die Statistik« auf moralischen Annahmen beruht. Wer eine Debatte fordert, beispielsweise angesichts geplanter Sparmaßnahmen an einer Universität, die primär bei den Dozenten ansetzen, muss sich sagen lassen, er sei »weltfremd« und müsse dringend auf den Boden der Tatsachen gestellt werden. Auf diese Weise lässt man durchblicken, dass die Statistik »die Wirklichkeit« abbildet.

Anhänger des Statistik-Kults sind tatsächlich davon überzeugt, dass sie imstande sind, »die Wirklichkeit« (damit meine ich die Wirklichkeit unserer Gesellschaft) so zu sehen, »wie sie wirklich ist« – im Unterschied zu früheren Generationen, deren Sicht auf »die Wirklichkeit« ideologisch gefärbt war, mit teils katastrophalen Folgen wie beim Nationalsozialismus. Sie hingegen haben sich davon befreit, sie sehen die Dinge, wie sie wirklich sind, und wer nach ihnen kommt, wird ihre Ideen kaum noch verbessern können.

Diese Arroganz gab es zu allen Zeiten. Am deutlichsten formulierte sie der deutsche Philosoph Hegel. Er glaubte in der Geschichte eine unaufhaltsame Evolution zu erkennen, die sich mit einer zwingenden inneren Logik zu einem glorreichen Endpunkt hin bewegt. Für ihn lag dieser Punkt am Anfang des 19. Jahrhunderts, danach sollte alles mehr oder weniger konstant bleiben. Dieselbe Auffassung finden wir bei Francis Fukuyama, der 1992 das Ende der Geschichte ankündigte; danach hätten wir alle in das postideologische Paradies eintreten sollen (Fukuyama hat seine Meinung inzwischen geändert).

Die Nazis prophezeiten das Tausendjährige Reich der Arier, die Kommunisten das zeitlose Paradies des Proletariats, und beide waren davon überzeugt, dass sie am Ende der Evolution standen. Heute gehen die Vertreter der freien Marktwirtschaft davon aus, dass ihre Vision die einzig richtige Sicht »der Wirklichkeit« ist (»es gibt keine Alternative«) und letztlich zu einem Unternehmerparadies mit Wohlfahrt (und Demokratie) für alle führen wird.

Der Marxismus hatte immerhin genügend Realitätssinn, um auch den Preis dafür zu nennen: Dem proletarischen Paradies würde eine Periode der »schöpferischen Zerstörung« vorausgehen müssen. Dieser Teil des Versprechens wurde definitiv eingelöst. Dieselbe Formulierung – *schöpferische Zerstörung* – wurde vom Neoliberalismus übernommen, und auch hier hat sie sich mittlerweile bewahrheitet.

Der Nationalsozialismus führte in die Gaskammer, der Kommunismus in den Gulag und der Neoliberalismus zur Armenspeisung.

Pseudo-Autorität basierend auf Pseudo-Exaktheit

Humanwissenschaften sind keine exakten Wissenschaften, und die Anwendung von Methoden aus tatsächlich exakten Wissenschaften in Fachbereichen wie Psychologie, Soziologie und Wirtschaftswissenschaft hat vor allem eines bewiesen, nämlich dass diese Methoden dort nicht anwendbar sind. Das schmerzhafteste Beispiel dafür ist die Wirtschaftswissenschaft; jüngst hieß es über sie noch, sie sei die »einzige[n] wissenschaftliche[n] Disziplin, die ihre Daseinsberechtigung daraus bezieht, hinterher zu sagen, warum sie sich vorher geirrt hat«[7].

Die Mathematik gehört zu den größten Erfindungen des menschlichen Geistes, und es ist kein Zufall, dass die ersten Schriftsysteme vor allem verwendet wurden, um Zahlen festzulegen. Ihre Exaktheit eröffnet enorme Möglichkeiten, unter anderem, weil Zahlen eine Verallgemeinerung erlauben. Zehn ist überall zehn, und die Differenz von acht und sechs ist überall exakt zwei, genau wie die Differenz von 1399 und 1401. Aufgrund dieser Exaktheit können wir mathematische Berechnungen durchführen, vom einfachen Addieren und Multiplizieren bis hin zu computergesteuerten Formeln – das Ergebnis ist immer exakt. Die Anzahl der praktischen Anwendungen ist mittlerweile buchstäblich astronomisch. In dem Augenblick, da ich dies schreibe (August 2014), hat die Raumsonde Rosetta nach einer Reise von zehn Jahren, fünf Monaten und vier Tagen, nach fünf Sonnenumrundungen und knapp 6500 Millionen zurückgelegten Kilometern endlich ihr Ziel erreicht: den Kometen 67P. Sowohl die Bahn des Kometen als auch die Strecke der Raumsonde wurden bereits Jahre zuvor berechnet. Das ist Mathematik in ihrer höchsten Form.

Doch zehn ist eben nicht überall zehn, und die Differenz von acht und sechs ist nicht überall genau zwei. Ich meine die Messungen in den Humanwissenschaften. Hier ein kurzes Beispiel.

Bitte kreuzen Sie an, in welchem Maß die beschriebene Aussage auf Sie zutrifft.
Ich bin bereit, Brennnesseln am Straßenrand zu dulden, damit seltene Schmetterlingsarten eine Überlebenschance haben:
(5) trifft voll und ganz auf mich zu
(4) trifft überwiegend auf mich zu
(3) trifft nur teilweise auf mich zu
(2) kann ich nicht sicher sagen
(1) trifft überhaupt nicht auf mich zu

Kommt Ihnen das bekannt vor? Zweifellos bekommen wir derartige Fragen öfter vorgesetzt, zu allen möglichen Themen und in unterschiedlichen Formulierungen, die immer ein kleines bisschen mehr oder ein kleines bisschen weniger Zustimmung beschreiben. Wer hat nicht schon darüber gegrübelt, ob nun »trifft voll zu« oder »trifft überwiegend zu« anzukreuzen sei? Und wer hat nicht letztlich dann doch alles schnell ausgefüllt, um es hinter sich zu bringen? Solche Umfragen basieren auf einer Methode, die in den Humanwissenschaften häufig verwendet wird, der sogenannten Likert-Skala. Sie liefert Zahlen als Ergebnis und erweckt so den Eindruck einer »Messung«, bei der sowohl unterschiedliche (ich kreuze 5 an, Sie 4) als auch gleiche Zahlen (wir kreuzen beide 5 an) vorkommen.

Diese Zahlen sind keine wirklichen Zahlen (wirkliche Zahlen heißen in der Mathematik »natürliche« Zahlen), sondern deuten eine Strecke (ein Intervall) an zwischen mehr und noch etwas mehr. Bei natürlichen Zahlen, 3 und 2 beispielsweise, oder 5 und 4, ist der Abstand immer und überall gleich, in diesem Fall 1. Doch der Abstand zwischen (2) »unsicher« und (3) »trifft nur teilweise zu« auf der einen Seite und der zwischen (5) »trifft voll und ganz zu« und (4) »trifft überwiegend zu« auf der anderen sind nicht automatisch gleich, und erst recht nicht, wenn verschiedene Personen dies beurteilen. Die Abstände bei den sogenannten »Intervallskalen« können mal größer, mal kleiner sein, es ist ein richtiges Ratespiel. Dasselbe gilt auch für die Bedeutung gleicher Zahlen: Bedeutet die enthusiastisch angekreuzte (4) dasselbe wie die (4), die meine Nachbarin sehr zögerlich ankreuzt?

Mit anderen Worten liefern solche Messungen niemals exakte Zahlen als Ergebnis. Dies »vergisst« man bei vielen Studien, und so fügt man die Antworten der Befragten zusammen und führt dann an diesem unechten Zahlenmaterial statistische Berechnungen aus. Jeder Mathematiker, jeder exakte Wissenschaftler weiß, dass das Unsinn ist.

Seriöse Humanwissenschaftler machen diese Fehler nicht. Doch sie stehen vor einer anderen Herausforderung. Um wirklich messen zu können, braucht man eine exakte Maßeinheit, zum Beispiel Zentimeter für Strecken, Kilogramm für Gewicht, Kubikmeter für Volumen. Über diese Maßeinheiten gibt es keine Diskussion, sie liefern natürliche Zahlen, die durch wiederholte Messungen stets bestätigt werden können. Doch was ist die exakte Maßeinheit für Intelligenz? »Der IQ!«, ruft das Erstsemester. Doch wie lässt sich dann Folgendes erklären: Wenn wir bei

Paul am selben Tag drei verschiedene IQ-Tests durchführen, erhalten wir drei unterschiedliche IQs – zwar durchweg eher niedrige IQs, aber doch recht unterschiedliche Werte. Und wie kommt es, dass IQ-Tests im Laufe der Jahre durchweg einen immer höheren IQ ergeben als zu Beginn der Testungen (der sogenannte Flynn-Effekt)? Man stelle sich vor, man misst sein Küchenfenster mit drei verschiedenen Messinstrumenten: einem Zollstock, einem Rollmaßband und einem Laser-Entfernungsmesser, und erhält drei verschiedene Ergebnisse. Und ein paar Jahre später ist dasselbe Küchenfenster anscheinend auch noch ein gutes Stück größer, auch wenn man mit denselben Instrumenten gemessen hat.[8]

Messen wird noch schwieriger, wenn es um emotionale Fragen wie Glück, Rassismus, Empathie, Integration von Migranten usw. geht. Dennoch gibt es zu all diesen Fragen Studien, die Zahlen präsentieren. Im Anschluss führt man statistische Berechnungen dieser Zahlen durch, aus denen dann »exakte« wissenschaftliche Folgerungen abgeleitet werden. Diese wiederum stützen Regierungsbeschlüsse, die sich häufig einschneidend auf das Leben Einzelner auswirken. Das alles wird uns als objektiv wissenschaftlich untermauert verkauft – als etwas, das nicht zur Diskussion steht. Die Zahlen »sind, wie sie sind«, darüber braucht man nicht nachzudenken.

Oder vielleicht doch? Legt man mehrere Studien aus demselben Fachgebiet nebeneinander, erhält man häufig sehr unterschiedliche Ergebnisse. Das ist mittlerweile auch Laien klar, denn Querelen zwischen Wissenschaftlern werden heute gerne in den Zeitungen ausgefochten, selbst Querelen über den Gebrauch von Zahlen.

Der belgische Bildungsforscher Roger Standaert publizierte am Ende seiner Karriere das Buch *De becijferde school* (Die Zahlenschule), eine kritische, aber meiner Meinung nach ausgewogene Betrachtung, wie wissenschaftliches Zahlenmaterial bei der Organisation des Bildungswesens ge- und missbraucht wird. Bei der Vorstellung seines Buches sprach ich einige einleitende Worte. Ich sagte unter anderem, dass die Wissenschaft ihre Autorität schnell verlieren kann, gerade weil Humanwissenschaftler einander ständig widersprechen, natürlich jeweils gestützt auf wissenschaftliche Statistiken; dass die Medien dies für ihre Zwecke ausnützen und sich auf Stellungnahmen »angesehener Wissenschaftler« geradezu stürzen, die gegenseitig ihre Forschungsergebnisse anzweifeln. In der Woche nach der Buchvorstellung veröffentlichte die belgische Zeitung *De Standaard* beinahe täglich eine wissenschaftliche Stellungnahme, die dem Artikel des Vortags widersprach und am nächsten Tag wiederum selbst entkräftet wurde. Die Folge von so etwas ist, dass beinahe niemand mehr an die Wissenschaft – zumindest in dieser Form – glaubt, da sie ja doch nur eine Meinung unter vielen widerspiegelt.

Mangelnder Glaube an »die Zahlen« bedeutet, dass die Wissenschaft ihre Autorität verliert. Eine Verschiebung hin zur Macht rückt wieder ein wenig näher.

Gescheiterte Autorität: der Amtsschimmel

Autorität funktioniert aufgrund einer verinnerlichten Norm, daher auch die freiwillige Unterwerfung. Betrachtet eine Gruppe dieselbe Instanz als Autorität, herrscht innerhalb dieser Gruppe großes Vertrauen (jeder beachtet denselben gesellschaftlichen Code, selbst wenn dieser kaum je schriftlich fixiert ist). Wenn Autorität wegfällt, kommt Misstrauen auf, und es breitet sich rasant eine krankhafte Regulierungswut aus. Macht funktioniert über externe Kontrolle und Zwang, doch der ruft sofort Widerstand und Rebellion hervor. Jede Konfrontation mit Macht legt den Grundstein für eine weitere Konfrontation, es entsteht eine Aufwärtsspirale. Kontrollmechanismen und Zwangsmaßregeln müssen immer mehr ausgeweitet werden, Ziel ist die totale Beherrschbarkeit.

Das Ergebnis ist jedoch genau das Gegenteil. Will man alles beherrschbar machen, funktioniert überhaupt nichts mehr. Jede Lehrkraft kann das bestätigen: Je mehr Kontrollmechanismen und Regeln eine Schule einführt, desto weniger Autorität herrscht in der Klasse. Als Folge kann die Lehrkraft kaum mehr unterrichten; alle Aufmerksamkeit richtet sich auf das Durchsetzen und Einhalten der Regeln.

Von den Folgen des schwindenden Patriarchats spüren wir am meisten die hemmungslose, ungebremste Überregulierung. Wer diese aber nur »dem Staat« anlastet (und demnach für die Abschaffung des Staates plädiert), vergisst, dass uns ein besonders ausgeprägtes Beispiel im Bankensektor vorliegt. Durch den Mangel an Autorität entsteht ein Übermaß an Regeln und Kontrollsystemen, auf denen wiederum neue Regeln gründen. Unterdessen versinken wir alle zusammen in einem kafkaesken Sumpf. Für beinahe alles braucht man heutzutage einen Vertrag oder gibt es zumindest ein »Protokoll«: einen detaillierten Leitfaden mit den Prozeduren, die in der betreffenden Situation zu befolgen sind. Solche Regulierungen dienen keineswegs einer besseren Qualität. Man übt Kontrolle aus, weil man dem anderen nicht mehr vertraut, man sichert sich gegen alle möglichen Klagen ab und will den Schuldigen identifizieren können, falls etwas schiefgeht.

Ursprünglich kommt dies aus der amerikanischen Betriebsführung, die traditionell über ein *command and control*-System funktioniert. Dabei muss alles zentral beschlossen und dirigiert werden. Zusammen mit multinationalen Konzernen und der Doktrin des freien Marktes fand dieses System auch Eingang in den westeuropäischen Wirtschaftsraum. Überdies bewirkte die Ökonomisierung aller Bereiche (Staat, Bildung, Wissenschaft, Pflege) einen hyperkompetitiven *struggle for life* – und das Misstrauen nahm noch mehr zu. In den letzten Jahren fiel ihm sogar das Bildungswesen zum Opfer. Eltern haben spitzbekommen, dass die Schuleinschreibung ihrer Kinder letztlich ein Vertragsabschluss ist. Und wenn Sohnemann nicht die entsprechenden Leistungen zeigt, lässt sich dieser Vertrag doch wunderbar vor Gericht anfechten. Bald wird jeder Schulverband einen Juristen auf der Gehaltsliste haben.

Solche Regelungen sind aus demselben Grund zum Scheitern verurteilt, aus dem die traditionelle Autorität schwindet: Ihr externer Bezugspunkt existiert nicht mehr, von »freiwilliger Unterwerfung« ist keine Rede mehr. Die Zunahme von Regeln als typische Folge schwindender Autorität kann auch nur aufgrund von Macht und erzwungener Unterwerfung funktionieren. Schon bald sieht man, wie eine Spirale entsteht:

Zwang ruft Widerstand und Rebellion hervor, worauf noch mehr Regeln eingeführt werden, noch mehr Kontrolle, ob diese eingehalten werden, und noch mehr Messungen – bis hin zum Krankhaften.[9]

TOP-DOWN VERSUS BOTTOM-UP

Unsere Generation steht vor einer gigantischen Herausforderung: Wie können wir eine so dringend benötigte Autorität einsetzen, ohne in das paternalistische Modell zurückzufallen oder uns einer anonymen Zahlendiktatur zu unterwerfen?

Über diese Frage habe ich mir lange den Kopf zerbrochen, weil ich immer wieder neu nach etwas suchte, von dem ich nicht begriff, dass es ebenfalls Teil der klassischen Autorität ist. Jede Version der patriarchalen und somit pyramidenförmigen Autorität hat ihre eigene, alles umfassende Erzählung, ein »Narrativ« (von der Bibel bis zu Maos Rotem Buch). Also, so dachte ich, kann sich eine neue Autorität erst dann festigen, wenn wir alle zusammen eine neue »große Erzählung« teilen. Doch wo finden wir so eine Erzählung, und wie teilen wir sie dann? Bis mir klar wurde, dass »die großen Erzählungen« vor allem dazu dienen, die untersten Ebenen der Pyramide in Gehorsam zu halten. Sie machen einen Teil der Strategie aus, die Platon als Erster formulierte: Halte das Volk brav und gläubig, halte ihnen ein Paradies im Jenseits (oder ewige Strafe) vor Augen und bringe das in eine große und stringente Erzählung. Eine neue Bibel wäre keine Lösung, sondern lediglich eine Variation dessen, was wir schon hinter uns haben.

Manche Antworten sind so simpel, dass wir sie zunächst gar nicht sehen. Die Lösung der Frage liegt in der Frage selbst begründet. Welche andere Quelle der Autorität können wir finden, die von einer großen Gruppe geteilt wird? Die Antwort lautet: Die Gruppe *selbst* kann als Quelle fungieren, Gruppen als weitgehend horizontal strukturiertes Netzwerk, das an mehrere Figuren eine sich stets verschiebende Autorität verleiht.

Darth Vader und Big Brother

Darth Vader ist eine Figur aus der Filmreihe *Star Wars*. Er ist der gefährliche, böse Anführer, der seine ursprünglichen Ideale über Bord geworfen hat und zur dunklen Seite der Macht übergelaufen ist. Dass er sich
später in der Reihe offenbar als Vater der guten Hauptperson, Luke Sky-
walker, entpuppt, stellt eine markante Umkehrung der klassischen Geschichte vom Urvater dar. In der Version von *Star Wars* ist der Vater
schlecht und der Sohn gut. Der Sohn muss den Vater ausschalten, dann
stellt sich heraus, dass der getötete Vater doch zur Seite des Lichts zu-
rückkehrt. Die christlichen Kirchenväter würden sich an dieser apokry-
phen Version des Erlösers die Zähne ausbeißen.

Solche Vater-Sohn-Geschichten gehören mittlerweile in das Reich
der Fantasy. Unsere wirkliche Welt wird von Big Brother regiert. Bei vielen Lesern wird dieser Ausdruck Erinnerung an die gleichnamige Reality Show wecken, bei der Menschen in einem Haus eingeschlossen und
ständig gefilmt wurden und reihum Big Brother gegenüber beichten
mussten. Big Brother war eine unsichtbare Figur, die selbst (wie auch die
Fernsehzuschauer) alles sah. Der Titel stammt eigentlich aus George Or-
wells Roman *1984* über eine totalitäre Gesellschaft. In dieser Gesellschaft
wird jeder konstant observiert, da die Fernsehbildschirme nicht nur Bilder ausstrahlen, sondern auch aufnehmen. Davon sind wir mittlerweile
nicht mehr allzu weit entfernt: Der Bildschirm, auf dem ich diesen Text
schreibe, ist oben mit einem Kameraauge ausgestattet, genau wie mein
Smartphone und mein Tablet.

Orwell nimmt die Gefahren einer totalen, zentralisierten Kontrolle
ins Visier, und er hat natürlich mehr als recht. Der von ihm beschriebene Big Brother steht für eine technologisch unterstützte Diktatur, bei der
man nicht einmal sicher weiß, ob es die große Führerpersönlichkeit wirklich gibt. Genauer betrachtet ist dies die digitale Version von Gottes
Blick, der alles wahrnimmt und kontrolliert. Dementsprechend ist auch
dies eine Variante der pyramidenförmig organisierten Autorität, von
Horizontalität kann überhaupt keine Rede sein.

Ich hingegen möchte Big Brother eine völlig andere Bedeutung geben, die eher mit der sozialen Kontrolle der Menschen untereinander zu tun hat. Die Dorfgemeinschaften von früher sind ein Beispiel dafür. Jeder beobachtete jeden, und daher musste jeder sich an die kollektiven Regeln halten. Eine horizontal ausgeübte Autorität wie diese ist enorm bindend – als Strafe droht Ausschluss – und kann besonders grausame Formen annehmen. Wer glaubt, eine horizontale Autorität sei per definitionem gut und eine vertikale, patriarchale Autorität per definitionem schlecht, macht sich Illusionen.

Der Grund, warum ich die horizontale Autorität von Big Brother in den Blick rücke, ist nicht, weil ich meine, dass sie immer und überall besser ist, sondern weil ich davon überzeugt bin, dass dies die neue Realität wird, teils aufgrund der Digitalisierung, teils aufgrund des allgemein höheren Ausbildungsniveaus. Als Kant 1784 sein Plädoyer für unsere Befreiung aus der Unmündigkeit hielt, waren 80 Prozent seiner Landgenossen Analphabeten, und der Buchdruck genoss erst seit einem Jahrhundert größere Verbreitung. Dass das Zusammenleben seiner Zeit über eine Pyramidenstruktur geordnet wurde, mit einem Vater des Vaterlandes an der Spitze, war nicht so überraschend. Das ist nun nicht mehr der Fall.

Wie grundlegend es sich geändert hat, ist aus der heutigen Erziehung als natürlichem Modell für Autorität ersichtlich. Im früheren Autoritätsmodell kam ein Kind nur mit einer bestimmten Anzahl an Autoritätsfiguren in Kontakt, die in einer deutlichen Rangordnung standen, angefangen beim Vater, über den Lehrer bis hin zum Pfarrer, Priester und so weiter. Der Löwenanteil der Erziehung spielte sich innerhalb der Familie ab, weil das Kind dort die meiste Zeit verbrachte.

Das ist nun anders. Meine Enkelin, in einem mehr als privilegierten Milieu geboren, verließ die häusliche Umgebung, als sie sechs Monate alt war. Drei Tage pro Woche verbringt Luce in einer Kinderkrippe, einen bei der einen Oma, einen weiteren bei der anderen Oma, und das jeweils von frühmorgens bis zum Abend. Wenn sie abends nach Hause kommt, ist eigentlich schon wieder Bettgehzeit. Die Eltern sehen ihre Tochter zwei Tage pro Woche. Wer erzieht sie? Zudem nimmt die Anzahl der für ihre Erziehung zuständigen Menschen im Laufe der Zeit noch zu, ebenso wie die Zahl ihrer Aufenthaltsorte. Die Außenwelt ist keine Außenwelt mehr, sondern einfach die Welt. Über kurz oder lang wird auch die virtuelle Wirklichkeit über Bildschirme Eingang in ihre kleine Welt finden.

Wo und bei wem siedeln wir die Autorität im Hinblick auf Erziehung an? Sobald es ein Problem gibt, merkt man, wie Diskussionen über dieses Thema aufflackern. Die Schule weist die Verantwortung den Eltern zu, die Eltern der Schule, die Großeltern finden, dass ihre Kinder zu lax oder zu streng mit ihren Enkeln umgehen, und so weiter. Bei diesem Pingpong-Spiel befindet man sich noch immer auf der Suche nach jemandem, der »die« Autorität sein soll, und lässt dabei außer Acht, was mittlerweile Realität ist: Dass diese Autorität von einer Gruppe geteilt wird. Ebenso wie das Patriarchat gehört die Kernfamilie der Vergangenheit an, unsere Kinder werden von verschiedenen Menschen erzogen, von einem Kollektiv. Die Frage ist, wie wir dieses Kollektiv zu einer bewussten Autorität ausbauen können.

Big Brother übernimmt

Autorität funktioniert auf der Basis freiwilliger Unterwerfung, doch die kommt nicht von alleine. Kinder unterwerfen sich erst aufgrund eines externen Zwangs, der lange genug gewirkt hat. Manchmal hält dieser Zwang zu lange an: Eine paternalistische Regierung behandelt auch Erwachsene wie Kinder. Bis zur Mitte des vorigen Jahrhunderts fand man in vielen Häusern noch die Abbildung eines Auges, das geradewegs in das Wohnzimmer blickte. Darunter stand: »Gott sieht dich. Hier wird nicht geflucht.« Der Katechismus, den meine Generation noch auswendig lernen musste, begann mit den Worten: »Wo ist Gott?« Antwort: »Gott ist überall, im Himmel, auf der Erde und an allen Orten.« Nächste Frage: »Sieht und weiß Gott alles?« Antwort: »Gott sieht alles, selbst die geheimsten Gedanken. Er weiß alles, auch Zukünftiges.«

Die Botschaft war deutlich: Diesem kontrollierenden Blick konnte man nicht entkommen. 1791 wandte der britische Rechtsphilosoph Jeremy Bentham dieses Prinzip für den Entwurf seines Panopticons (wörtlich: allessehend) an. Benthams Panopticon ist eine runde Konstruktion mit einem zentralen Turm, um den herum Zellen angeordnet sind. Die Fenster der Zellen blicken in das Innere des Gebäudes. Ein einziger Bewacher genügt so, um sämtliche Zellen zu kontrollieren. Die klassische Anwendung dieses Panopticons ist ein Gefängnis oder eine psychiatrische Einrichtung, doch es könnte auch eine Fabrik oder ein Bürogebäude sein. Unschwer lässt sich das Panopticon als architektonische Ausformung der traditionellen Autorität erkennen. Man sieht buchstäblich von oben auf »die Menschen« herab. Der Kontrollblick ist immer anklagend, er sieht noch die geheimsten Gedanken (und bleibt dabei selbst unsichtbar). Daher ist eine patriarchale Kultur ein hervorragender Nährboden für Schuld und Neurose.

Eine andere Autorität bedarf eines anderen Panopticons. Das oberste Zimmer im Turm ist nicht mehr besetzt. Stattdessen steht dort ein leistungsstarker Computerserver, mit dem jeder von jedem beobachtet werden kann. Wir leben in der Zeit des Big Brother, und wir entblößen uns ständig selbst (manch einer im wahrsten Sinne des Wortes) und präsentieren uns dem, der es sehen will. Das Ergebnis ist eine zunehmend horizontale Kontrolle aller durch alle, im Gegensatz zum Blick des einen Wächters, der von oben auf uns heruntersieht.

Diese Kontrolle findet über sogenannte »soziale Medien« statt – Facebook, Twitter, Instagram, LinkedIn, Blogs und so weiter. Berühmte Menschen müssen noch berühmter werden, indem sie im Radio oder Fernsehen in speziell dafür entworfenen Formaten »alles« über sich erzählen. Unbekannte Menschen hoffen darauf, berühmt zu werden, wenn sie dasselbe tun. So findet man die Intimität einer Beichte oder einer Therapiesitzung breitgetreten auf dem großen Bildschirm wieder.

Wir verstecken uns nicht mehr, im Gegenteil. Der postmoderne Mensch setzt sich selbst in Szene, mit allem Drum und Dran. Er unterwirft sich freiwillig dem kontrollierenden Blick aller und wird sogar depressiv, wenn zu wenige Menschen ihm Aufmerksamkeit schenken (»Wie viele Freunde hast du bei Facebook?«). Zygmunt Bauman fand dafür eine treffende Beschreibung: Wir leben in einem Do-It-Yourself-Panopticon.[10]

Der Unterschied zum patriarchalen Modell ist gewaltig. Zur Zeit des Patriarchats identifizierten wir uns mit den Geboten und Verboten des Vaters, aus Angst vor Strafe und Verdammnis. Nun identifizieren wir uns mit den *likes* von anderen (unseren Spiegelbildern), aus Angst, ausgeschlossen zu werden. Der Druck, der von sozialer Kontrolle ausgeht, ist immens und verpflichtet jeden zu einer neuen Version freiwilliger Unterwerfung. Wenn wir scheitern, schämen wir uns und werden depressiv. Depression ist die neue Neurose.

Diesem Druck kann man schwerer entkommen als je zuvor. Das patriarchale System umfasste noch bestimmte Illusionen. Wir konnten anderswohin fliehen (wo wir dann auf eine andere Version des Vaters stießen). Nun gibt es kein »anderswo« mehr, die Welt ist voll. Oder wir konnten den diensthabenden Vater ermorden und durch einen besseren ersetzen (dass dieser sich später nicht als bessere Alternative entpuppte, steht auf einem anderen Blatt). Big Brother kann man jedoch nicht töten, er ist schließlich virtuell und anonym, ein Geist, der klickend seine Runden durch das World Wide Web dreht. Der Kontrollblick eines jeden auf jeden anderen ist eine virtuelle Tatsache, und das haben wir nicht nur der zunehmenden Kameraüberwachung zu verdanken, sondern wir selbst haben uns das ausgesucht.

Die Reaktionen auf das Phänomen der sogenannten sozialen Medien sind überwiegend negativ. Konservative beklagen den Verlust traditioneller Normen und Werte, Liberale den Verlust individueller Freiheit und beide den Verlust von Privatsphäre. Die meisten Intellektuellen verweisen auf die Auswüchse: den Missbrauch durch »gewöhnliche« Menschen (Hassbewegungen, Cybermobbing), Regierungen (soziale Kontrolle) und den Markt (personalisierte Werbung).

Kurzum, sowohl Links als auch Rechts beklagt das Wegfallen einer Top-down-Autorität – für mich zeigt sich so wieder einmal ganz deutlich, wie schnell wir vergessen. In seiner religiösen, politischen und pädagogischen Ausprägung war das Patriarchat für mindestens die Hälfte der Menschen (Frauen) ein Desaster, eigentlich aber für beinahe alle. Ohne die Auswüchse von Big Brother aus den Augen zu verlieren, müssen wir uns folgende Frage stellen: Was wollen wir, eine von oben nach unten strukturierte Autorität auf Basis einer aufgezwungenen Erzählung? Oder eine horizontale Autorität auf der Basis gegenseitiger sozialer Kontrolle? Allerdings hat die Wirklichkeit eigentlich schon für uns entschieden, und wir müssen nur noch überlegen, wie wir damit umgehen wollen.

Zwei zunächst eher isolierte Stimmen entscheiden sich eindeutig für die horizontal operierende soziale Kontrolle. Der französische Philosoph Michel Serres und der italienische Schriftsteller Alessandro Baricco denken recht optimistisch über die digitale Evolution.[11] In »*Erfindet euch neu!*« – *Eine Liebeserklärung an die vernetzte Generation* weist Serres darauf hin, dass während des prädigitalen Zeitalters Hunderte Millionen von Menschen aufgrund von zentralistischer Autorität starben (*Dulce et decorum est pro patria mori*). Dass von oben gelenkte Gesellschaften genauso auf dem Rückzug sind wie stabile und starre Gruppen, findet er wunderbar. Er sieht einen gewaltigen Fortschritt im Entstehen von *connected collectives* – untereinander verbundene, aber doch unterschiedliche Gruppen. Die frühere Mittäterschaft unter dem Patriarchat (im Gewande der Loyalität) muss der Transparenz und Rechenschaftspflicht (*accountability*) weichen.

In *I barbari* gelingt Baricco ein Husarenstück. Zu Beginn des Buches glaubt der intellektuelle Leser, er habe einen Verbündeten gefunden, der seine Meinung über den populistischen, niveaulosen Charakter von allem, was mit dem Internet zu tun hat, teilt. Es ist doch einfach barbarisch, oder? Am Ende des Buches ist derselbe Leser davon überzeugt, dass das Internet in aller Stille wesentlich mehr ursprüngliche Demokratie verwirklicht, als er dachte. Eine horizontale Demokratie in krassem Gegensatz zum traditionellen »demokratischen Zentralismus«, auf den die übergroße Mehrheit der Politiker noch immer schwört.

Sowohl Serres als auch Baricco betonen, dass es bis vor Kurzem noch nie eine »Demokratie des Wissens« gegeben hat. Wissen war der privilegierten Klasse vorbehalten, die auf das einfache Volk herabblickte. Aufgrund ihres Wissens konnte diese Klasse die »richtigen« Entscheidungen treffen – davon war sie zumindest selbst überzeugt. In einem schmerzhaften geschichtlichen Abriss zeigt die Historikerin Barbara Tuchman auf, wie tragisch falsch viele dieser Entscheidungen waren; der Titel ihres Buches spricht für sich selbst: *Die Torheit der Regierenden*.[12] Heute ist Wissen für jeden zugänglich, und der schwerwiegendste Fehler, den Politiker nach wie vor systematisch machen, ist der, das »einfache Volk« zu unterschätzen. Schwachstellen (ja, es besteht ein Unterschied zwischen Wissen, Information und Werbung; Menschen leiden unter digitaler Debilität; im Netz wimmelt es nur so vor Pornografie und Gewalt, usw.) können die Möglichkeit für jeden, sich selbst relevantes Wissen zu suchen und zu verbreiten, nicht aufwiegen. Genau das wollen geschlossene Gemeinschaften, von Inzestfamilien über Diktaturen bis hin zu Großbanken, um jeden Preis vermeiden.

Der heutige Informationsstrom zeigt den Unterschied zum vertikalen Modell deutlich auf: Transparenz hat sich durchgesetzt, und erzwungene Loyalität gibt es nicht mehr. Jeder wird zunehmend für jeden sichtbar. Es gibt nur einen einzigen Darth Vader, doch Big Brother sind wir potenziell alle. Patriarchate beruhen auf einer Politik, die im stillen Kämmerlein hinter verschlossenen Türen gemacht wird, Big Brother hingegen auf einer weitreichenden Form der Öffentlichkeit.

Horizontale Autorität, die von einer Gruppe ausgeht – das klingt einerseits unglaubwürdig, andererseits beängstigend. Die an der Spitze der Pyramide empfinden seit eh und je sowohl Verachtung als auch Angst gegenüber dem, was sie früher »das Volk« nannten und nun »die Wähler«. Die Masse hat doch keine Ahnung, man treibt sie wie Schlachtvieh alle paar Jahre zum Schlachthof der Wahllokale. Und eine Gruppe kann doch nie und nimmer die Leitung übernehmen, oder?

Die Angst vor der unvernünftigen Masse

In der Geschichte der Politik können wir durchgehend eine Angst vor der Masse erkennen, dem »Plebs«, wie die römischen Senatoren sie nannten. Bilder von Aufruhr, Brandstiftung und Plünderung kommen einem in den Sinn. Kontrolle von oben ist unverzichtbar.

Dass eine führerlose Masse eine eigene Dynamik entwickelt, die höchst gefährlich werden kann, wusste bereits Gustave Le Bon. In *La psychologie des foules* (1895), deutsch *Psychologie der Massen*, studiert er die revolutionären Massen während der Französischen Revolution. Er kommt zu dem Schluss, dass Menschen in einer Gruppe auf das Niveau des dümmsten Gruppenmitglieds zurückfallen und ihren niedersten Trieben nachgeben. Fünfundzwanzig Jahre später untersucht Freud organisierte Gruppen mit einem *Führer* an der Spitze. Auch er weist auf die Gefahren hin – Freud lebt gerade noch lange genug, um zu erleben, wie genau seine Beschreibung sich später bestätigt.[13]

Beide Arten von Gruppen werden als Argument gegen eine horizontale Autorität angeführt werden. Und beide Gruppen haben wenig oder nichts mit dem zu tun, was ich darunter verstehe. Eine Masse übt Macht aus, eine zentral geführte Gruppe ist ein Beispiel für Top-down-Autorität. Für viele Menschen steht die Notwendigkeit einer zentralen Führung außer Frage, weil aus ihrer Perspektive eine Gruppe »gewöhnlicher« Menschen nicht in der Lage wäre, die richtigen Entscheidungen zu treffen. Man braucht sich die öffentliche Meinung nur einmal anzuhören, so meinen diese Menschen, dann weiß man schon Bescheid.

Die öffentliche Meinung ist sehr wichtig und kann beispielsweise das Wahlverhalten steuern. Politiker tun alles dafür, Wähler für sich zu gewinnen, wobei sie die öffentliche Meinung für manipulierbar halten und diese Manipulation am liebsten selbst in die Hand nehmen – Medienberater und Marketingbüros sind vor Wahlen äußerst gefragt. Man geht davon aus, dass Wähler kaum nachdenken und ebenso wenig zu selbstständigen Entscheidungen imstande sind. Ebendiese Unterstellung bringt Politiker auf die Idee, dass Entscheidungen am besten von einer kleinen, aber hoch ausgebildeten Elite getroffen werden sollen. Gerne demokratisch gewählt, doch wenn nötig (in Krisenzeiten zum Beispiel) kann der Demokratiegedanke ruhig ein wenig in den Hintergrund treten. Experten sollen dann entscheiden, was das Beste für »das Volk« ist.

Diese Auffassung illustriert einmal mehr eine paternalistische Sicht, das »Vater weiß es am besten«-Modell. Sie lässt mindestens drei Punkte außer Acht. Die kleine, hoch ausgebildete Gruppe trifft häufig Entscheidungen zugunsten ebendieser Gruppe, nicht der großen Gemeinschaft. Ihr Wissen ist wesentlich beschränkter, als allgemein angenommen wird, und entpuppt sich im Rückblick häufig als völlig falsch. »Das Volk« hat in den letzten zwei Generationen eine höhere Ausbildung vorzuweisen als je zuvor. Die Ironie der Geschichte will, dass dieser letzte Punkt vor allem auf den Paternalismus zurückzuführen ist, der in seinen besseren Spielarten durchaus auch an Arbeiter- oder Volksbildung interessiert ist und beispielsweise den Zugang zum Bildungswesen verbessert. Die Väter des Vaterlandes müssen lernen, ihre Söhne (und vor allem ihre Töchter) loszulassen.

Dass Autorität am besten auf Wissen gründet, liegt auf der Hand und gilt dementsprechend auch für eine horizontal organisierte Autorität. Wie bereits erwähnt, enthält objektives Wissen als solches noch keine gesellschaftliche Zielsetzung. Um zu bestimmen, wohin die Reise gehen soll, brauchen wir moralische Entscheidungen. Eine Gruppe kann sehr wohl Wissen erwerben und Entscheidungen zum Wohl der Gemeinschaft und im Hinblick auf die Zukunft treffen. Mittlerweile gibt es dafür genügend überzeugende Beispiele, sowohl im Bereich der Ökonomie als auch der Politik (siehe Kapitel 7 und 8). Nur die Angst vor dem Sprung ins kalte Wasser und unsere alten Gewohnheiten hindern uns daran, zu dieser neuen Verwaltungsform überzugehen.

COMMAND AND CONTROL VERSUS
FÜHREN MIT AUFTRAG

Neben der Angst vor der unvernünftigen Masse ist ein zweites Argument gegen eine horizontale Autorität von eher pragmatischer Art: So etwas kann doch nicht funktionieren, ohne dass jemand Entscheidungen trifft und kontrolliert, ob diese entsprechend umgesetzt werden? Fragt man Menschen, ob man einer Gruppe die Entscheidungsgewalt überlassen könne, wird man vor allem negative Antworten erhalten. Das führe nur zu Chaos und Anarchie. Man nennt es auch die »Tragödie des Gemeingutes«. Überlässt man die Verwaltung eines gemeinschaftlichen Gutes (beispielsweise eines Waldes) der Selbstregulierung innerhalb einer Gemeinschaft, so ist der Wald innerhalb kürzester Zeit verschwunden, während sich ein paar Opportunisten mit dem Gewinn aus dem Staub machen. Merkwürdigerweise wird dieses Beispiel von Ökonomen gerne als Argument für die Zwangsprivatisierung von Gemeingütern angeführt, während dieselben Ökonomen andererseits für die »unsichtbare Hand«, die angeblich spontane Selbstregulierung des Marktes, plädieren. Im Übrigen funktionieren Gemeingüter sehr gut; auf dieses Thema komme ich in Kapitel 7 noch zurück.

Sieht man sich einen beliebigen populären Film über den Zweiten Weltkrieg an, präsentiert sich folgendes Bild: Auf der einen Seite steht die streng hierarchisch organisierte deutsche Wehrmacht. Keinem Rangniederen käme es in den akkurat rasierten Kopf, einem Ranghöheren zu widersprechen. *Zu Befehl, Herr Leutnant!*, und die Hacken schlagen aneinander. Demgegenüber steht auf der anderen Seite die amerikanische Armee mit Joe und Bill, die zwanglos mit Jack (ihrem Captain) darüber plaudern, welche Taktik sie verfolgen sollen. Eine Taktik, die G. I. Joe zur Not auch selbst auf dem Schlachtfeld ändern könnte, je nachdem, was ihm in dem Moment gerade angemessen erschien. Faschismus versus Demokratie, Hierarchie versus Autonomie, Kadavergehorsam versus *free enterprise* ... kein Wunder, dass die Deutschen besiegt wurden und die G. I.s siegreich durch Europa zogen.

104

Populäre Geschichte wird von den Siegern geschrieben und ist immer verfälscht. Wissenschaftliche Geschichtsschreibung zeigt ein ganz anderes Bild. Deutsche Soldaten operierten in autonomen Einheiten, die an der Front immer neu entschieden, wie sie die Situation am besten anpacken sollten. Amerikanische Soldaten führten Befehle aus, die auf detaillierten Plänen basierten – ausgedacht und eingesetzt von einer zentralen Leitstelle. Und im Ergebnis? Die deutschen Soldaten brachten den Alliierten systematisch doppelt so viele Verluste bei, wie sie selbst verzeichnen mussten, auch in den Schlachten, in denen sie zahlenmäßig unterlegen waren und nicht auf ihre Luftwaffe zählen konnten. Letztlich verlor Deutschland den Krieg aufgrund des Mangels an Menschen und Rohstoffen, während die Alliierten auf einen schier unerschöpflichen Nachschub zählen konnten.

Die weitreichende deutsche Autonomie im Feld war kein Zufall. Hundert Jahre zuvor hatte der preußische Generalfeldmarschall Graf von Moltke die Niederlage Preußens gegen Napoleon analysiert. Seine Schlussfolgerung lautete, dass detaillierte, im Hauptquartier erarbeitete Pläne niemals der Realität vor Ort gerecht werden. Von Moltke wäre heute wohl ein Vertreter der Chaostheorie. Ausgehend von seiner Analyse entwickelte er die sogenannte Auftragstaktik (Führen mit Auftrag) im Unterschied zur früher üblichen Befehlstaktik (Führen mit Befehl). Eine Einheit erhielt keinen detaillierten Plan, sondern ein Ziel. Wie sie dieses Ziel erreichte, war ihr selbst überlassen, denn vor Ort hatte sie den besten Blick auf die Situation. Eigeninitiative und Verantwortung wurden dabei möglichst stark gefördert.

Gegen Ende des Zweiten Weltkriegs hatten die Deutschen diese Methode noch weiter entwickelt: Schluss mit der traditionellen Aufteilung der Streitkräfte in Artillerie, Panzertruppen und Infanterie, die einander als Konkurrenten gegenüberstanden, Schluss mit hierarchischen Strukturen, wie wir sie vom klassischen Militär kennen; stattdessen gab es strukturelle Zusammenarbeit sowie Verantwortungsbewusstsein und Eigeninitiative. Diese Idee nahm in den sogenannten *Kampfgruppen* Form an. Sie bedeuteten Zusammenarbeit auf Zeit zwischen verschiedenen Einheiten (von Regimenten bis Divisionen) und verschiedenen Waffengattungen (Panzer, Artillerie, Infanterie) unter der Leitung des Ranghöchsten vor Ort. Sie wurden mit einem ganz bestimmten Auftrag eingesetzt.

Die Alliierten wussten nicht, wie ihnen geschah (welche Division stand ihnen nun eigentlich gegenüber?). Bis das Hauptquartier die ursprünglichen Pläne angepasst und wieder an die Einheiten vor Ort weitergegeben hatte, war es häufig bereits zu spät. Dennoch hielten die Amerikaner an ihrem eigenen System fest, bei dem jede Schlacht minutiös vorbereitet, geplant und durchgeführt wurde. *Compliance* (Gehorsam) war das Schlüsselwort, und darin wurden Millionen junger Amerikaner gedrillt. Auf der anderen Seite der Frontlinie stand eine Million junger Deutscher, ausgebildet, selbstständig eine sich stets verändernde Situation zu beurteilen und eine Entscheidung im Dienst eines gemeinschaftlichen Ziels zu treffen. *Confidence* (Vertrauen) nennt man das.[14]

Gegenwärtig werden amerikanische Marines mit einer Kamera ausgerüstet, damit das *Headquarter* mitschauen und Anweisungen geben kann. Amerikanische Polizisten haben für jede Situation ein Protokoll, von dem sie nicht abweichen dürfen; große amerikanische Unternehmen haben meist einen *compliance officer*, der darauf achtet, dass jeder das entsprechende Prozedere korrekt ausführt und alle Regeln einhält. Vertrauen kommt in diesem Bild nicht vor. Über multinationale Unternehmen wurde uns in Westeuropa diese Organisationsform ebenfalls aufgezwungen: *Command and control*. Unterdessen ist Deutschland eine industrielle Großmacht – das Land, in dem Millionen junge Männer dazu ausgebildet wurden, selbst die Initiative und Verantwortung zu ergreifen. *Confidence* im Überfluss.

Mit welchem Auto fahren Sie lieber, mit einem deutschen oder mit einem amerikanischen?

ENTSCHEIDUNGSBEFUGNIS, WISSEN UND ZIEL

Das deutsche Beispiel bezieht sich auf Kampfgruppen, Gefechtseinheiten. Effizient sind sie gewiss, doch auch buchstäblich lebensgefährlich.

Auch eine horizontal organisierte Gruppe kann die schrecklichsten Dinge tun, und das ist umso mehr der Fall, wenn die Gruppe selbst keine Entscheidungsbefugnis über die Aufträge hat. Ihr Auftrag wurde von einer höheren Entscheidungsinstanz innerhalb einer pyramidenförmig organisierten Autorität erteilt. Die horizontale Version beschränkte sich auf die Ausführung des Auftrags.

Beide Armeen, die amerikanische und die deutsche, illustrieren auf unterschiedliche Art, wie eine pyramidenförmige Autorität letztlich scheitert. Das amerikanische Oberkommando funktionierte höchst ineffizient und setzte stur Entscheidungen durch, von denen die Menschen vor Ort genau wussten, dass sie nicht mehr der Faktenlage entsprachen. Das deutsche Hauptquartier gab Aufträge, die nicht nur unmoralisch waren, sondern obendrein die Kampfgruppen in den Untergang führten. Auch das wussten die Menschen vor Ort nur allzu gut, aber sie blieben bis zum Schluss loyal.

Wollen wir eine horizontale Autorität auf gesellschaftlicher Ebene, dann müssen mindestens drei Bedingungen erfüllt werden. Es muss genügend Wissen vorhanden sein, die moralischen Ziele müssen durch die horizontale Gruppe bestimmt und benannt werden, und die Gruppe selbst muss gemäß einer Reihe selbst auferlegter Regeln funktionieren. Die ideale Kombination ist demnach eine horizontal strukturierte Gruppe, die langfristige Ziele zum Wohl der Gemeinschaft anvisiert, über das dafür nötige Wissen verfügt oder es erwerben kann und auf der Basis dieses Wissens Entscheidungen trifft und durchsetzt oder für die Durchsetzung sorgt.

Primus inter pares

Eine mehr und mehr horizontal wirkende Autorität geht nicht von der Illusion aus, dass alle Menschen gleich sind. Innerhalb jeder Gruppe zeigen Menschen neben Übereinstimmungen auch Unterschiede, und die Gretchenfrage ist nach wie vor, wie die sozialen Verhältnisse organisiert werden.

Eine Top-down-Autorität besitzt eine pyramidenförmige Struktur, bei der die höchsten Ränge am meisten an ihren Positionen kleben und es nur selten zu Veränderungen kommt – meist muss dazu erst ein anderer aus seiner Position vertrieben werden. Ihre Autorität funktioniert buchstäblich in Form von Befehlen, es gibt wenig oder keine Autonomie für die unteren Ebenen. Der Vorteil ist die Deutlichkeit: Das klassische Organigramm zeigt, wo die Macht verortet ist und verortet bleibt.

Eine horizontal operierende Autorität ist darauf angelegt, weitgehend zwischen verschiedenen Autoritätspersonen hin und her zu lavieren. Eine feste Führungsperson, die gewissermaßen lebenslang diese Position einnimmt, sodass Position und Person miteinander verschmelzen, gibt es dabei nicht. Die Möglichkeit der horizontalen Verschiebung wirkt genau dem entgegen, und ein klassisches Organigramm ist undenkbar. Auf den ersten Blick wirkt so ein Konstrukt verschwommen und ruft Unsicherheit hervor, doch das ist vor allem deshalb so, weil wir traditionell eine Art Organigramm erwarten. Löst man sich von dieser Erwartung, werden die Vorteile sichtbar: größere Effizienz, basierend auf mehr Flexibilität und Engagement für gemeinschaftliche Ziele.

Es ist kein Zufall, dass in Managerkreisen Stimmen laut werden, die nach anderen Formen der Führung rufen als dem Top-down-Modell. Ihr Argument ist, diese neuen Formen seien besser für die Organisation.[15] Das ist nicht so verwunderlich. In einem pyramidenförmigen Organigramm besteht die wichtigste Aufgabe der Führungsriege darin, ihre eigene Position zu stärken, nicht die der Organisation. Alles dreht sich um ihr eigenes Ego – und wohlgemerkt hält das System selbst sie dazu an. Wer innerhalb einer horizontalen Organisation Autorität besitzt, ist dagegen bestrebt, zur Organisation selbst beizutragen, indem er Zusammenarbeit möglichst stark fördert. Der Leiter ist dabei viel mehr ein *primus inter pares*, der Erste unter Gleichen. Der Akzent auf Zusammenarbeit bedeutet, dass eine der wichtigsten Aufgaben der Leiter darin besteht, zum Wohle eines gemeinschaftlichen Ziels zwischen den verschiedenen Mitgliedern des Kollektivs zur vermitteln. Die Idee, dass jemand Problemsituationen für sich alleine bewältigen muss, fehlt hier.

Autorität ist nicht »automatisch« an die hierarchische Position einer Person geknüpft, sondern eine Person hat Autorität, weil sie im Namen der Gruppe spricht. Daraus ergibt sich die Möglichkeit, im Dienst des gemeinschaftlichen Ziels Autorität zu teilen und an eine andere Person weiterzugeben.

Schlichtung oder Mediation hat mittlerweile in viele Felder Eingang gefunden, sogar in die Justiz. Das zeigt eindrucksvoll, wie sehr die Gesellschaft sich bewegt hat. Beschlossen Richter früher autonom über unmündige Bürger, die einen »Wortführer« in Form eines Anwalts brauchten, so gibt es in Belgien bald eine echte Schlichtungsstelle. Die Funktion des Schlichters oder Mediators wird heute immer häufiger in Anspruch genommen. Die Bezeichnung spiegelt gut wider, was die Funktion beinhaltet: Der Mediator zielt nicht auf die in seinen Augen beste Entscheidung ab, sondern hilft den beteiligten Parteien bei der Suche, was für sie nach gemeinsamer Absprache annehmbar ist.

In einem Punkt ist der Unterschied zwischen pyramidenförmiger und horizontaler Autorität besonders deutlich zu sehen: wenn Fehler gemacht werden. Wenn der Alphamann einer auf das Patriarchat gegründeten Autorität einen Fehler macht, endet das für ihn tödlich. Er stürzt von seinem Podest, und ein anderer steht schon in den Startlöchern, um seinen Platz einzunehmen. Fehler werden deshalb lieber ängstlich vertuscht, und das Letzte, was eine Autoritätsperson in diesem Modell tun würde, wäre, einen Fehler zuzugeben. Schuld sind immer andere.

Bei einer horizontalen, sich verschiebenden Autorität liegt die Sache anders. Wer einen Fehler macht, stürzt nicht ab, da er ja nicht über den anderen steht. Ein Mitglied des Kollektivs kann einen Fehler machen und seine Meinung und sein Verhalten anpassen, ohne dafür kritisiert zu werden. Häufig geschieht das Gegenteil: Jemand, der einen Fehler zugibt und für die Lösung bei anderen Hilfe sucht, wirkt stärker als jemand, der seine Unzulänglichkeiten zu verbergen versucht.

Der andere ist kein Feind. Der andere ist mir ganz ähnlich, und wir haben dieselben Ziele.

INTERMEZZO

Im Juni 1978 bin ich mit meinem Studium fertig, einen Monat später beginne ich mit meinem ersten Job. Ich wohne weiterhin in Gent, während die allermeisten meiner Kommilitonen nach Hause zurückkehren. Es wird ein einsamer Sommer: Zum Telefonieren muss ich zu einer öffentlichen Telefonzelle, Fernsehen habe ich nicht, meine Informationen beziehe ich aus einer einzigen Zeitung. Computer zum Privatgebrauch gibt es nicht, Internet erst recht nicht.

Dreißig Jahre später halte ich ein Einführungsseminar für Psychologiestunden im dritten Semester. In der Pause bekomme ich eine SMS von meinem Sohn: »Du sprichst viel zu schnell, meine Freunde fragen alle, ob du nicht langsamer sprechen kannst!!!!« Er ist auf der Heimreise aus dem Urlaub, irgendwo unterwegs, was ihn nicht davon abhält, ständig mit denen in Kontakt zu stehen, mit denen er Kontakt haben will. Er liest keine Zeitung, aber er ist besser und kritischer informiert als seine beiden Eltern zusammen. Nach der Pause passe ich mein Sprechtempo an, und am Abend erfahre ich in einer E-Mail, dass man der zweiten Hälfte des Seminars viel besser folgen konnte. Und ob er übermorgen seine schmutzige Wäsche mitbringen könne.

Innerhalb von dreißig Jahren sind wir in ein neues Zeitalter gesurft.

Die Evolution unserer Spezies verlief in drei Phasen. Erst waren wir Nomaden, »Jäger und Sammler«, die mit den Jahreszeiten und dem Nahrungsangebot umherzogen. Zahlenmäßig waren wir nur wenige, aber nach den gefundenen Gegenständen zu urteilen, gab es einen regen Austausch zwischen den verschiedenen Gruppen.

Dann wurden wir zu niedergelassenen Bauern, die Besitz aufbauten.

Aus unseren Niederlassungen wuchsen Städte, in denen sich vor nicht allzu langer Zeit auch die Industrie entwickelte. In dieser Periode entwickelte sich weltweit eine soziale Struktur, die wir unter dem Begriff Patriarchat zusammenfassen können. Diese Struktur können wir uns als Pyramide vorstellen, am besten umgeben mit einer hohen Mauer und tiefen Gräben.

Derzeit entwickeln wir uns zu einer anderen Art von Nomaden, jeder ist konstant in Bewegung, selbst wenn er zu Hause bleibt. Die sedentär-patriarchale Periode neigt sich ihrem Ende zu, an ihren Platz tritt das digitale Zeitalter. Wir surfen, was das Zeug hält, und die Möglichkeiten zur Interaktion haben exponentiell zugenommen. Die vertikale Pyramide musste einem horizontalen Netzwerk weichen.

Der Vergleich zwischen Pyramide und Netzwerk zeigt, wie radikal verschieden unser Zeitalter ist. Horizontalität statt Tiefe oder Höhe, verschieben statt graben oder aufsteigen, Knotenpunkte statt Ränge, ständige Bewegung statt Stillstand, Offenheit statt Geschlossenheit, Transparenz statt Undurchsichtigkeit. Hannah Arendt hat recht mit ihrer These, dass (patriarchale) Autorität verschwindet, sobald ihre Grundlage wegfällt. Nicht vorhersehen konnte sie, dass dieser Wegfall auch eine technologische Ursache haben kann. Das digitale Netzwerk ist definitiv der Todesstoß für jede pyramidenförmige Organisation.

Hier und da hört man Stimmen über den »neuen Menschen«. So neu er auch ist, es gibt mindestens eine Aktivität, von der ich vermute, dass die Sammler und Jäger ihr ebenso frönten wie die digital natives: über andere sprechen. Tratschen, klatschen, Gerüchte verbreiten, warnen, in den Himmel loben, kritisieren: Alle Tonarten sind möglich. Die Auswirkungen kennen wir. Wer in einer Gemeinschaft einen schlechten Ruf hat, ist weg vom Fenster. Wer sich vertrauenswürdig gibt, dem wird auch Vertrauen entgegengebracht.

Niemand will ausgeschlossen werden, jeder legt Wert auf einen guten Ruf. Den erhalten wir auf zwei Arten: Erstens, indem wir uns so gut wie möglich an das anpassen, was die Gruppe von uns erwartet. Der von Gruppen *ausgehende Druck und die dazugehörige soziale Kontrolle sind immens (man versuche nur einmal gegenüber einer Mehrheit eine andere Meinung zu verteidigen). Zweitens, indem wir Dinge verbergen, von denen wir annehmen, dass sie unserem Ruf schaden könnten. Wehe uns, wenn die Gruppe den Betrug entdeckt – dann werden wir geteert und gefedert, und im schlimmsten Fall müssen wir umziehen.*

Ein makelloser Ruf ist lebenswichtig für diejenigen, die Autorität besitzen. Das erklärt ein typisches Merkmal des Patriarchats und der pyramidenförmigen Autorität: die Schweigepflicht. Omertà, die Schweigepflicht in Mafiakreisen, oder Loyalität – der Unterschied zwischen beiden ist klein, doch letztlich kommt es auf dasselbe heraus: soziale Kontrolle wird unmöglich.

Vor einem halben Jahrhundert wäre Dominique Strauss-Kahn höchstwahrscheinlich Präsident von Frankreich geworden. Nun kann er seine Karriere vergessen. Gegenwärtig ist die soziale Kontrolle des Netzwerks die neue Autorität, Ausschluss geschieht mit einem einzigen Klick, und Umziehen ist kein Ausweg mehr.

Dass wir den richtigen Umgang damit noch lernen müssen, stimmt allerdings. Wir sind keine digital natives, *wir sind digitale Säuglinge. Aber wir lernen sehr schnell.*

5 DAS ZEITALTER DER FRAU

In *Und ich?: Identität in einer durchökonomisierten Gesellschaft* habe ich beschrieben, wie sich die *Geiz-ist-geil*-Ideologie in den vergangenen fünfundzwanzig Jahren auf unsere Beziehungen ausgewirkt hat. Nicht eingegangen bin ich darauf, dass diese Ideologie eine von vielen Spielarten der patriarchalen und phallischen Autorität ist. »Phallisch« klingt in einigen Ohren sicher suspekt – Freud lässt grüßen. Ich spare mir an dieser Stelle ellenlange Erklärungen und bemühe stattdessen eine Volksweisheit: Männer wollen immer den Größten haben, und die Folge davon ist eine Hackordnung in Form einer Pyramide.

»Wo sind unsere Mädchen geblieben, die leicht errötend den Kopf senken und den Blick abwenden, wenn wir sie ansehen?« So die Worte von Bülent Arinç, dem Stellvertreter des türkischen Ministerpräsidenten, am Ende des Ramadan 2014. Er sprach über »den moralischen Verfall der Gesellschaft«. Daraufhin stellen Tausende von Türkinnen breit grinsende Selfies ins Netz. Im dritten Kapitel verwies ich auf das Märchen über des Kaisers neue Kleider, bei dem nur das Kind sich traut, die Nacktheit lautstark festzustellen. In der Praxis sind es meist die Frauen, die die »gekrönten Häupter« bloßstellen und dabei nicht selten ein Risiko eingehen.

Die Geschichte des Patriarchats ist die Geschichte der Unterdrückung der Frau, sowohl sexuell als auch intellektuell, politisch und ökonomisch. Es besteht eine direkte Linie von den Hexenverbrennungen im Mittelalter zu den Hysterikerinnen des 19. Jahrhunderts.[1] Bis vor Kurzem rekrutierten die psychiatrischen Anstalten ihre Patienten hauptsächlich aus zwei Bevölkerungsgruppen: den unteren Schichten und den Frauen – nicht zufällig beides Gruppen am unteren Ende der Pyramide.

In einem schmerzlich schönen Buch, *Mad, Bad and Sad: A History of Women and the Mind Doctors*, beschreibt Lisa Appignanesi die Geschichte der Psychiatrie als eine Geschichte männlicher Psychiater, die über ihre weiblichen Patienten herrschen und sich gegen sie wenden. Wer glaubte, dergleichen gehöre der Vergangenheit an: Die drei jungen Russinnen von Pussy Riot, die mit einer spielerischen Aktion öffentlich gegen Putin protestierten, wurden nicht nur zu Freiheitsentzug verurteilt, sondern bekamen überdies eine psychiatrische Diagnose verpasst – eine »gemischte Persönlichkeitsstörung«, die in der Urteilsbegründung erklärt wird als »ein Zustand, der verschiedene Kombinationen ›einer proaktiven Lebensauffassung‹, ›einer Getriebenheit zur Selbstverwirklichung‹, ›einem sturen Festhalten an der eigenen Meinung‹ umfasst, ferner ›ein überzogenes Selbstwertgefühl‹, ›eine Tendenz zu aufsässigem Verhalten‹ und ›eine Neigung zu Protestaktionen‹.[2]

Emanzipation und Bewusstseinsveränderung in Richtung eines horizontalen Kollektivs

Die erfolgreiche Emanzipation der Frau ist einer Kombination verschiedener Faktoren zu verdanken: dem Mut einzelner Frauen als Vorkämpferinnen, dem Fortschritt der Wissenschaft bei der Entdeckung von Verhütungsmitteln, dem Zerfall der Vaterreligionen, einem allgemein zugänglichen Bildungssystem und damit besseren Chancen am Arbeitsmarkt. Dadurch entstand in verschiedenen Kreisen und Gruppierungen ein verändertes Bewusstsein dafür, dass die herrschenden weiblichen Rollenmuster (und mit ihnen die männlichen) nichts anderes waren als eben soziale Konstrukte und überdies eine bestimmte Gesellschaftsordnung stützten, die die Hälfte der Bevölkerung stark diskriminierte.

Die Idee der Rollenmuster entspricht meinem Bild von Identität als einem Konglomerat verschiedener sozialer Relationen, die wir durch Identifikation übernehmen. Solange das Patriarchat dominierte, galten die dazugehörigen sozialen Beziehungsformen ganz selbstverständlich. Viele Menschen glaubten, dies sei nun einmal unsere »Natur« (dem Sozialdarwinismus zufolge sind Frauen schwächer und weniger intelligent als Männer) oder von Gott so bestimmt (der Schöpfungsgeschichte zufolge ist die Frau verantwortlich für den Sündenfall). Die geltenden sozialen Beziehungen waren eine unumstößliche Realität, und wer sich gegen sie wandte, galt als Ketzer, als »widernatürlich« oder irrational. Die Geschwindigkeit, mit der die Rollenmuster sich in den letzten Jahrzehnten verändert haben, beweist jedoch das Gegenteil. Die Erkenntnis, dass es sich nur um Rollen handelt, die uns von der damals geltenden sozialen Ordnung und der dazugehörigen Autorität auferlegt wurden, öffnete den Weg zu anderen Ausprägungen.

Wie diese neuen Beziehungsformen realisiert werden, illustriert, auf welche Weise Autorität neuerdings funktioniert. Die falsche Funktionsweise der Autorität gibt es bis heute: etwa in Form gut gemeinter, aber darum nicht minder gönnerhafter Versuche, Frauen zur Emanzipation zu verpflichten. Mädchen müssen in gemischte Schulen gehen, Verschleierung und Kopftuch werden herablassend toleriert oder per Gesetz verboten. Als Konsequenz verweigern manche Frauen Bildung und fordern das »Recht« auf Tschador und Niqab (Gesichtsschleier). Ein extremes Beispiel aus dem vorigen Jahrhundert ist das Verbot der Frauenbeschneidung im Sudan durch die britische Kolonialherrschaft. Aus Protest gegen die Briten ließen sich noch mehr Frauen beschneiden … Ein Jahrhundert später sind es die Frauen selbst, die mit der Somali Women's Democratic Organization für die Abschaffung der Beschneidung kämpfen. Nun, da die Frauen selbst entscheiden können, hat sich ihre Haltung völlig geändert.[3]

Zwangsemanzipation ist ein Beispiel für eine paternalistische Haltung: Wir wissen es besser, die anderen sind dumm oder naiv. Die zugrunde liegende Autorität ist nach wie vor patriarchal, und trotz des scheinbaren Fortschritts ändert sich in Wirklichkeit wenig bis nichts. Emanzipation von unten funktioniert hingegen durchaus: Dabei hält eine Gruppe von Gleichgestellten – in diesem Fall Frauen – anderen Frauen einen neuen Spiegel vor. Diese Autorität hat ihre Grundlage in einem horizontalen Kollektiv und nicht mehr in einem »Vater-weiß-esbesser«-Modell. So gestaltete sich auch die zweite Emanzipationswelle. In der Zeit von 1960 bis 1980 kamen Frauen in lokalen Gruppen zusammen und diskutierten über Veränderungen, die sie sich wünschten, über das, was sie selbst wichtig fanden. Aus dieser Zeit stammt der Ausdruck *the personal is the political* (Das Private ist politisch).[4]

Solche Gruppen hatten großen Einfluss, gerade weil sie horizontal funktionierten. Frauen wurden sich über andere Frauen der auferlegten Identität bewusst und machten sich gemeinsam daran, ihrer Identität eine neue Ausrichtung zu geben, die sie ihrerseits an andere Frauen weitergeben konnten. Diese neuen Ausrichtungen konnten übrigens sehr unterschiedlich sein. Die Abkehr von einer dominanten, von oben diktierten Identität ermöglichte Vielfalt und stellte sich gegen Uniformität. Eine Frau kann auf vielerlei Weise emanzipiert sein. Der wichtigste Weg führt über Bildung.

Bildungsschere

Bis zur Mitte des vorigen Jahrhunderts herrschte auf dem Gebiet der Bildung eine doppelte ~~Diskri~~minierung. Höhere Bildungswege waren beinahe ausschließlich den höheren sozialen Schichten und den Jungen vorbehalten. Nach dem Zweiten Weltkrieg änderte sich dies schnell, und die Schulpforten öffneten sich für alle Kinder. »Alle« bedeutete primär alle Jungen; Mädchen mussten sich noch eine Generation lang mit Handarbeits- und Hauswirtschaftsunterricht zufriedengeben. Manche wurden Lehrerin. Diesen Beruf durften sie ausüben, solange sie unverheiratet waren. Krankenschwester war ebenfalls eine Option, allerdings nur unter der Leitung einer Mutter Oberin. Stewardess war eine dritte, glamourösere Möglichkeit. Der Glamour ließ Sexismus durchblicken, denn Stewardessen wurden aufgrund ihres äußeren Erscheinungsbildes ausgewählt und durften nur bis zu einem bestimmten Alter im Dienst bleiben.[5]

Im letzten Quartal des 20. Jahrhunderts stieg die Anzahl weiblicher Schülerinnen im höheren Bildungsweg von Jahr zu Jahr, die Bildungsschere zwischen Jungen und Mädchen schloss sich. An meiner eigenen Universität (Gent) war im Jahr 1995 die Zahl weiblicher und männlicher Erstsemester erstmals ausgeglichen.[6] Mittlerweile hat die Universität von Gent ihre erste Rektorin.

Derzeit beträgt das Verhältnis im Hochschulbereich 60 Prozent weibliche zu 40 Prozent männliche Studierende. Im europäischen Durchschnitt gibt es momentan zehn Prozent mehr Frauen mit einem Hochschulabschluss als Männer. Norwegens Frauen setzten sich mit 18 Prozent mehr Hochschulabschlüssen an die Spitze dieses Trends. Angesichts der Geschlechterverteilung bei den Studenten wird diese Schere noch weiter aufgehen, was man bereits aus dem folgenden Vergleich ablesen kann: Im Jahr 2000 waren 50,1 Prozent der Personen mit Hochschulabschluss weiblich, in den Niederlanden 54,8. 2009 war der Frauenanteil in Belgien auf beinahe 55 Prozent und in den Niederlanden auf 56,5 Prozent gestiegen.[7] Überdies liegt die Erfolgsquote bei weiblichen Studierenden um einiges höher (sie beenden ihr Studium schneller und mit besseren Noten). Die einzige Studienrichtung, die nach wie vor ausgesprochen männlich dominiert ist, sind die Ingenieurswissenschaften (eine Frau auf fünf Männer). Die Bildungsschere ist nicht mehr geschlossen, sie hat sich wieder geöffnet, doch nun in die andere Richtung. Immer weniger Männer schaffen einen Studienabschluss, und das traditionelle Bild des hochgebildeten Mannes (Jurist, Arzt, Ingenieur), der mit einer mindergebildeten Frau (Sekretärin, Krankenschwester, Lehrerin) verheiratet ist, kehrt sich allmählich um.

In den Vereinigten Staaten ist diese Umkehrung mittlerweile überdeutlich, da der Trend dort bereits zehn Jahre früher begann. Während der zweiten Emanzipationswelle des vorigen Jahrhunderts hatten amerikanische Universitäten Maßnahmen ergriffen, um jungen Frauen den Zugang zum höheren Bildungsweg zu erleichtern. In den letzten Jahren führten sie diese erleichterten Zugangsbedingungen wieder ein, nun jedoch zum Vorteil der jungen Männer, da der Anteil männlicher Studenten dramatisch gesunken ist. Diese Zugangserleichterung geschieht mehr oder weniger heimlich – offenbar ist dies ein wunder Punkt.[8]

Die Kluft wird noch durch ein Phänomen vertieft, das überall im Westen auffällt: Jungen schneiden in der Schule immer schlechter ab. Im Vergleich zu den Mädchen legen sie mehr »Störungen« an den Tag, sie können sich schlechter konzentrieren, müssen stärker »motiviert« werden. Das Bild des großen Bruders, der seine kleine Schwester zur Schule begleitet – in Belgien prangt es immer noch auf Verkehrsschildern, die die Nähe zu einer Schule ankündigen –, ist mehr als überholt. Gegenwärtig wird den Töchter eine Vorbildfunktion zugeschrieben, während die Söhne ihren Müttern Kopfschmerzen bereiten. In *My dog stupid* beschreibt John Fante, wie ein Lehrer einem Schüler auf seinen Aufsatz eine Sechs wegen Plagiats gibt und in einem gesonderten Brief dessen Mutter beglückwünscht, er habe noch nie so einen guten Aufsatz gelesen – es gibt offenbar wesentlich mehr Mütter, die die Hausaufgaben für ihre Söhne machen, als man denkt.

Warum Jungen in der Schule schlechter abschneiden als Mädchen, lässt sich nicht so leicht erklären. Im Vergleich zu Studentinnen beschäftigen sich Studenten im höheren Bildungsweg mehr mit Computerspielen, Partys und Sex. Diese Erklärung reicht jedoch nicht aus, denn die meisten Jungen hinken bereits während ihrer Schulkarriere deutlich hinterher. Eine eindeutige Erklärung gibt es nicht.[9]

Der Frauenüberhang unter den Studenten hat zur Folge, dass immer mehr Frauen auch auf dem Arbeitsmarkt in höhere Positionen aufsteigen. Dieser Trend vollzieht sich jedoch langsamer als erwartet – der Gegenwind für Frauen in Spitzenpositionen ist nach wie vor stark, und vor allem in traditionellen Männerbastionen wie der Politik brauchen wir Quoten, um ein ausgeglichenes Geschlechterverhältnis zu erreichen. Außerdem bekommen Frauen im Vergleich zu Männern noch immer weniger Lohn für gleiche Arbeit.

Häufig muss dieses verhaltene Tempo als Beweis für die Unverwüstlichkeit des Patriarchats herhalten. Es soll eine undurchdringliche gläserne Decke geben, ein Netzwerk der alten Herren, das Frauen am Aufstieg hindert. Diese *old boys* sind in der Tat vor allem alt. In den letzten fünfundzwanzig Jahren sind mehr hoch ausgebildete Frauen in höhere

Funktionen gelangt als in den vergangenen zweitausendfünfhundert Jahren zusammen, mit steigender Tendenz. Blickt man noch ein Vierteljahrhundert weiter in die Zukunft, so werden Männer in Spitzenpositionen eine schützenswerte Spezies sein.

Die Kluft zwischen geringer und höher Ausgebildeten hängt mit einer Kluft zwischen niedrigeren und höheren Einkommen zusammen, und immer mehr auch damit, ob man Arbeit hat oder nicht. Die übergroße Mehrheit der schlecht Ausgebildeten sind Männer, und in unserer wissensorientierten Wirtschaft gibt es vor allem für sie immer weniger Arbeit. In der Unter- und immer mehr auch der Mittelschicht sind Frauen (meist mit einem höheren Abschluss als ihre Partner) häufig die Hauptverdiener, wodurch sich die traditionellen Rollenbilder auch in diesem Bereich umkehren. Familiäre Rollenverteilung ist mittlerweile klar eine Frage der sozialen Schichtung.

Am unteren Ende der Gesellschaft halten arbeitslose Männer stärker an den traditionellen Rollen fest, doch die Frau als Hauptverdienerin nimmt es nicht mehr hin, dass der Vater ihres Kindes sich als Chef aufspielen will. Die Zahl der alleinstehenden Mütter nimmt stetig zu, sei es, weil der Vater seine Rolle nie angenommen oder weil die Frau ihn vor die Tür gesetzt hat. Innerhalb dieser Gruppe heiraten Frauen immer seltener. Im Jahr 2011 kam die Hälfte aller amerikanischen Babys als Kind einer unverheirateten Mutter unter dreißig zur Welt. Diese Frauen organisieren ihr Leben lieber selbst, meist ohne Mann, oft gemeinsam mit anderen Frauen in einem unterstützenden Netzwerk. Über Liebe und Sexualität haben sie eine eher zynische Meinung.

Derselbe Trend zeichnet sich auch in Europa ab. Eines von drei Kindern wird außerehelich geboren, eines von sieben als Kind einer alleinerziehenden Mutter. In Zukunft wird sich das noch verschärfen; 2030 sollen in den Niederlanden 22 Prozent der Familien alleinerziehend sein.[10]

Bei den Hochgebildeten sehen wir hingegen eine Rückbesinnung auf die Ehe. Nach der Flowerpower-Zeit war Heiraten für diese Gruppe zunächst tabu. Mittlerweile gehört es wieder zum guten Ton, doch die Ehe erhält eine andere Bedeutung. Beide Ehepartner sind hochgebildet, auch wenn immer mehr Frauen mit Universitätsdiplom Männer mit einem etwas niedrigeren Abschluss heiraten. Im Idealfall haben beide eine gut bezahlte Arbeit und teilen sich die Aufgaben im Haushalt auf – in der Praxis bleibt die Kindererziehung jedoch größtenteils bei der Frau und Mutter hängen. Studien aus den USA zeigen, dass diese Diskriminierung langsam abnimmt, und auch in Europa gibt es Anzeichen dafür, auch wenn es eigentlich eher eine Verschiebung ist: Hausarbeit bleibt unterbezahlt und wird nun von Immigrantinnen geleistet.

Der neue Erfolg der Ehe kann jedoch nicht verhehlen, dass auch in der Gruppe der Hochgebildeten die Anzahl der Singles enorm zunimmt, häufig als bewusste Entscheidung. Unsere Liebesbeziehungen haben sich geändert, das ist mehr als deutlich.

Ich brauch dich nicht

Der Blick auf die Scheidungsraten zeigt, dass langfristige Beziehungen heute verglichen mit früher um einiges seltener geworden sind. Alle paar Wochen findet sich in einer Zeitschrift ein Artikel, in dem ein Wissenschaftler erklärt, warum das so ist. Klinische Psychologen behaupten, junge Menschen hätten Probleme, sich zu binden, weil bei ihren Babyboom-Eltern einiges schiefgelaufen sei. Die evolutionäre Psychologie vertritt die These, dass Männer vom Mars und Frauen von der Venus stammen – *und sie konnten beisammen nicht kommen …* Darin mag ein Fünkchen Wahrheit stecken, doch die auf der Hand liegende Erklärung ist viel weniger kompliziert und hat mit den gesellschaftlichen Veränderungen der letzten fünfzig Jahre zu tun. Die Kombination aus immer mehr hochgebildeten Frauen mit einer größeren wirtschaftlichen Unabhängigkeit und der Verfügbarkeit verlässlicher Verhütungsmittel haben die Machtverhältnisse zwischen Mann und Frau tiefgreifend verändert. Diese Veränderung lässt sich erkennen, wenn man Blockbuster von damals mit den neuen Kinotrends vergleicht.

Das romantische Bild ist das vom Märchenprinzen auf einem Schimmel, der die bedrohte Prinzessin rettet. Seit den Achtzigerjahren wird dieses traditionelle Bild mit einer ordentlichen Prise Erotik gewürzt, was noch ein weiteres Klischee bestätigt: Männern geht es nur um Sex, Frauen schlafen sich nach oben. Am Anfang des Films *Ein Offizier und Gentleman* geht bei den angehenden Offizieren die Rede um, die Schönheiten vor Ort wollten alle Kampfpiloten heiraten und würden sich daher ohne zu zögern schwängern lassen. Ein echter Mann dagegen steigt auf, indem er hart arbeitet. Zack Mayo (gespielt von Richard Gere) versucht zu Beginn der ultrastrengen Ausbildung, seine Tätowierungen (die seine Herkunft verraten) zu entfernen. Im romantischen Schlussbild sehen wir ihn in einer strahlend weißen Marine-Uniform zu den Klängen von »Up where we belong« durch eine Fabrikhalle gehen, um seine Prinzessin aus ihrer erbärmlichen Situation zu befreien. Wahrlich *ein Offizier und Gentleman* – kein Auge blieb trocken. Im Jahr 1982 war dieser Film – zusammen mit *E. T.* und *Tootsie* – der Kassenschlager des Jahres (1982 war also das Jahr des Offiziers, des Außerirdischen und des Transvestiten).

Acht Jahre später spielt derselbe Richard Gere in *Pretty Woman* den herzlosen Geschäftsmann Edward Lewis. Zu Beginn des Films hat sich Lewis buchstäblich verirrt und fragt eine Frau (gespielt von Julia Roberts) nach dem Weg. Die Frau entpuppt sich, welch ein Zufall, als Prostituierte (selbstverständlich prostituiert sie sich für einen guten Zweck: Sie muss nämlich ihr Studium finanzieren). Lewis bucht sie für die Nacht, später für die ganze Woche, und entdeckt neben ihren langen Beinen auch ihre inneren Werte. Nach einem vorhersehbaren Missverständnis verliert er sie, doch Ende gut, alles gut, denn am Ende des Films überwindet er seine Höhenangst, erklimmt mit einem Strauß Rosen in der Hand die Feuerleiter zu ihrem Balkon und macht ihr einen Antrag. Zuvor hatte Vivian im Film deutlich gesagt, was sie wollte: »*I want the fairy tale.*«

Zwanzig Jahre zuvor vermittelte ein britischer Film eine völlig andere Botschaft. *Rita will es endlich wissen* (Originaltitel: *Educating Rita*) präsentiert eine Friseurin (gespielt von Julie Walters) mit ihrem Mann und ihren Eltern, deutlich der britischen Unterschicht zugehörig, wie sie in einem heruntergekommenen Pub singen und trinken. Die Mutter heult (»Warum weinst du, Mama?«, »Weil – weil wir bessere Lieder singen sollten als diese«), Rita wird angekreidet, dass sie noch immer nicht schwanger ist, was ihr Mann Denny als persönliche Beleidigung betrachtet. Rita hat andere Pläne; sie möchte mithilfe eines Kurses an der »Open University« tatsächlich bessere Lieder singen. Durch ihren Lehrer Dr. Bryant (gespielt von Michael Caine) betritt sie eine andere Welt. Es fällt auf, dass dieser Mann nicht als rettender Engel auftritt. Die Frau ergreift selbst die Initiative für ihre Ausbildung, und statt eines kühnen Prinzen trifft sie auf einen trinkenden und gescheiterten Lehrer. Ihre Reaktion auf seinen Zynismus können wir als die Reaktion einer neuen Frauengeneration lesen.

Ich sag dir, was du nicht ertragen kannst, Mister Sauf – und Selbstbemitleider. Was du nicht ertragen kannst, ist, dass ich jetzt gebildet bin. Gefall ich dir nicht mehr, Frank? Ist dein kleines Mädchen jetzt erwachsen? Jetzt kannst du es nicht mehr auf Papis Knie setzen, nicht wahr, und dich in der blauäugigen Bewunderung baden, mit der ich jedes Wort von deinen Lippen aufnahm. Ich bin gebildet, ich habe jetzt, was du hast, und dir gefällt es nicht, weil du mich lieber als Straßengöre hättest … Ich brauch dich nicht. Ich hab ein Zimmer voller Bücher. Ich weiß, was ich anziehen soll, welchen Wein ich kaufen soll, welche Stücke ich mir ansehen soll, welche Zeitungen und Bücher ich lesen soll. Das kann ich alles ohne dich machen.[11]

Der Film *Rita will es endlich wissen* zeigt die Emanzipationsgeschichte der Achtzigerjahre und ist seiner Zeit damit voraus. Der Ausdruck »ich brauch dich nicht« ist das Motto jüngerer Kassenschlager mit weiblichen Hauptfiguren in völlig anderen Mann-Frau-Beziehungen. Beatrix »die Braut« Kiddo (gespielt von Uma Thurman in *Kill Bill*) verlässt ihren Chef und Partner Bill, als sie von ihm ein Kind erwartet. Zur Strafe versucht er, sie zu ermorden. Sie überlebt den Anschlag und tötet schließlich den Vater ihres Kindes. In *Verblendung* nimmt Lisbeth Salander (gespielt von Noomi Rapace) Rache an ihrem Vater und allen missbrauchenden Männern ihres Umfelds. Außerdem rettet sie die männliche Hauptfigur, als diese von einem Perversen bedroht wird, der jahrelang Frauen missbraucht und ermordet hatte. Jennifer Lawrence spielt in *Die Tribute von Panem* die Rolle der Katniss, einer jungen Frau, die ausgelost wird, um an einem von der Regierung veranstalteten »Spiel« teilzunehmen. Bei diesem Spiel kämpfen zwölf Menschen um ihr Leben. Katniss tötet nicht nur alle anderen, sie rettet auch noch ihren männlichen Mitstreiter. Dieser ist in sie verliebt, sie jedoch nicht in ihn.

Meilenweit haben wir uns von den zwei berühmtesten Frauen der Romanliteratur des 19. Jahrhunderts entfernt, Tolstois *Anna Karenina* und Flauberts *Madame Bovary*, die beide nur im Selbstmord einen Ausweg aus ihrem romantischen Scheitern finden. Vierhundert Jahre zuvor nahm Cervantes in *Don Quijote* die romantische Literatur aufs Korn, indem er einen Ritter gegen Drachen kämpfen lässt, um Eindruck bei dem geliebten Burgfräulein Dulcinea zu schinden. Die Drachen entpuppen sich als Windmühlen, Dulcinea ist in Wahrheit eine ordinäre Bardame und der Ritter irrt vor allem herum.

Heute irrt er nicht nur herum, er hat es auch mit der Angst zu tun bekommen.

WHO IS AFRAID OF VIRGINIA WOOLF?

Die populäre Version der evolutionären Psychologie hat vielen Menschen folgende Überzeugung eingebrannt: Männer sind von Natur aus hyperkompetitiv und aggressiv und kämpfen gegen andere Männer, um ihre Gene (ihren Samen) zu verbreiten. Dass sie nicht mehr in der Savanne, sondern an der Börse kämpfen, tut dabei nichts zur Sache. Frauen sind zurückhaltender, generell nicht so aggressiv, sie sind bedachtsam und setzen auf Versöhnung. Die hoffnungsvolle Erwartung ist, dass wir uns, da Frauen immer häufiger leitende Positionen übernehmen, zu einer besseren Gesellschaft entwickeln.

Diese Hoffnung habe ich auch, aber sollte sie sich bewahrheiten, so nicht wegen der angeblichen weiblichen Sanftmut. In den USA ist die Zahl der von weiblichen Jugendlichen verübten Gewaltdelikte drastisch angestiegen (auch wenn Jungen nach wie vor wesentlich gewalttätiger sind). Zugleich sinkt die Zahl der gegen Frauen verübten Gewalttaten und nimmt die häusliche Gewalt von Frauen zu. Frauen können auch aggressiv sein. Sozialpsychologische Experimente zeigen, dass Aggressionen bei Frauen vor allem dann zum Ausbruch kommen, wenn die sozialen Erwartungen an »sanfte, versöhnungsbereite Frauen« wegfallen.[12]

Wenn die weibliche Identität sich verändert, dann muss die männliche folgen, da beide sich gegenseitig beeinflussen. Sind Frauen hauptsächlich Hausfrauen, werden die Männer eher außer Haus ihr Glück versuchen. Wenn Frauen ebenfalls außer Haus arbeiten, ändert sich dieses Verhältnis. Der Niedergang des Patriarchats bedeutet, dass der Mann seine privilegierte Stellung verloren hat und sich neu orientieren muss. Dieser Verlust sorgt für Angst und der vorhersehbaren Reaktion *fight or flight*, Aggression oder Fluchtverhalten.

Man kann sich des Eindrucks nicht erwehren, dass Männer gegenwärtig länger adoleszent sind als Frauen: Im Vergleich zu früher und zu ihren weiblichen Altersgenossen machen sie den Schritt in die Unabhängigkeit (abgeschlossene Ausbildung, eigene Wohnung, eigenes Einkommen, feste Arbeitsstelle) später. Ob Männer tatsächlich mehr Bindungsängste an den Tag legen – wovon viele Frauen überzeugt sind –, ist nicht klar. Männer können aus unterschiedlichen Gründen allein bleiben. Manche, weil sie über ein reiches Angebot an sexuellen Partnern verfügen, andere, weil sie Angst vor Frauen haben. Diese letzte Gruppe hat in Japan mittlerweile einen eigenen Namen bekommen: die *sōshoku (-kei) danshi* oder Grasfresser, Männer, die keine Beziehung zu einer Frau wagen. Bis zu ein Drittel der alleinstehenden adoleszenten Männer und bis zu zwei Drittel der alleinstehenden erwachsenen Männer sollen zu dieser Gruppe gehören.[13]

Während des extrem patriarchalen viktorianischen Zeitalters beschrieb Freud eine typische Lösung für den Konflikt zwischen Geschlechtstrieb und Angst des Mannes. Die hehre Liebe war für die respektierte Gattin bestimmt, aggressiver Sex für die minderwertige Hure. Das Internet gab dieser Aufteilung eine neue Form. Viele psychologisch intime Beziehungen bleiben über E-Mails, Chat, SMS und Webcam hauptsächlich virtuell, wobei das Paar Begegnungen im wirklichen Leben geradezu meidet. Dem steht beiläufiger Sex ohne emotionale Bindung gegenüber, als neueste Version des One-Night-Stands (eine Nacht ist häufig schon zu viel; neben einem Unbekannten aufzuwachen ist unangenehm). Es begann an amerikanischen Universitäten, wo anfangs vor allem männliche, inzwischen jedoch auch weibliche Studenten Sex ohne Bindung bevorzugten, bei dem es rein um Genuss ging – eine Beziehung ist später dran, zuerst kommt die Karriere.[14]

Die Angst des Mannes vor der Frau ist ein altes Thema, auch und vielleicht vor allem in den Hochzeiten des Patriarchats. Aus einem psychoanalytischen Blickwinkel betrachtet gibt es dafür zwei Erklärungen. Die erste geht davon aus, dass die Mutter für das Kind eine allmächtige Figur darstellt, die aufgrund ihrer Allmacht gefürchtet wird. Die Angst vor der Mutter steigert sich zu einer Angst vor Frauen im Allgemeinen. Töchter können sich dem später entziehen, wenn sie selbst Frau und Mutter werden. Bei Söhnen verstärkt sich die Angst, weil sie als erwachsener Mann sexuell abhängig von der Frau sind. Ein Mann steht auf diesem Gebiet eher in der bittenden Position, daher der Spruch *ce que femme veut, dieu le veut*, was die Frau will, ist Gottes Wille.

Eine zweite Erklärung geht vom Mann aus. In der westlichen Kultur wurde Sexualität über Jahrhunderte hinweg unterdrückt und als schlecht, verwerflich oder gefährlich abgekanzelt. Für das dominante Geschlecht, die Männer also, war die Unterdrückung der Frau die einfachste Methode, die eigenen Triebe unter Kontrolle zu halten. Innerhalb der Religion bekam Eva den Schwarzen Peter zugeschoben. Die Frau wurde zur Ursache für die Sünde erklärt, und der Mann konnte die von seiner eigenen sündigen Sexualität ausgehende Gefahr bei ihr besser bekämpfen und sich selbst somit verschonen. Die Bekämpfung der Sexualität bekam also einen gesellschaftlichen Anstrich. Das Patriarchat verankerte die Unterdrückung der Frau sowie die Aggression gegen sie in einer Reihe von Regeln, vom Ausbildungsverbot bis zur Kleiderordnung, die Frauen zu »anständiger« Kleidung verpflichtete (und natürlich einem abgetrennten Bereich in Kirche, Synagoge oder Moschee).

Das Schwinden des Patriarchats mit der dazugehörigen privilegierten Position des Mannes könnte sowohl das Flüchten der Männer als auch die offene Aggression gegen Frauen erklären. Die strukturelle Aggression (kein Wahlrecht für Frauen, beschränkter Zugang zu Bildung) ist so gut wie beseitigt (Frauenbeschneidung ist ein Verbrechen, verpflichtende sittsame Kleidungsnormen werden stark kritisiert, und Bildung für Frauen ist die Norm). Gewalt gegen Frauen ist nun eher die Ausnahme und zieht dadurch mehr Aufmerksamkeit auf sich, was wiederum den Eindruck erwecken kann, die Aggression gegen Frauen habe zugenommen.

Wahrscheinlich gibt es mehr Angst, was in diesem Zusammenhang viel mit Erotik zu tun hat.

Erotik und Macht

Patriarchale Autorität demontiert Sexualität. Erotik ist schlecht, unmoralisch, verwerflich, und die Frau gleich mit dazu, denn sie kitzelt die Begierde aus dem Mann heraus. Mit dieser Rollenverteilung wies das Patriarchat der Frau unbeabsichtigt eine ordentliche Portion Macht zu, von der *femme fatale* bis zum »Schatz, heute nicht, ich habe Kopfschmerzen«. Und diese Macht wiederum erklärt die männliche Aggression gegen die Frau.

Sex als Waffe. *La source des femmes* (»die Frauenquelle«), ein Film, der in einem nordafrikanischen, muslimischen Land spielt, zeigt, wie Frauen sich zu einem Aufstand zusammenschließen und dafür zur ältesten Waffe der Frau greifen: einem Sexstreik. Solange die Männer sich nicht anständiger benehmen, wollen sie die Beine zusammenkneifen. Der Film ist eine moderne Version einer zweitausendfünfhundert Jahre alten Komödie. In Aristophanes' *Lysistrata* verweigern alle Frauen Griechenlands den Sex, solange ihre Männer weiter Krieg führen. Im Nu gibt es einen Friedensvertrag.

Mittlerweile ist Sex als Waffe aus der Mode gekommen, weil sich unsere Haltung zur Sexualität dank Emanzipation und Pille völlig verändert hat. In der Menschheitsgeschichte jedoch kann eine Frau erst seit einem halben Jahrhundert unbekümmert Sex genießen und somit auch unmissverständlich danach verlangen.[15] Sobald Sex und Schwangerschaft entkoppelt waren, wurde auch die Verbindung zu Alter und Geschlecht etwas gelockert. Sex beschränkt sich nicht auf die Jahre, in denen wir uns fortpflanzen können, wir beginnen viel früher und wir tun es, solange wir können. Erotik beschränkt sich nicht auf die Ehe und selbst nicht auf ein Mann-Frau-Paar desselben Alters. Ältere Frauen tun es mit viel jüngeren Männern und umgekehrt. Gleichgeschlechtlicher Sex ist kein Tabu mehr. Sowohl Männer als auch Frauen haben mehr Sex und mehr Sexpartner als früher. Als Folge davon hat Sex als Machtmittel weitgehend ausgedient. Auch Frauen können nun die Bittsteller sein, und auch Männer können auf diesem Gebiet in eine Machtposition geraten.

Im Westen konnte die erste Generation Frauen heranwachsen, für die Sexualität kein Grund zur Angst ist. Die Folgen davon kann man mittlerweile gut beobachten. Frauen machen sich selbst auf die Suche nach einem Partner und nehmen beim Sex ausdrücklich eine aktive Position ein. Dass viele Männer damit nicht umgehen können, zeigt, wie sehr sie noch an der patriarchalen Doppelmoral festhalten (der sexuell aktive Mann ist ein Playboy, sein weibliches Pendant eine Schlampe). Wer glaubte, das treffe auf emanzipierte westliche Männer nicht zu, führe sich die Dokumentation *Sletvrees* (Schlampenangst) von Sunny Bergman zu Gemüte.[16]

Das Schwinden der patriarchalen Autorität war auch auf sexueller Ebene überaus befreiend. Dennoch betrachten manche diese Befreiung als moralisches Desaster und finden, sie sei die Ursache dafür, dass zwei von drei Ehen scheitern und Beziehungen sich so mühsam gestalten. Sie verstehen nicht, dass die Erklärung dafür woanders liegt, beispielsweise in der vorangetriebenen Individualisierung und den uns auferlegten Normen des freien Marktes, die sich auch auf unser Beziehungsleben auswirken. Wir »investieren« in Beziehungen auf einem Heiratsmarkt (wer ist das beste Angebot?). Die Wahl eines Partners findet häufig auf Internetplattformen statt, bei denen die potenziellen Kandidaten auf Basis der gefragten Eigenschaften in eine Rangordnung gebracht werden. Je rationaler dieser Auswahlprozess gestaltet ist, desto mehr konzentrieren wir uns auf die Minuspunkte eines Kandidaten. Das und der Gedanke, dass ein anderer Kandidat vielleicht noch besser in das gewünschte Profil passen könnte, lässt einen weitersuchen, mit dem Resultat, dass man am Ende alleine bleibt. Wir haben vergessen, dass wir unsere Partner aus einem Bauchgefühl heraus auswählen und nicht aufgrund von rationalen Überlegungen. Mr. Spock aus *Star Trek* (»*live long and prosper*«), *der* Prototyp eines rationalen Wesens, ist ohne Zweifel sowohl bewusst alleinstehend als auch bewusst kinderlos.

Ein anderer Grund für die wachsende Zahl der Singles liegt in der uns auferlegten Autonomie – jeder muss »sein eigenes Ding durchziehen«. Der amerikanische Soziologe Richard Sennett weist darauf hin, dass die weitreichende Individualisierung und damit auch Psychologisierung von beinahe allem uns vergessen lässt, dass wir in erster Linie soziale Wesen sind. Selbst die Bedeutung des Wortes »sozial« hat sich verschoben (es weckt in uns sofort Assoziationen zum »Sozialismus«, der mittlerweile schon beinahe ein Schimpfwort ist). Dass wir zu den sozialen Lebewesen gehören und einander brauchen, wollen wir nicht mehr wahrhaben. Jeder ist auf der Suche nach dem, was er oder sie ist, als Individuum. Auf diese Frage kann man unmöglich eine Antwort geben, schon allein aufgrund der Fragestellung. Als Individuum bin ich niemand. Meine Identität bekommt erst durch das Verhältnis zu anderen einen Inhalt.

Zur Individualisierung und Psychologisierung kommt noch eine Hyper-Erotisierung (Sex ist verkaufsfördernd), sodass Sennett trocken über die »endlose, enttäuschende Suche nach dem Selbst vermittels der Genitalien«[17] schreibt. Leider folgt daraus eine neue Unzufriedenheit.

Geschlechterrollen

Das Patriarchat geht von einer scharf abgegrenzten, binären Aufteilung aus: entweder Mann oder Frau. Binäre Kategorisierungen zeigen eine auffällige Eigenschaft. Einer der beiden Pole ist übergeordnet, der andere untergeordnet, der eine ist dominant, der andere passiv (Mann / Frau, Natur / Kultur, Körper / Geist …). Eine Umkehrung ist immer möglich (anders als früher ist der Körper nun wichtiger als der Geist, »alles« kommt von den Genen, und Psychologen bekehren sich eilfertig zur Neurologie), aber das ändert nichts am grundlegenden System.

Entweder Mann oder Frau. Wer nicht in eine der beiden Schubladen passte, den gab es nicht. Bis vor Kurzem mussten homosexuelle Menschen ihre Neigung verbergen, häufig durch eine heterosexuelle Ehe. In *Passions humaines* beschreibt der belgische Autor Erwin Mortier die Liebe zwischen dem Schriftsteller Georges Eeckhoud und dem Sozialisten Sander Pierron zur Zeit von Leopold II. Beide waren verheiratet, ihr Briefwechsel wurde erst 1992 entdeckt. Seit dem Mittelalter stand auf Homosexualität die Todesstrafe, die letzte Hinrichtung in den Niederlanden wurde 1803 vollzogen.[18] Unter dem Einfluss der Französischen Revolution verschwindet Homosexualität aus dem Strafgesetzbuch, doch dann taucht sie im psychiatrischen Handbuch wieder auf, aus dem die Weltgesundheitsorganisation sie erst 1990 streicht. Homosexuelle können genauso (ab)normal sein wie Heterosexuelle – und genauso unterschiedlich. Die Homo-Ehe wurde in den Niederlanden und Deutschland 2001 per Gesetz erlaubt, Belgien folgte zwei Jahre später.

Die Selbstverständlichkeit der binären Aufteilung war dahin, sobald man unterschied zwischen dem biologischen Geschlecht (engl. *sex*) und dem psychischen Gefühl, zu einer bestimmten sexuellen Gruppe zu gehören (engl. *gender*). Daher musste man die psychosexuelle Identität erweitern: zusätzlich zu männlich und weiblich gab es nun auch homosexuell und bisexuell. Später kam noch transsexuell hinzu. Trotz der gebräuchlichen Bezeichnungen – das »dritte«, möglicherweise das »vierte«

Geschlecht – führte diese Erweiterung vor allem dazu, dass die scharfen Grenzen zwischen den verschiedenen Identitäten verwischt wurden.

Dadurch kam die selbstverständlich angenommene Argumentation, dass die Biologie für psychosexuelle Identitätsmerkmale entscheidend sein soll, ins Wanken. Der klassischen Auffassung nach war eine Frau »typisch« weiblich (sanft, mütterlich, ein bisschen naiv, auf Harmonie bedacht) und ein Mann »typisch« männlich (wetteifernd, aggressiv, in Hierarchien denkend, ergebnisorientiert). Im letzten Viertel des vorigen Jahrhunderts wurde diese biologische Grundlage zunehmend angezweifelt; Studien zeigten, dass diese Eigenschaften primär auf Erziehung und Kultur fußten und dementsprechend patriarchal eingefärbt waren.

Diese These wurde seither immer weiter bestätigt. Im Gefolge des »Wir sind unser Gehirn«-Hypes suchte man in den letzten zehn Jahren besonders eifrig nach neurologischen Unterschieden zwischen Mann und Frau. Und tatsächlich sind das männliche und das weibliche Gehirn nicht ganz identisch. Der Zusammenhang mit den psychischen Gendermerkmalen ist jedoch alles andere als deutlich und für meine Begriffe auch nicht wirklich überzeugend. Dafür, dass die einst als biologisch betrachteten Unterschiede viel mit gesellschaftlichen Erwartungen zu tun haben, gibt es weit mehr Beweise. 1974 entwarf die Psychologin Sandra Bern eine Selbstbeurteilungsskala zur Messung/Bewertung psychischer Eigenschaften, die gemeinhin als typisch männlich oder typisch weiblich gelten. Vergleicht man die heutigen Ergebnisse mit älteren, so zeigt sich bei Frauen eine erhebliche Zunahme »männlicher« Eigenschaften. Für Männer gilt umgekehrt dasselbe, wenn auch um einiges weniger deutlich. Die wichtigste Folgerung ist, dass die gemessenen Eigenschaften an sich überhaupt nicht männlich oder weiblich, sondern das Ergebnis sozialer Erwartungen sind. Im Vergleich zu 1974 haben sich diese Erwartungen so gewaltig verändert, dass auch in den Testergebnissen Verschiebungen zutage treten.

Die scharfe Aufteilung in Männer und Frauen passte hervorragend in das patriarchale Modell, bei dem Männer und Väter automatisch als höher und besser galten als das »schwache« Geschlecht. Wurde ein Sohn geboren, war das eine gute Nachricht, die Geburt einer Tochter eher nicht. Die Auflösung des Patriarchats hat zur Folge, dass junge Menschen heute in einer Kultur aufwachsen, in der sexuelle Orientierung weniger Beschränkungen erfährt (es gibt heterosexuell, homosexuell, bisexuell, transsexuell) und nicht sofort bestimmte psychologische Eigenschaften damit assoziiert werden. Den heterosexuellen Mann gibt es in vielen Formen und Farben, genau wie die homosexuelle Frau, und beide kämpfen mit einer Reihe kulturell bedingter Erwartungen. Die haben heute viel mit Hyperindividualisierung und der Überbetonung des Berufslebens zu tun, was besonders problematisch ist, wenn wir auch noch Kinder wollen.

»Die Familie«

Ja, »die Familie« in Anführungszeichen, um zu zeigen, dass dieses Wort kaum noch seine traditionelle Bedeutung besitzt. In der Vergangenheit offenbarte der Blick auf eine Familie häufig einen leicht gelangweilten Vater, eine stolze Mutter und einige Kinder. Auf dem iPad werden einem heute jedoch andere Fotos gezeigt. »Das bin ich mit meinem echten Vater, hier sieht man meine Mama mit ihrem neuen Freund und seinen Kindern, und da bin ich mit meiner Freundin, wir wollen auch Kinder haben, erst darf sie schwanger werden und dann ich, denn wir haben ausgemacht, dass meine Karriere Vorrang hat.«

Die traditionelle Familie ist eine Ausnahme geworden. Die Scheidungsrate ist enorm hoch, und es werden weniger Ehen geschlossen; Patchworkfamilien und Alleinerziehende sind die Regel.[19] Das hat verschiedene Gründe, die zu einem großen Teil mit dem Schwinden des Patriarchats und der dazugehörigen verpflichtenden Erwartungen zu tun haben. Früher musste jeder auf den Heiratszug springen; kinderlos bleiben war eine Katastrophe oder höchst verdächtig, Scheidung eine Schande. Ein Mann heiratete, um moralisch einwandfreien Zugang zu Sex zu bekommen, und bekam als Zugabe noch eine Haushälterin dazu. Frauen heirateten in der Hoffnung auf Kinder und einen guten Versorger (ein eigenes Haus war das große Ziel). Heute wollen oft die Männer Kinder haben, und Sex ist eher ein Scheidungsgrund als ein Grund für eine Eheschließung.

Wikipedia zeigt die Diversität. Unter dem Eintrag »Familie« findet man Stichwörter wie Kleinfamilie, Stieffamilie, Alleinerzieher, getrenntes Zusammenleben, Regenbogenfamilie, binukleare Familie, polyamore Familie. Ein Albtraum für Notare: Wie soll man bei einer drei Mal neu zusammengestellten Familie ein Testament aufsetzen? Die Familienmitglieder – welcher Familienform auch immer – stehen vor ähnlichen Herausforderungen. Wie vereint man Privat- und Berufsleben? Wie kombiniert man Kinder und Karriere? Wie passt eine dauerhafte Beziehung zum Verlangen nach Leidenschaft? Neu sind diese Fragen nicht, doch nun gelten sie für Frauen genauso wie für Männer.

Frauen und Karriere: Früher hing der Erfolg einer Frau davon ab, welchen Mann sie heiratete. Das ist häufig noch immer der Fall, aber aus ganz anderen Gründen. In welchem Maß ist ihr Partner bereit, Aufgaben im Haushalt zu übernehmen? Wessen Karriere bekommt Vorrang? Eine junge Frau mit einem karriereorientierten Partner kann sich ihre eigenen Ambitionen meist abschminken. Umgekehrt stimmt das zwar auch, doch Hausmänner sind nach wie vor eher die Ausnahme. Die Anforderungen des Arbeitsmarkts lasten bleischwer auf unserem Privatleben, und wenn beide Partner Karriere machen wollen, läuft das häufig auf eine lockere Beziehungsform hinaus, bei der man nur zusammen ist, »wenn es passt«.

Erst vor Kurzem plädierte FEMMA (eine einflussreiche flämische Frauengruppe) für eine Reduzierung der Wochenarbeitszeit – der Vorschlag wurde sofort vom männlichen Vorstand der Unternehmerorganisation Unizo abgeschmettert. Ihm zufolge arbeiten wir viel zu wenig, Wachstum sei das Zauberwort, mir müssen alle zusammen noch viel härter arbeiten.[20] Diese Auseinandersetzung zeigt in aller Schärfe den Unterschied zwischen Männern, die blind an einer sich allmählich selbst zersetzenden Welt festhalten, und Frauen, die das begreifen und nach

Lösungen suchen. Feste Arbeitszeiten und »Überstunden« (die doppelt bezahlt werden) gehören der Vergangenheit an. Mittlerweile arbeiten Hochgebildete leicht fünfzig Stunden pro Woche, und im Niedriglohnsektor sind immer häufiger zwei Arbeitsstellen nötig, um über die Runden zu kommen; viele Menschen sind strukturell arbeitslos, und wir alle schlucken massenweise Pillen, um das alles durchzuhalten. Sieht man sich die steigenden Krankenstände und die zunehmenden Fälle von Burn-out an, so gelingt uns dieses Durchhalten jedoch immer schlechter. Die naheliegendste Lösung wäre eine Umverteilung von Arbeit und Einkommen, sodass mehr Menschen zum Zug kommen und die Kombination von Arbeit und Privatleben wieder machbar wird. Diese Lösung setzt ein Denken außerhalb der üblichen Kategorien voraus, wie Politiker und Wirtschaftsexperten es so gerne fordern. In der Praxis jedoch wiederholen sie unaufhörlich alte Lösungen (»Mehr Wachstum!« »Härter und länger arbeiten!«) für neue Probleme (strukturelle Arbeitslosigkeit für die einen, Burn-out für die anderen), die aber doch selbst nur das Ergebnis dieser ›Lösungen‹ sind.

Kinder und Karriere: Die weitverbreitete Auffassung, dass Frauen wandelnde Gebärmütter sind und Männer nur mit dem Schwanz denken, ist mittlerweile deutlich überholt. Vor Kurzem fand ich bei der Biologin und Anthropologin Helen Fisher bestätigt, was ich in meiner weiteren sozialen Umgebung bereits öfter beobachten konnte: Es sind oft Männer, die ein Baby wollen (das gilt auch für das zweite Kind); insbesondere hoch ausgebildete Frauen bremsen häufig oder entscheiden sich ganz bewusst für Kinderlosigkeit. Frauen begreifen nur zu gut, dass die Erziehung vor allem an ihnen hängen bleibt, selbst mit einem engagierten Partner. Beim Kinderwunsch gibt es eine auffällige Verschiebung: Im Westen präferiert man nicht mehr einen Sohn, sondern zunehmend Töchter. Wenn man tatsächlich die Wahl hat (bei Adoption oder bei Befruchtung mit Spermaselektion), wird Töchtern eindeutig der Vorzug gegeben.[21]

Durch die Anforderungen des heutigen Arbeitsmarkts ist die Erziehung der Kinder durchaus ein Problem geworden. Eltern verbringen für die Arbeit zunehmend mehr Stunden außer Haus; es herrscht ein Mangel an Einrichtungen (Krippen, Kitas, Kindergärten, Schulen, Hort), die zudem immer teurer werden. Der durchschnittliche Belgier beginnt und beendet sein Leben auf einer Warteliste. Als Baby heißt es warten auf einen Platz in einer Krippe, als Senior muss man auf ein Zimmer in einem Pflegeheim häufig warten, bis es bereits zu spät ist – extrem teuer ist beides.[22] Wenn man arbeitet, braucht man ein besonders hohes Einkommen, um sich Kinder überhaupt leisten zu können. Und der Preis dafür ist, dass man sie kaum zu Gesicht bekommt.

Väter und Mütter sind nicht nur Vater und Mutter, sie sind auch weiterhin Mann und Frau (das gilt natürlich auch für homosexuelle Eltern). Das Zusammenspiel zwischen unserer erotischen und unserer elterlichen Rolle ist nicht einfach, und eine langjährige Beziehung ist tödlich für die Leidenschaft. Verglichen mit früher genießen wir eine wesentlich größere sexuelle Freiheit – besonders die Frauen. Doch wie kombiniert man diese mit dem Elternsein? Wie kombiniert man Freiheit mit dem Verlangen nach Dauerhaftigkeit? Menschen sind biologisch gesehen ganz klar nicht monogam, doch wider besseres Wissen erwarten die meisten von uns doch von unserem Partner Treue. Eine neue Doppelmoral ist entstanden, bei der auch Frauen häufig mehr als eine Beziehung zugleich haben, dasselbe Verhalten bei ihrem Partner jedoch schwer ertragen können.

Horizontale Autorität

Das Patriarchat funktioniert aufgrund einer typischen Pyramidenstruktur. Militär und Kirche gelten dafür als Musterbeispiele. Weibliche Pendants gibt es kaum. Auch daran kann man erkennen, dass eine solche Struktur bei Frauengruppen weniger häufig vorkommt. Nun, da das Patriarchat auf dem Rückzug ist und immer mehr besser ausgebildete Frauen Führungspositionen einnehmen, träumen manche von einer sanfteren, von Frauen dominierten Gesellschaft, die auf angeblich typisch weiblichen Eigenschaften wie Empathie, Streben nach Einvernehmen und langfristigem Denken basiert.

Diese Hoffnung ist schon sehr alt. Derselbe Aristophanes, der über den Frauenstreik schrieb, verfasste am Ende seiner Karriere eine Komödie, bei der die Frau eine noch viel dominantere Position einnimmt, »Die Weibervolksversammlung« (*Ecclesiazusae*). Mit einer List wählen sich die Frauen selbst an die Macht, weil die Männer es ja doch nicht richtig hinbekommen – sie sind nur auf ihren eigenen Vorteil aus und richten so die Stadt zugrunde. Sobald sie im Parlament das Sagen haben, führen die Frauen weitreichende Veränderungen durch. Die Ehe wird abgeschafft (jeder darf mit jedem Sex haben, aber Schönheiten müssen sich erst mit einem hässlichen Gegenstück abgeben, ehe sie sich ihr Spiegelbild suchen dürfen), und der Reichtum wird gleichmäßig verteilt.

Im Mai 2013 schrieben Studenten der Stanford University eine moderne Version von Aristophanes' Stück. Frauen ergreifen die wirtschaftliche Macht, weil *the power patriarchy of Oldman Sacs Inc.* die Welt zugrunde richtet. Michael Young, der bereits 1958 in seiner Science-Fiction-Geschichte *The Rise of the Meritocracy 1870–2033* erschreckend zutreffend das Aufkommen von dem beschrieb, was damals noch nicht Neoliberalismus hieß, lässt darin durchblicken, dass ein Aufstand hochgebildeter Frauen dieses Modell in der Versenkung verschwinden lassen würde. Und in einem aktuellen Management-Ratgeber prophezeien die männlichen Autoren, dass Frauen bald die Welt lenken werden, wodurch alles um einiges besser wird.[23]

Diese Prophezeiung wage ich stark zu bezweifeln. Dass Eigenschaften wie Empathie und Streben nach Einvernehmen kombiniert mit langfristigem Denken eine bessere Gesellschaft schaffen können, stimmt ohne Zweifel, aber ob sie typisch weiblich sind, erscheint mir fraglich. Seltsamerweise ruft die Idee einer ausschließlich von Frauen geleiteten Gesellschaft bei Frauen selbst häufig negative Reaktionen hervor. Eine meiner Mitarbeiterinnen formulierte das auf eine Weise, die man einem Mann nicht durchgehen lassen würde: »Frauen können ganz schön gemein zu anderen Frauen sein und vergessen nie, was eine andere Frau ihnen einmal angetan hat.« Aus Erfahrung und verschiedenen Studien weiß man, dass Teams mit ungefähr gleich vielen Männern wie Frauen besser funktionieren als homogen zusammengestellte Teams. Es gibt kaum einen Beweis, dass ein von einer Frau geführtes Unternehmen oder eines mit mehreren Frauen an der Spitze erfolgreicher ist als Unternehmen unter rein männlicher Führung.[24]

Dagegen bin ich davon überzeugt, dass die Organisationsform entscheidend ist. Bei einer pyramidenförmig strukturierten Autorität macht es wenig Unterschied, ob diese Pyramide nun mit Männern oder Frauen besetzt ist. Bei dieser Struktur werden vor allem Alphatiere aufsteigen, Alphamännchen oder Alphaweibchen. Eine Organisation mit einer horizontalen Struktur fordert von ihren Mitgliedern andere Eigenschaften und wird daher andere Menschen in die vordersten Reihen schieben. Eine solche Organisation funktioniert über eine horizontale Führung, bei der verschiedene Menschen abwechselnd die Leitung übernehmen können. Der hierarchische Aspekt ist minimal, der Akzent liegt auf Coaching und Einvernehmen.

Diesen Trend sehen wir inzwischen bereits im Management von Unternehmen unter Bezeichnungen wie *shared leadership* und *servant leadership*.[25] Eine Gruppe muss sich nicht mehr mit einem einzigen Anführer zufriedengeben, die Führung kann wechseln, je nachdem, welche Kompetenzen die einzelnen Mitglieder mitbringen und was für das gemeinsame Ziel vonnöten ist; bei einer pyramidenförmigen Organisation hingegen hat das Alphamännchen ausschließlich sich selbst als Ziel. Auf diesen Trend komme ich im vorletzten Kapitel zurück; Betriebe, die so geführt werden, sind erfolgreicher.

Im Namen des Vaters

Die Verschiebung von einer Top-down-Führung zu gemeinschaftlicher Beschlussfindung zeigt sich auch in einer gesellschaftlichen Veränderung an, die obendrein ins Herz des Patriarchats trifft: nämlich dass Eltern selbst entscheiden können, welchen Familiennamen sie an ihr Kind weitergeben. Bis vor Kurzem war es in Belgien undenkbar und nur in bestimmten Fällen (uneheliches Kind; Inzest) möglich, dass ein Kind den Familiennamen der Mutter bekommt – und dies war meist mit einer Stigmatisierung verbunden. Die patrilineare Abstammung war die einzig »richtige«, Frauen mussten Kinder für die Väter und das Vaterland gebären. Das ist mittlerweile Geschichte, in vielen europäischen Ländern sind beide Eltern nun gleichberechtigt, was das Weitergeben des Familiennamens angeht.

In den Niederlanden ist das seit 1998 der Fall, wobei Eltern zwischen dem Familiennamen des Vaters oder der Mutter wählen können; falls sie sich nicht einigen, entscheidet der Richter. Die belgische Regelung, die erst 2014 eingeführt wurde, sieht eine Wahlfreiheit der Eltern vor, ob sie einen einfachen Namen (den des Vaters oder der Mutter) oder einen doppelten Familiennamen für ihr Kind möchten. Können sie sich nicht entscheiden, so wird der Name des Vaters gesetzlich vorgeschrieben, was dem Vater de facto ein Vetorecht gibt. Das Gleichstellungsinstitut legte sofort einen Widerspruch beim Verfassungsgerichtshof ein. Ungefähr dasselbe geschah auch in Deutschland, wenn auch fünfundzwanzig Jahre früher, wobei das Bundesverfassungsgericht bereits 1991 die Dominanz des Vaters aufhob. Doch selbst gegen die heutige belgische Wahlfreiheit (mit dem Vetorecht des Vaters) laufen konservative Gruppen Sturm, und das deutsche System ist ihnen erst recht suspekt. Nicht verwunderlich, denn die Reichweite dieses Beschlusses ist historisch. Sollte der belgische Verfassungsgerichtshof das Vetorecht des Vaters abschaffen, ist die Abstammungslinie auch in Belgien nicht mehr ausschließlich männlich, und damit würde das Patriarchat definitiv zu Grabe getragen werden.[26]

Diese gesetzlichen Veränderungen spiegeln auch die Veränderungen in der Erziehung wider. Autorität lag früher ausschließlich beim Vater als dem Familienoberhaupt, heute ist sie auf beide Eltern verteilt. Und diese haben damit alle Hände voll zu tun, wie wir im folgenden Kapitel sehen.

6 ELTERN IM PLURAL

Die Verknüpfung von Erziehung und Autorität ist so selbstverständlich, dass Erziehung häufig als ein natürliches Modell für Autorität auf politischer Ebene verwendet wird. »Regieren wie ein guter Familienvater«, heißt das in Flandern. Man beachte, dass Autorität in der Erziehung von Gesetzes wegen zeitlich begrenzt ist. Vom 18. Lebensjahr an ist jeder für sich selbst verantwortlich, und die »freiwillige Unterwerfung« unter die sozialen Umgangsformen muss bis dahin hinreichend verinnerlicht sein. In vielen Ländern fällt diese Altersbegrenzung mit dem Ende der Schulpflicht zusammen, was den Zusammenhang zwischen Erziehung und Unterricht herausstellt.

In dieser »natürlichen« Version der Autorität heißen Eltern nicht zufällig Eltern. Sie sind auch die Älteren und müssen über Jahre hinweg die Verantwortung für ihren noch nicht erwachsenen Nachwuchs übernehmen. Autorität impliziert ganz klar Verantwortung.

Doch Verantwortung wofür? In erster Linie für das leibliche Wohl des Kindes, damit es sich so gut wie möglich entwickelt. Doch die Verantwortung reicht viel weiter, denn Eltern müssen ihre Kinder einweisen in die Erwartungen, Gebräuche und Verpflichtungen der Familie, der sozialen Schicht und der Kultur, zu der sie gehören. Die denken Eltern sich nicht selbst aus, sondern geben nur weiter, was in welchem Kreis möglich ist. Etwas hochtrabend ausgedrückt: Sie repräsentieren das Gesetz. Das ist nicht nur so dahingesagt, denn sie sind vor dem Gesetz auch für das Verhalten ihres minderjährigen Nachwuchses verantwortlich.

Kraft des Gesetzes – das macht den Unterschied aus zur schieren Macht. Eltern bekommen von der Gesellschaft eine rechtlich fundierte Autorität über ihre Kinder. Sollten sie diese Autorität nicht ausüben kön-

nen, kann ihnen diese wiederum kraft des Gesetzes entzogen werden
(»Entzug der elterlichen Sorge«). Zudem sind sie selbst dem Gesetz unterworfen und ihm gegebenenfalls Rechenschaft schuldig. Wer je als Elternteil zur Polizeidienststelle musste, um seinen pubertierenden Sohn
abzuholen, weiß, wovon ich rede.

ERZIEHUNG UND GEWALT

Welchen Stellenwert haben Macht und Gewalt in Erziehung und Unterricht? Allein schon die Frage lässt viele erschaudern. Wir verabscheuen
Gewalt in Kombination mit Machtmissbrauch derart, dass wir sie in
jeder Form verurteilen. Wir sind gegen Polizeigewalt, Strafen im Unterricht dürfen nur selten gegeben werden, körperliche Strafen sind undenkbar und selbst die Ohrfeige der Eltern ist in vielen Ländern gesetzlich verboten. »Gewalt ist ein Beweis von Ohnmacht«, heißt es in diesen
Tagen, in denen jeder ein Psychologe zu sein glaubt. Das kann durchaus
stimmen, doch eine Verallgemeinerung dieser Erklärung ist so naiv wie
falsch. Gewalt ist häufig ausdrücklich ein Zeichen von Macht (das wissen
vergewaltigte Frauen nur allzu gut). In unserem Abscheu vergessen wir,
die richtigen Fragen zu stellen. Geht es um legale Machtausübung oder
nicht? Ist die Gewalt autorisiert, wird sie also von einer gesellschaftlich
untermauerten Autorität getragen? Wenn Polizisten ein paar betrunke-
ne Krawallmacher mit dem Schlagstock unsanft in Schach halten, üben
sie eine legale Form der Gewalt aus. Schießen sie dabei über das Ziel hinaus und missachten die ihnen auferlegten Beschränkungen, müssen sie
sich über die entsprechenden Kontrollmechanismen ihrerseits vor dem
Gesetz verantworten.

Autorität ist kein Synonym für Macht, geschweige denn für Gewalt.
Autorität hat mit Zwang zu tun, im Idealfall ein Zwang, der von innen
heraus funktioniert. Notfalls muss dieser Zwang auch von außen auferlegt werden durch eine Instanz, die dazu autorisiert ist und eventuell Gewalt gebrauchen darf. Ein Gesetz muss durchgesetzt werden können, sonst
wird es nicht ernst genommen. Das wusste auch Pascal: »Das Recht ohne

die Gewalt ist unvermögend, die Macht ohne das Recht ist tyrannisch. Das Recht ohne die Gewalt wird bestritten, weil es immer schlechte Menschen gibt; die Gewalt ohne das Recht wird angeklagt. Darum muß das Recht und die Gewalt zusammengestellt werden, damit das, was recht ist, stark sei, und das, was stark ist, gerecht sei.«[1] Ein Blick in die Geschichte zeigt, dass jede Form von Autorität auf eine ursprüngliche Form der Gewalt zurückgeht. Die amerikanischen Pilgerväter waren anfangs Terroristen, die das legale Kommando Großbritanniens buchstäblich in die Luft jagten.

Externer Zwang? Eine ursprüngliche Form der Gewalt? Dies auf Erziehung anzuwenden ruft sogleich Widerstand in uns hervor, vor unserem geistigen Auge erscheinen Bilder von weinenden Kindern und sadistischen Eltern mit Knüppel, Rohrstock oder Peitsche – Dinge, die der Vergangenheit angehören. Elternliebe und insbesondere Mutterliebe ist doch bedingungslos, oder? Diese Illusion haben wir aus der Romantik übernommen, die den Mythos des ewig verliebten, monogamen Liebespaars und der bedingungslosen Mutterliebe in allen Tonarten besang (leider ist die Mutter häufig kränklich und die Geliebte unerreichbar).

Die elterliche Sorge ist in den ersten Lebensmonaten in der Tat mehr oder weniger bedingungslos. Das Baby wacht auf, hat Hunger oder eine volle Windel, weint, und wie durch Zauberhand erscheint jemand an seinem Bettchen, der es liebevoll hochnimmt, tröstet und dann das Problem löst. Zwei Stunden später dann wieder das Gleiche – mit demselben Ergebnis, und so geht das einige Monate weiter. Durch diese einfache Form der Konditionierung wird eine spontane, lebenslange Erwartung aufgebaut: Habe ich ein Problem, kommt jemand und löst es für mich. Selbst nach einer Antwort suchen kommt erst später.

Doch auch den Schritt, selbst nach einer Antwort zu suchen, haben wir von Kindesbeinen an gelernt. Die anfangs bedingungslose Liebe (»Schau nur, wie sie mit dem Löffel mantscht, so niedlich!«) weicht bereits gegen Ende des ersten Lebensjahrs einer an Bedingungen geknüpften Liebe – »Wenn du tust, was Mama sagt, dann ist sie lieb zu dir; wenn du das nicht tust, wird Mama böse.« Das ist die wichtigste Form der »Gewalt« in der Erziehung: der Liebesentzug bis hin zur Abweisung. Diese psychische Form der Gewalt ist wesentlich einschneidender als eine Ohrfeige, und der davon ausgehende Zwang ist deutlich stärker. Sie kann auch eine physische Ausprägung erhalten, die nahtlos an unsere soziale Natur anknüpft, nämlich den Ausschluss aus der Sicherheit der Gruppe: »Geh auf dein Zimmer.«

Solche Formen psychischer Gewalt gehören zur Erziehung, idealerweise kombiniert mit liebevoller Aufmerksamkeit für erwünschtes Verhalten und die Einfälle, die wir bei unseren Kindern gerne sehen. Erziehung ist – zum Leidwesen derjenigen, die das gar nicht gerne hören – Manipulation. Wir denken uns alle möglichen Strategien aus, um ein Kind zu einer Person zu erziehen, die unseren Erwartungen entspricht. Aus sich selbst heraus würde es sich nicht so entwickeln. In einer idealen Erziehungssituation werden Eltern ihre Kinder nach und nach immer mehr über diese Erwartungen mitentscheiden lassen.

Ich kann mir gut vorstellen, dass diese These – dass an der Basis elterlicher Autorität eine Form von Gewalt liegt – viel Widerspruch hervorruft. Die Abneigung gegen Gewalt durch Diktaturen (häufig »autoritäre Regime« genannt) hat ohne Zweifel dazu beigetragen. Ich fürchte aber, dass wir nicht um die Erkenntnis herumkommen: Autorität kann nur funktionieren, wenn es eine Möglichkeit zu einer legalen Ausübung von Macht und Zwang gibt. Unter normalen Umständen findet diese Möglichkeit so wenig Anwendung wie möglich. Doch mit liebevoller Zuwendung alleine bringt man einem Kleinkind nicht bei, dass es sich am Herd verbrennen kann und dass es keine gute Idee ist, ohne zu schauen über die Straße zu rennen. Dazu bedarf es eines immer von Neuem wiederholten Verbots, und falls nötig auch einer Strafe, wenn dieses Verbot missachtet wurde.

VON ANTIAUTORITÄRER ERZIEHUNG ZUR PSYCHOTHERAPIE DURCH DISZIPLINIERUNG

In den Nachwehen des Zweiten Weltkriegs erhielt Autorität einen sehr negativen Beigeschmack. Erst wurden die rechten, später dann die linken Diktaturen demaskiert, und der freie Westen hatte von den paternalistischen Bemühungen von Kirche und Staat endgültig die Nase voll. Autorität war schlecht, es lebe die Freiheit, auch zu Hause und in der Schule. Diese Bewegung kennt man in der Pädagogik als antiautoritäre Erziehung.

Im Rückblick ist es immer einfach, auf Fehler hinzuweisen. Zu der Zeit aber stand Autorität synonym für patriarchale Autorität, und Macht wurde ebenfalls in dieser Bedeutung verwendet. Die Erkenntnis, dass Autorität in Erziehung und Bildung definitiv notwendig ist, hatte sich noch nicht durchgesetzt. Kein einziges Kind begreift von sich aus, dass literweise Cola und Berge von Chips ungesund sind. Nur wenige Kinder sind »von sich aus« motiviert, schwierigen Lernstoff zu verarbeiten (Hurra, ich lerne das große Einmaleins auswendig!). Und die Idee, dass enthusiastische Ermunterung genügt, um erwünschtes Verhalten hervorzurufen, scheint in der Praxis nicht recht zu funktionieren. Applauserziehung, die keine oder nur geringe Anforderungen stellt, ist keine Erziehung. Paradoxerweise bekommt man mit dieser Herangehensweise häufig Kinder mit einem schwachen Selbstbild und einem erhöhten Risiko für Probleme.[2] Erziehung heißt fordern.

Womit wir bei einem Problem unserer Zeit wären: die wachsende Gruppe unzugänglicher und kaum kontrollierbarer Kinder, zu Hause und in der Schule. Der wunde Punkt ist Disziplin oder vielmehr der Mangel daran, auch in »normalen« Familien und auf »normalen« Schulen. Das geht von Schülern, die jede Mitarbeit im Unterricht verweigern, bis hin zu Schulschwänzen, von Mobbing der Lehrkräfte oder Mitschüler bis hin zu asozialem Verhalten, einschließlich Aggressionen gegen Lehrkräfte. In ihrer gemeinsamen Verzweiflung haben Schulen und Eltern inzwischen einen neuen Experten ausgemacht: den Kinderpsychologen.

Der Schritt zum Psychologen ist verlockend und weckt Assoziationen, gegen die niemand etwas haben kann: mehr Aufmerksamkeit für das Kind als Kind, mehr Aufmerksamkeit für emotionale Bedürfnisse, mehr Aufmerksamkeit für individuelle Probleme, weniger Aufmerksamkeit für Leistung und Wettbewerb, weniger Nachdruck auf Kenntniserwerb an sich. Ein Kindergartentag beginnt für die Kleinen häufig mit einem Stuhlkreis, bei dem sie erst einmal Dampf ablassen können.[3] Unmerklich bekommt die Schule damit eine (pseudo-)therapeutische Funktion. Und was noch viel weitreichender ist – die Klasse wird zum diagnostischen Zentrum. Psychologen sind dabei die neue Autorität, wenn auch eine mit Samthandschuhen, die im Namen der Wissenschaft agiert. Es fällt auf, dass Schule, Lehrkräfte und selbst die Eltern damit ihre Autorität aus der Hand geben. In einem Prospekt eines selbst ernannten Teams »flämischer Kinderpsychologen« ist zu lesen:

Kennen Sie Ihr Kind?
Es geht um seine Zukunft.
Sind Sie sicher, dass Sie Ihr Kind gut genug kennen?
Haben Sie Fragen zur Entwicklung Ihres Kindes?
Wir helfen Ihnen dabei.
Nur so kann Ihr Kind sich bestmöglich entwickeln.

Was tun wir?
Schulnoten sagen nicht alles! Wir untersuchen, ob Ihr Kind sich in der Schule und zu Hause gut entwickelt.
Wir geben Antworten auf all Ihre Fragen zur Erziehung und der psychologischen Entwicklung Ihres Kindes.

Kinder gehen schließlich auch einmal im Jahr zum Zahnarzt, warum also nicht auch zur psychologischen Untersuchung?
Gesunde Zähne sind genauso wichtig wie ein glückliches Kind.

Für wen?
Kinder von 6 bis 16 Jahren.
Wir kommen zu Ihnen nach Hause (eine sichere Umgebung für Ihr Kind), zur Schule oder in ein Gesundheitszentrum. Die Formalien regeln wir.

Einige Überlegungen zum Vergleich mit dem Zahnarzt. Ein Mediziner verwendet objektive, weltweit gültige Normen, die auf der biologischen Entwicklung des Körpers basieren. Jährliche Kontrollen sind sehr sinnvoll. Erziehung und psychische Entfaltung orientieren sich zeitlich an der biologischen Entwicklung, doch es gibt nur wenige objektive Messungen, dagegen viele Normen im moralischen Sinne.[4] Eine jährliche Kontrolle appelliert an die Angst der Eltern, ob ihr Kind für das Haifischbecken von heute ausreichend gewappnet ist.

Der ungarisch-britische Soziologe Frank Furedi (2009) weist darauf hin, dass eine Krise in der Erziehungskultur häufig Symptom einer gesellschaftlichen Krise ist. Unsere Zeit mit immer mehr Kindern, die Probleme haben, ist ein gutes Beispiel dafür. Will man diese Schieflage anpacken, muss man sich zunächst auf den gesellschaftlichen Kontext konzentrieren, in dem Erziehung stattfindet. Das geschieht nämlich kaum, und wie stattdessen mit dem Thema umgegangen wird, kann man an der zitierten Broschüre erkennen. Recht subtil wird suggeriert, dass das Kind womöglich einen Entwicklungsrückstand oder sogar eine Störung haben könnte und dass gute Eltern die nötigen Kontrollen und Maßnahmen veranlassen.

Noch nie gab es so viele Kinder mit einem diagnostischen Etikett wie heute – und der vagen Überzeugung im Hintergrund, dass ihre Störung eigentlich eine Krankheit ist. Damit wird das Problem auf die Jugend und gerade noch ihre Eltern begrenzt; weitreichendere gesellschaftliche Fragen bleiben jedoch unberücksichtigt. Durch eine Diagnose und ein entsprechendes Etikett (das einem Kind häufig über seine gesamte Schullaufbahn hinweg anhaftet) ist eine Behandlung möglich. Probleme werden psychologisiert, was mittlerweile auch meist ein Synonym ist für medikalisiert (fast immer werden Medikamente verschrieben). In kürzester Zeit hat diese Herangehensweise unser Schulsystem geprägt.

Viele Problemkinder sind tatsächlich sehr problematisch, doch sie als *psychiatrisch* gestört anzusehen spottet dem, was Psychiatrie eigentlich sein soll. Wer meint, ich übertreibe, der lese folgende Worte:

Störung des Sozialverhaltens

Es liegt ein repetitives und anhaltendes Verhaltensmuster vor, durch das die grundlegenden Rechte anderer oder wichtige altersentsprechende gesellschaftliche Normen oder Regeln verletzt werden. Dies manifestiert sich im Auftreten von mindestens 3 der folgenden 15 Kriterien aus einer der nachfolgenden Kategorien während der letzten 12 Monate, wobei mindestens ein Kriterium in den letzten 6 Monaten erfüllt sein muss:

Aggressives Verhalten gegenüber Menschen und Tieren

1. Schikaniert, bedroht oder schüchtert andere häufig ein.

2. Beginnt häufig Schlägereien.

3. Hat Waffen benutzt, die anderen schweren körperlichen Schaden zufügen können (z. B. Schlagstock, Ziegelstein, zerbrochene Flasche, Messer, Schusswaffe).

4. War körperlich grausam zu Menschen.

5. Quälte Tiere.

6. Hat in Konfrontation mit dem Opfer gestohlen (z. B. Überfall, Taschendiebstahl, Erpressung, bewaffneter Raubüberfall).

7. Hat jemanden zu sexuellen Handlungen gezwungen.

Zerstörung von Eigentum

8. Hat vorsätzlich Brandstiftung begangen mit der Absicht, schweren Schaden zu verursachen.

9. Hat vorsätzlich fremdes Eigentum zerstört (jedoch nicht durch Brandstiftung).

Betrug oder Diebstahl

10. Ist in eine fremde Wohnung, ein fremdes Gebäude oder Auto eingebrochen.

11. Lügt häufig, um sich Güter oder Vorteile zu verschaffen oder um Verpflichtungen zu entgehen (d. h. »legt andere herein«).

12. Hat Gegenstände von erheblichem Wert ohne direkten Kontakt

145

mit dem Opfer gestohlen (z. B. Ladendiebstahl, jedoch ohne Einbruch, sowie Fälschungen).

Schwere Regelverstöße
13. Bleibt schon vor dem Alter von 13 Jahren trotz elterlicher Verbote häufig über Nacht weg.
14. Ist mindestens zweimal über Nacht von zu Hause weggelaufen, während er/sie noch bei den Eltern oder bei einer anderen Bezugsperson wohnte, oder kam einmal erst nach einem längeren Zeitraum zurück.
15. Schwänzt schon vor dem Alter von 13 Jahren häufig die Schule.[5]

Das sind die offiziellen Kriterien für eine psychiatrische Störung, aufgelistet im bereits erwähnten *Diagnostic and Statistical Manual of Mental Disorders*. Die Zahl der Kinder mit diesem Etikett nimmt immer weiter zu. Derartige »Diagnosen« basieren ausschließlich auf sozialen Normen, externen Kriterien also – meiner Meinung nach handelt es sich um pädagogische und juristische Urteile und eben nicht um Diagnosen. So gut wie alle Studien zeigen, dass Jugendliche mit diesem Etikett vermehrt unter Angst leiden, doch das fehlt seltsamerweise in der sogenannten »diagnostischen« Beschreibung.

Dieser verurteilende Ansatz ist symptomatisch für eine Gesellschaft, die sich weigert, die Schuld bei sich selbst zu suchen. *Sie* sind gestört, *wir* haben damit nichts zu tun. Problematische Jugendliche sind beinahe immer in einer traumatisierenden Umgebung aufgewachsen, in der Autorität längst durch Macht ersetzt ist. Es schmerzt uns noch mehr, wenn wir feststellen, dass ihre »Behandlung« dieses Muster häufig auch noch wiederholt und letztlich eine halbherzig versteckte Disziplinierung mittels Macht darstellt (»Lassen wir sie mal spüren, wer hier das Sagen hat!«). Heraus kommt eine Spirale der Gewalt, durch die die Schwierigkeiten der Jugendlichen (und auch unsere) nur noch zunehmen. Sobald sie erwachsen sind, verschiebt sich die Kategorisierung zu einer »antisozialen Persönlichkeitsstörung«, Endstation ist dann die Justizvollzugsanstalt.

In den Medien werden diese Probleme derart aufgebauscht, dass wir dabei glatt vergessen, dass es sich bei diesen Jugendlichen um eine (wenn auch wachsende) Minderheit handelt. In der Schule sind die normalen Schüler noch immer in der Mehrheit. Doch häufig sind es gerade die »normalen« Schüler, die Lehrkräfte auf die Palme treiben. Furedi zitiert eine Lehrkraft:

> »Am schwersten ist es, mit dem Mangel an Respekt und dieser provokanten Haltung umzugehen. Die Klopfgeräusche mit dem Kugelschreiber auf dem Tisch, das inszenierte Husten, das Kippeln mit dem Stuhl, die Weigerung, selbst der kleinsten Aufforderung nachzukommen. Dann sitzen sie mit Jacke, Kapuzenpulli und Sonnenbrille in der Klasse und stören mit SMS und Telefonaten den Unterricht.«[6]

Sämtliche Versuche, die traditionelle Autorität in Erziehung und Schule wiederherzustellen, scheitern. Wird dann auf schiere Macht ausgewichen, nehmen die Probleme nur noch zu. Wir müssen eine andere Lösung finden und als Grundlage dafür den Begriff der Autorität anders auslegen.

It takes a village to raise a child

Im vierten Kapitel habe ich dargelegt, dass ich die neue Basis der Autorität bei der Gruppe sehe. Wenn wir das auf Erziehung und Schule anwenden, scheint die Lösung – Erziehung durch ein Kollektiv? – unrealistisch und wenig wünschenswert. Erziehung ist doch die alleinige Aufgabe der Eltern, und wie soll man so eine Gruppe überhaupt organisieren? Dass Eltern die wichtigsten Erzieher sind und bleiben, ist klar. Zugleich leben wir aber in einer Gesellschaft, in der Eltern immer weniger Zeit mit ihren Kindern verbringen können und Kinder bereits sehr früh von einer mehr oder weniger miteinander verbundenen Gruppe von Menschen erzogen werden: Familienmitglieder, aber auch Erzieher,

Nachbarn, alle in Schule, Hort oder dem Sportverein arbeitenden Personen, und nicht zuletzt der Busfahrer. Statt ein lautes Wehklagen darüber anzustimmen, sollten wir diese Realität lieber bewusst als Quelle einer neuen Autorität wahrnehmen.

Das ist jedenfalls der Vorschlag von Haim Omer, Hochschullehrer an der Universität von Tel Aviv. Die neue Autorität in der Erziehung und Schule liegt bei einem Kollektiv rund um das Kind und ist vor allem deshalb neu, weil sie keine Versuche startet, die alte Autorität wieder einzusetzen. Die Erneuerung liegt dabei im Ersetzen der klassischen Top-down-Autorität durch eine horizontale Version, die von mehreren Menschen getragen wird.

In seinem Buch beschreibt Omer sehr pragmatisch, wie Eltern und Lehrkräfte das anpacken können. Zugrunde liegt der Gedanke, dass Eltern auf Wunsch selbst Teil eines unterstützenden Kollektivs sein können. Dasselbe gilt für das Lehrpersonal an den Schulen, und im Idealfall schließen sich sowohl Eltern als auch Lehrkräfte zu diesem Netzwerk zusammen – und die Schüler mit ihnen.[7]

Das ist die neue Version des alten Mottos *it takes a village to raise a child* (Man braucht ein ganzes Dorf, um ein Kind großzuziehen). In einer Zeit, in der eines von sieben Kindern in einem Alleinerzieherhaushalt aufwächst, ist eine Erziehung aus der Gruppe heraus notwendiger denn je. Im Folgenden lege ich dar, was am heutigen Ansatz schiefläuft.

INDIVIDUELL VERSUS KOLLEKTIV

Mark ist vierzehn und sowohl in der Schule als auch in der Nachbarschaft als Unruhestifter bekannt. Er mobbt andere Kinder, hält sich nicht an Abmachungen und wurde bereits bei einem Diebstahl erwischt. Seine Mutter schämt sich und redet die Probleme schön: »Seit sein Vater abgehauen ist, hat Mark es sehr schwer.« In der Schule wurde wiederholt versucht, Mark zu motivieren: »Denk doch an deine Zukunft« – vergeblich. Lehrkräfte meiden Mark zunehmend, doch bei der x-ten Schlägerei platzt Herrn Peters der Kragen, er geht dazwischen und konfrontiert

Mark mit seinem Verhalten: »Ständig mischst du hier alle auf, du Rüpel, es wird Zeit, dass …« Mark leugnet alles, schiebt den anderen Kindern die Schuld in die Schuhe und läuft davon. In den folgenden Wochen nimmt seine Aggressivität noch zu, aber immer außer Sichtweite der Lehrkräfte, in Räumen oder an Stellen, an die sie beinahe nie kommen. Andere Eltern beschweren sich, der Psychologe wird hinzugezogen, eine psychologische Untersuchung folgt, mit dem vorhersehbaren Etikett – dissoziales Verhalten – als Ergebnis. Marks Mutter wird in die Schule einbestellt, sie verspricht Kooperation, verschweigt aber, dass die Situation zu Hause allmählich unhaltbar wird – ihr Sohn ist der Herr im Wohnzimmer und herrscht über Fernsehapparat und Computer. Auf Anraten des Psychologen werden »Abmachungen« getroffen, mit deutlichen Strafmaßnahmen für Mark, falls er sich nicht daran hält. Er gelobt Besserung, doch noch in derselben Woche schlägt er einem älteren Schüler die Nase blutig. Er erhält eine Woche Schulverbot. Am dritten Tag des Schulverbots hat der Schulpsychologe ein Gespräch mit der Mutter, die ihm versichert, dass Mark sich gut benimmt. Zwei Tage später ruft sie heulend bei der Polizei an, Mark habe sie geschlagen und sei von zu Hause weggelaufen. Der Jugendrichter beschließt, Mark in eine Einrichtung zu schicken; im Bericht ist zu lesen, die Mutter habe zu wenig Autorität und die Schule komme nicht mehr mit ihm klar.

Dieser fiktive Fall zeigt so gut wie alle Versäumnisse und Missverständnisse in unserem Umgang mit schwierigen Jugendlichen. Die Eltern werden allein gelassen, fühlen sich schuldig, ziehen sich zurück, verschweigen Dinge. Auch der Jugendliche wird sich selbst überlassen, er ist das Problem. Bei Konfrontationen leugnet er, seine Aggressivität nimmt zu, und die Probleme eskalieren. Die Polizei kommt hinzu, er verschwindet aus der Gemeinschaft, um ein paar Jahre später zurückzukehren und für noch größeren Ärger zu sorgen. Das Scheitern ist völlig absehbar, und dennoch beschränken wir uns darauf, die Sache nur vom Individuum aus anzugehen.

Mit einem Ansatz, wie Omer ihn beschreibt, basierend auf der Autorität eines Kollektivs, hätte es anders verlaufen können. Ich schreibe bewusst »Autorität eines Kollektivs«, nicht *des* Kollektivs. Es geht nicht um eine geschlossene Gruppe, sondern um eine bewusst zusammengestellte Versammlung (Eltern, Klassenlehrer, Trainer, Freunde und Klassenkameraden …), der Menschen sich anschließen können, die sie aber auch wieder verlassen können. Manche sind dabei zentral (meistens die Eltern); die Initiative, als Gruppe zusammenzukommen, geht von ihnen aus. Sie haben den anderen vorgeschlagen, bei dieser Gruppe mitzuwirken, und haben selbst eine wichtige Funktion inne: Sie müssen sich um die Kommunikation zwischen den verschiedenen Parteien in der Gruppe kümmern. Gemeinsam verkünden sie dieselben Botschaften an den Jugendlichen und seine weitere Umgebung (auch seine Freunde und seine Eltern) immer wieder neu. Sie bieten denselben Spiegel an. Wir sehen Präsenz statt Flucht, Unterschiedlichkeit und Abstand statt Gleichheit, wachsame Sorge statt Kontrolle, Transparenz statt Geheimniskrämerei, Wiederherstellung statt Strafe. Die dazugehörige Autorität kommt nicht von Supereltern oder Superlehrern, sondern verteilt sich auf verschiedene Menschen. Der Zwang, der davon ausgeht, hat mit sozialem Druck und sozialer Kontrolle zu tun.

Es folgen einige Worte über die wichtigsten Unterschiede zum traditionellen Ansatz – zusammen mit den Voraussetzungen, um Autorität bei Jugendlichen wiederherzustellen.

Präsenz durch Abstand und Unterschied

Autorität funktioniert über eine freiwillige Unterwerfung, einen inneren Zwang. Beides kommt aber erst, wenn die Umgebung dem Nachwuchs lange genug ihre Erwartungen vorhält. Die Voraussetzung dafür liegt auf der Hand: Die beteiligten Personen müssen Tatkraft und Präsenz an den Tag legen. Nach einiger Zeit übernehmen Kinder diese Erwartungen, der externe Zwang wird zu einem internen, und die konkrete Anwesenheit muss nicht mehr so konkret sein.

Heute ist dieser Prozess aus zwei Gründen problematisch. Zum einen können Eltern immer weniger Zeit mit ihren Kindern verbringen.

Zudem schrecken viele davor zurück, eine Autoritätsposition einzunehmen und ein deutliches »Nein« verlauten zu lassen. Einerseits meinen sie, das sei nicht angemessen, andererseits fürchten sie – oft zu Recht – eine brutale Reaktion.

Aus Zeitmangel und weil sie sich schwertun, eine klare Autoritätsposition einzunehmen, entscheiden sich manche Autoritätspersonen für eine »sanfte« Methode: Sie geben sich als Freunde und Kumpel und nicht als Autoritätspersonen. Damit begehen sie einen grundlegenden Fehler: Autorität beruht auf Unterschied und Abstand. Wenn Mama ihre vierzehnjährige Tochter ihre beste Freundin nennt und Papa seinen zwölfjährigen Sohn mit »wir Männer« anspricht, schaffen sie eine Illusion der Gleichheit. Pubertierende wollen in dieser Situation schnell die Dominanz, was ständige Konflikte zur Folge hat.

Letzteres ist genau das, was die Eltern eigentlich vermeiden wollen, und die einfachste Methode, um Streit zu umgehen, ist dann, dass sie ihre ohnehin schon begrenzte Anwesenheit noch weiter einschränken. So entsteht ein Teufelskreis, der im Extremfall dazu führt, dass Eltern Angst vor ihren Kindern haben – und dann sind alle Dämme gebrochen. Elternmisshandlung beschränkt sich längst nicht mehr auf die Misshandlung von Senioren, und auch Lehrkräfte fürchten psychische und sogar physische Gewalt seitens einiger Schüler.

Dass man sich schwertut, eine klare Autoritätsposition einzunehmen, und einen sanften Umgang mit Problemjugendlichen wählt, ist mit denselben Auswirkungen an vielen Schulen zu beobachten. Lehrkräften, die Konflikten aus dem Weg gehen wollen und hoffen, sie durch Freundschaftsangebote an ihre Schüler, Stuhlkreisgespräche und dergleichen mehr zu lösen, wachsen die Probleme schließlich über den Kopf. Als Folge versuchen sie, den Kontakt mit den Schülern einzuschränken. Das Lehrerzimmer wird zum sicheren Hafen, Aufsicht auf dem Pausenhof zur verhassten Pflicht, und bestimmte Orte (der Fahrradabstellplatz, die Toiletten, der etwas abseits liegende Teil des Pausenhofs, der Platz hinter der Turnhalle) werden zu Tabuzonen, an denen die Schüler das Sagen haben. Die Machtverhältnisse – um Autorität geht es längst nicht mehr –

haben sich umgekehrt, und jeder Konflikt legt den Grundstein für den nächsten.

Für Erziehung und Unterricht ist ausreichend Abstand nötig, doch das darf nicht zu Abwesenheit führen. Präsenz ist sogar sehr wichtig, mit dem aufgrund des Unterschiedes gebotenen Abstand. Ich will nicht, dass meine Studenten mich mit Vornamen ansprechen, ich bin nicht einer von ihnen, aber ansprechen müssen sie mich können. Eltern und Lehrkräfte müssen wieder mehr Präsenz zeigen, und vor allem dürfen sie nicht alleine dastehen. Sie sind als Mitglied eines Kollektivs anwesend. Haim Omer spricht in diesem Zusammenhang von wachsamer Sorge.

WACHSAME SORGE STATT KONTROLLE

Kontrolle ist unpersönlich, hat mit Macht zu tun (*command and control*) und suggeriert sofortiges Eingreifen (meist Strafe). Kontrolle will außerdem total sein, weshalb sie den Keim des Scheiterns bereits in sich trägt. Je mehr Kontrollsysteme man errichtet, desto größer wird die Wahrscheinlichkeit einer Übertretung – eine hyperbolische Entwicklung von Kontrollsystemen illustriert das Schwinden von Autorität und den Rückfall auf Macht. Sobald der Kontrolleur sich umdreht, treiben die Kontrollierten ihren Spott mit ihm und planen die nächste Aktion. Reine Macht schreit nach Kampfansagen, die Situation eskaliert.

Autorität hingegen geht einher mit Zeit und Nachhaltigkeit, und erfordert nur selten eine unmittelbare Reaktion, eher das Gegenteil. Autorität erfordert eine Präsenz, die über Kontrolle hinausreicht; sie bedarf kontinuierlicher Aufmerksamkeit. Eltern eines Kleinkindes oder Kindes müssen Augen am Hinterkopf haben, denn überall drohen Gefahren: die Kellertreppe, der Ofen, selbst die Kochutensilien. Bei älteren Kindern werden diese Gefahren nur komplexer: die Straße, Freunde, das Internet. Parentalismus (nicht Paternalismus) ist hier gefragt. Eltern wollen für ihre Kinder Sorge tragen, darum entscheiden sie, was gut für sie ist. Falls diese Entscheidungen den Konventionen nicht genügen, werden sie von der Gemeinschaft korrigiert. Oder bei Omer: von einem Kollektiv.

Wachsame Sorge, die auf Präsenz basiert – das klingt schön. Aber ist man als Elternteil tatsächlich präsenter, stößt man in kürzester Zeit auf Dinge, die man lieber nicht wüsste (die dreizehnjährige Tochter raucht). So tun, als würde man es nicht sehen, oder die Sache irgendwie schönreden ist sicher nicht ratsam. Eine direkte Konfrontation führt zu einer Eskalation und letztlich nur einer Verschiebung des Problems (die Tochter raucht dann nur noch an Orten, an denen sie nicht erwischt wird). Was soll man also tun? Dieses Beispiel macht den Unterschied zwischen schierer Macht und Autorität sichtbar. Macht verlangt sofortigen Gehorsam (»Gib die Zigarettenschachtel her!«), es gibt einen klaren Sieger und Verlierer. Dass die Eltern in dieser Situation gewinnen, ist nicht sicher (»Hey, die hab ich von meinem eigenen Geld gekauft!«). Wer beschuldigt wird, will sich verteidigen oder leugnen, was einer Lösung nicht gerade zuträglich ist; eine festgelegte Strafe schon gar nicht. Reine Macht scheitert, weil sie bedingungslosen Gehorsam fordert.

Autorität richtet sich auf eine zukünftige freiwillige Unterwerfung, die viel weniger an eine Person gebunden ist. Ein Elternteil kann erklären, dass Rauchen wirklich schädlich ist, dass er/sie den anderen Elternteil und auch noch andere wichtige Bezugspersonen miteinbeziehen wird, und für die Zeit nach diesen Gesprächen wird ein weiterer Austausch vereinbart. Mit all diesen Botschaften signalisiert man, dass man sich sorgt und kümmert. Es macht nichts, wenn der Jugendliche das erst (viel) später begreift. Wachsame Sorge hat eine nachhaltige Autorität zum Ziel, zu der kein »sofort« passt. Es geht tatsächlich um Mitteilungen, nicht um Dinge, die sich diskutieren ließen (Rauchen *ist* nun einmal ungesund). Wie schon Hannah Arendt wusste: Autorität funktioniert nicht mit Überreden.

Dieses Beispiel zeigt, wie ein Kollektiv funktioniert: Andere zurate ziehen – wie denken andere Eltern über dieses Problem (wann muss ein Fünfzehnjähriger spätestens von einer Party nach Hause kommen)? Manche Eltern müssen ihre Meinung dann vielleicht ein wenig anpassen, andere werden in ihrer Überzeugung gestärkt, und in beiden Fällen findet die Autorität ihre Grundlage in einer Gruppe – eine Grundlage, die so dem Jugendlichen auch mitgeteilt wird (»ich habe mich bei den Eltern deiner Mitschüler erkundigt, und sie haben mir gesagt, dass …«).

Bei diesem Ansatz geht es nicht mehr darum, ob eine Lehrkraft oder ein Elternteil als Individuum genügend Autorität »hat«. Kein Elternteil und keine Lehrkraft kann alleine Autorität haben. Wer für sich alleine »Autorität« hat, hat in Wirklichkeit nur Macht. Auffällig an Omers Ansatz ist, dass wir uns an Menschen wenden, die neben uns stehen, nicht an jemanden, der über uns thront (der Schuldirektor). Die neue Autorität beruht auf einem Netzwerk, das zugleich auch mehr Möglichkeiten bietet, die nötige Präsenz zu garantieren. Dieses Netzwerk umfasst übrigens auch die Altersgenossen des Jugendlichen; von der *peer group* gehen immerhin eine immense soziale Kontrolle und Druck aus. Der Umfang des Netzwerkes bestimmt gleich auch eine daraus folgende Voraussetzung: Transparenz.

DER GRUPPE ÜBERLASSEN – DIE VORTEILE VON TRANSPARENZ

Wenn Eltern Probleme mit ihren Kindern haben, neigen sie häufig dazu, alles im stillen Kämmerlein zu lassen. Doch sobald man etwas verschweigt, kommt ein Rattenschwanz anderer Probleme hinzu. Immer größer wird das Unaussprechbare und zugleich auch die soziale Isolation. Die Eltern befinden sich dabei an der schwächsten Position, der Jugendliche gerät in die Machtposition. In extremen Fällen kommt es sogar zur Erpressung (»meinetwegen darf Oma gerne wissen, dass …«).

Eltern – und vor allem alleinstehende Mütter – sehen sich schnell auf der Anklagebank und verschlimmern so die eigene Isolation nur noch. Kein Wunder, dass sie Dinge verschweigen und die entsprechenden Stellen nicht aktiv unterstützen. Zu Recht sagt die Kinderpsychoanalytikerin Myriam Maes: Eltern von Kindern mit Problemen denken immer, sie hätten versagt. Lehrkräfte oder Sozialarbeiter müssen also darauf achten, diesen Eindruck nicht auch noch zu verstärken. Die Eltern müssen aus ihrer Isolation geholt und als Partner betrachtet werden, nicht als Angeklagte. Sie sind Partner in einem Netzwerk.

Im Idealfall werden die Eltern selbst aktiv und tragen die Probleme – am besten so schnell wie möglich – nach außen, um zu einer gemeinsamen Haltung zu finden. Wenn eine Party des pubertierenden Sohnes in ein Saufgelage ausartet, ist es besser, mit den Eltern der anderen Saufkumpanen in Kontakt zu treten, statt sie zu meiden. Geheimniskrämerei ist heute ohnehin zum Scheitern verurteilt (es besteht eine reelle Chance, dass Sohnemann während des Besäufnisses eine Reihe peinlicher Fotos bei Facebook gepostet hat).

Offenheit bei Problemen, die früher nicht nach außen getragen wurden, ruft ein bestimmtes Gefühl hervor: Scham – laut Lacan das Gefühl, das am besten zur Rolle des Lehrmeisters passt. So schmerzlich das auch ist, Scham ist allemal besser als Schuld. Schuld erfordert vor allem Strafe und sorgt häufig dafür, dass jemand ausgeschlossen wird (der Sündenbock). Scham eröffnet die Möglichkeit der Umkehr, womit der Betroffene eine aktive Rolle erhält. Omer legt darauf besonderen Nachdruck: Bestrafung soll vermieden, Umkehr angestrebt werden – und vor allem sollen die Jugendlichen dazu ermutigt werden, mitzuüberlegen, wie sie sich selbst einbringen können. Ich rufe noch einmal die beiden Faktoren ins Gedächtnis, die den Erfolg einer Psychotherapie bestimmen: die Beziehung zum Therapeuten und das Ausmaß, in dem der Patient aktiv zur eigenen Genesung beitragen kann. Auch diese Mitarbeit sollte möglichst transparent erfolgen, sodass die Genesung bei der Gruppe Anerkennung findet.

Autorität statt Macht

Autorität, die auf einem horizontalen Netzwerk beruht und sich darauf berufen kann, unterscheidet sich klar von der pyramidenförmigen Version, bei der ein Patriarch von oben herab regiert. Letzteres funktioniert nicht mehr; wer eine solche Führungsposition einnehmen will, steht alleine da, und statt treuen Untertanen trifft er in den eigenen Reihen vor allem auf Konkurrenten, Opportunisten und Mitläufer.

Eine solche einsame Position will Omer gerade vermeiden. Bei einer Konfrontation mit einem Schüler braucht sich ein Lehrer nicht mehr zu fragen, wie er diesem Schüler Herr werden kann; stattdessen sollte er sich fragen, wie er andere miteinbeziehen könnte: »Welche Hilfe kann ich von meinen Kollegen erwarten?« Ja, ganz wichtig: von den Kollegen, nicht vom Direktor.

Beim Übergang zu einer kollektiven Autorität gilt es, eine bestimmte Hürde zu überwinden: Bei diesem Ansatz wird Konfrontation nicht vermieden. Davor haben wir Angst entwickelt, vor allem in Erziehung und Schule. Das Schwinden der traditionellen Autorität bewirkt, dass solche Konfrontationen fast immer in Machtkämpfe ausarten. Dabei gibt es nur Verlierer, die dann im Anschluss auf Rache sinnen. Die nächste Konfrontation ist somit nur eine Frage der Zeit. Bei einer kollektiven Autorität ist das anders. In einer Konfrontation muss der Erwachsene nicht »gewinnen«, und der Jugendliche ist kein »Verlierer«. Der Erfolg hängt nicht von der Einwilligung (sprich Unterwerfung) des Jugendlichen ab, sondern von der Standhaftigkeit des Erwachsenen und seiner Überzeugung, dass ihm von einer Gruppe der Rücken gestärkt wird.

Mit einer Erneuerung der Autorität wird auch die Sicherheit wiederhergestellt. In der Folge werden Kinder und Jugendliche, die beispielsweise eher mit dem Mobbenden sympathisierten, sich nun auch in die Gruppe fügen. Sie hatten sich zur Loyalität mit dem Mobbenden gezwungen gefühlt, teils aus Angst, teils um zu den »Siegern« zu gehören. Sobald dieses Muster durchbrochen wird, ist damit Schluss. Auch mobbende Erwachsene scharen eine Gruppe sogenannter treu Ergebener um sich, deren Loyalität schwindet, sobald das Alphatier vom Sockel stürzt.[8]

In der Erziehung lautet der wichtigste Unterschied zwischen Macht und Autorität, dass Macht unbedingten Gehorsam verlangt, während Autorität Autonomie erlaubt. Da Autonomie letztlich das Ziel von Erziehung und Schule ist, sollten wir sie rechtzeitig zum Zuge kommen lassen. Bei Omers Ansatz geschieht das beispielsweise, indem der Jugendliche selbst nach Vorschlägen zur Lösung der von ihm verursachten Probleme gefragt wird (statt ihn einer Strafe zu unterziehen). Die Problemlösung sollte den angerichteten Schaden beheben. Durch diese Wiedergutmachung kann der Jugendliche wieder Vertrauen zu sich selbst und zu anderen aufbauen.

Beschränkt sich der Maßnahmenkatalog auf eine individuelle psychologische Behandlung, wird eine verkehrte Botschaft gesendet: Die Lehrkräfte oder Eltern werden mit der Situation nicht fertig, sie haben zu wenig Autorität; das Problem liegt beim Kind, es ist gestört. Der richtige Platz eines Psychologen ist *in* der Schule, *in* der Gemeinschaft, als Teil des Kollektivs, und nicht außerhalb. Als Teil der Gruppe beispielsweise, um den Übergang zu einer geteilten Autorität möglichst gut zu begleiten, und zwar im Geist dieser neuen Autorität.

Dafür bietet Omers Buch eine pragmatische Anleitung. Der große Vorteil dieser Methode – abgesehen davon, dass sie funktioniert – ist, dass sie an die heutige Realität anknüpft; Kinder werden de facto von einer größeren Gruppe Menschen erzogen. Der Nachteil dieser Realität ist, dass niemand, weder Eltern noch Lehrer, die Methode alleine anwenden kann.

Das bedeutet nicht, dass diese Methode von »oben« eingesetzt werden muss, ganz im Gegenteil. So eine Vorstellung gehört in das klassische Modell, wo man darauf hofft, dass »die dort oben« eine Lösung anbieten (die man dann sabotieren kann), das Modell, bei dem beispielsweise Lehrkräfte darauf warten, dass »die Schulleitung endlich etwas unternimmt«, und jammern, dass der derzeitige Direktor »so wenig Autorität hat«. Um diese Methode anzuwenden, genügt es, dass ein paar Menschen zusammen damit anfangen – die Wahrscheinlichkeit, dass sich andere dann anschließen, ist sehr groß. Damit tragen sie direkt zu etwas bei, das unsere Zeit so dringend braucht: die Erneuerung der Verbundenheit untereinander.

Erziehung, Schule und Autorität

Aus offensichtlichen Gründen schaffen Erziehung und Schule die Grundlage für den Umgang mit Autorität. Erziehung und Schule bestimmen unsere Identität, und Autorität ist eine der vier zentralen Relationen, die unsere Identität formen. Gesellschaftliche Veränderungen bezüglich der Autorität zeigen sich also zuerst in Erziehung und Schule.

Diese Entwicklung ist in vollem Gange, sie geht Richtung Gruppe und kommt – wie so häufig – von unten. Ich denke dabei an viele kleinere Initiativen, bei denen Eltern sich in der Kinderbetreuung vor und nach der Schule abwechseln. Ohne es zu merken, schaffen sie damit eine kollektive Autorität. Gehen sie noch einen Schritt weiter, dann tun sie das bewusst und beziehen auch die Schule mit ein. Ihre Erfahrungen werden auch auf anderen Gebieten Folgen haben.[9] Der Schritt von einer gemeinschaftlichen Kinderbetreuung nach der Schule oder Fahrgemeinschaften hin zum gemeinschaftlichen Stromkauf ist gar nicht so groß. Damit kommt sofort ein ganz anderer Bereich ins Spiel: die Ökonomie.

Ökonomie kommt vom griechischen *oikos*, Haus, und heißt genau genommen Haushaltskunde. Welche Autorität ist in der *Oikonomie* am Werk?

7 GELD ODER LEBEN

Der israelische Historiker Yuval Harari ist ein begnadeter Erzähler, der einen über vierhundert Seiten hinweg durch die Geschichte des *Homo sapiens* – also unserer Spezies – geleitet. Mehr als vierhundert Seiten, und doch wird man traurig, wenn man dieses Buch mit dem Titel *Eine kurze Geschichte der Menschheit* durchgelesen hat. Eine überraschende Einsicht, die Harari uns bietet, betrifft das Geld. Was bedeutet es, wie funktioniert es? Kurz zusammengefasst: Es bedeutet heute eigentlich nichts, außer man glaubt daran. Ursprünglich glaubten wir, ein Silber- oder Goldstück enthalte eine geeichte Menge Silber oder Gold, später, ein Geldschein könne in Gold eingetauscht werden, weil jedes Land in seiner Staatsbank genügend Goldvorräte habe (den sogenannten Goldstandard gab es nur bis 1971). Heute geht es um den Glauben, dass Banken, Staaten und Institutionen ihre Schulden zurückzahlen können.

Der Vergleich mit Autorität liegt auf der Hand. Genau wie bei der Autorität beruht die Macht des Geldes auf dem Glauben an eine externe Grundlage. Früher war das eine greifbare Garantie, nämlich die nationale Goldreserve; heute basiert sie auf Kreditwürdigkeit. Wer noch über Lateinkenntnisse verfügt: Kredit kommt von *credo* – ich glaube (dass du mir das Geld zurückzahlst). Der Glaube an Geld beruft sich also wiederum auf Glauben, eine echte externe Grundlage fehlt. Mit einem Pieks platzt der Ballon. Die heiße Luft der virtuellen Ökonomie riecht inzwischen ganz schön angebrannt.[1]

Der Glaubensaspekt beschränkt sich nicht auf Geld, sondern betrifft die gesamte Ökonomie des freien Marktes an sich. Vor hundert Jahren verortete Max Weber die Wurzeln des Kapitalismus im Protestantismus, und seither haben viele Autoren dies weiter ausgeführt. Wir glauben, wir hätten die Religion hinter uns gelassen, doch in Wahrheit ist der heutige Kapitalismus eine möglicherweise noch unerbittlichere säkulare Version des Christentums. Alles basiert auf Schuld, doch die Möglichkeit der Erlösung ist verschwunden. Das System ist so geartet, dass diese finanzielle Schuld niemals abgelöst werden kann und an die folgenden Generationen weitergegeben wird (Erbsünde). Das gilt nicht nur für Einzelpersonen, sondern auch für Staaten, die alle paar Jahre von speziellen Einrichtungen der kapitalistischen Kirche (Ratingbüros) beurteilt werden (bestmögliche Wertung: Triple-A). Und das Paradies ist natürlich ein Steuerparadies.[2]

Aus einem gewissen Abstand betrachtet ist unser ökonomisches System ein eigenartiges Konstrukt. Während der Aufklärung ließ man in der Literatur zur Demaskierung absurder Gesellschaftszüge häufig einen Ausländer auftreten – am besten eine kultivierte Person aus einem exotischen Land –, der mit großen Augen beschrieb, was er zu sehen bekam. Heute würde so ein Ausländer Folgendes erzählen können: »Man stelle sich ein Land vor, in dem fast niemand mehr echte Dinge macht, nein, wirklich, fast niemand. Das überlassen sie Sklaven in anderen Ländern. Das Einzige, was sie selbst machen, was sie selbst machen *müssen*, sind Schulden. Und das ist erst der Anfang! Es ist kaum zu glauben, aber die Schulden werden von anderen Menschen in speziell dafür errichteten Handelsgeschäften gekauft. Die Käufer machen etwas damit, was sie ›umschichten‹ nennen. Das heißt eigentlich, dass sie verschiedene Schulden zu neuen ›Produkten‹ gruppieren – ja, wirklich, sie nennen sie Produkte –, die dann weiterverkauft werden. Um das alles in Gang zu halten, nehmen die Menschen Kredite beieinander auf, immer mehr. Sie nennen das ›Wachstum‹. Ab und zu sprechen sie von Sparmaßnahmen, aber die gelten nur für die unterste Schicht.«

Was der edle Fremde nicht weiß: Fast niemand glaubt mehr an diese Kreditreligion, doch niemand traut sich, als Erster auszusteigen.

Das System ist an der Macht

Der neoliberale Kapitalismus ist schon seit einiger Zeit ein sich selbst erhaltendes System, teils, weil Margaret Thatchers Credo der fehlenden Alternative (*there is no alternative*) auch von unseren Politikern drehleierartig wiederholt wird, teils, weil es als dominantes System höchst erfolgreich jede Bedrohung einfach absorbiert und neutralisiert. Die revolutionären Werte der 68er (Authentizität, Kreativität, Autonomie …) sind schon seit geraumer Zeit als Tugenden des »freien« Marktes etabliert. Ein Film wie *Wall Street: Geld schläft nicht*, der eine Anklage werden sollte, verhalf jungen Leuten zu einem Identifikationsmodell: »*Greed is good. Greed is right. Greed works.*« (Gier ist gut. Gier ist richtig. Gier funktioniert.)[3] Einer Bank Staatsgarantien zu geben oder sie gar zu verstaatlichen heißt, dass ein Land das System unterstützt. Man muss sich allerdings fragen, ob ein bedingungsloses Grundeinkommen – das *Gratisgeld* des niederländischen Historikers Rutger Bregman – nicht irgendwann einmal ein neoliberaler Werbetrick wird. Menschen dürfen die Hoffnung nicht aufgeben. Wenn sie keinen Kredit mehr bekommen können, sollten wir ihnen das Geld vielleicht einfach so geben, oder?[4] Das geschieht übrigens bereits, allerdings nicht für Einzelpersonen. »Gratisgeld« – so verstehe ich jedenfalls den Beschluss der Europäischen Zentralbank, ab 2015 ganz einfach mehr als eine Billion Euro zusätzlich zu drucken – zur Förderung des »Wachstums«.

Flickschusterei an Details, auch wenn sie noch so revolutionär klingt, hat keine Auswirkungen auf das System, häufig ist sogar das Gegenteil der Fall. Die Lösung lautet nicht, dass man die Boni knackt, hochmütige CEOs entlässt, die Sozialisten aus der Regierung wirft oder den Hauptsitz eines multinationalen Unternehmens lahmlegt. Das Einzige, was helfen wird, ist eine fundamentale Verweigerung und eine radikale Veränderung des Systems. Das ist nämlich durchaus eine Alternative.

Diese radikale Veränderung wird nicht von selbst kommen. Die Überzeugung, die immer mehr Menschen teilen, dass diese Wirtschaftsform einen immanenten Fehler im System trägt, führt häufig zu der Ansicht, dass wir nichts tun brauchen. Das System wird schon von ganz alleine einstürzen. Die Fakten sprechen jedoch dagegen: Die vielen Krisen sorgen nur für eine Verfestigung des Systems. Lösungen für jede einzelne Krise laufen auf stets noch mehr neoliberale Maßnahmen hinaus. Wenn ein Nationalstaat eine Bank übernimmt, funktioniert dieser Nationalstaat in kürzester Zeit selbst wie ein Betrieb, und das Land bekommt ein Rating von einer Kredit-Ratingagentur wie Standard and Poor's – *poor* könnte allerdings wirklich der neue Standard werden – und kann ebenfalls bankrottgehen.

Ratingagenturen wurden dann notwendig, als Unternehmen nur noch aufgrund von gewaltigen Krediten funktionierten. Sie sollten beurteilen, ob ein bestimmtes Unternehmen seine Schulden eigentlich zurückzahlen kann. Von dem Moment an, als der Goldstandard für nationale Währungen aufgehoben wurde, beurteilten Kredit-Ratingagenturen auch Länder und untersuchten, ob ein Land seine Schulden bedienen kann. Das Problem dabei ist, dass diese Kredit-Ratingagenturen ganz in dieses System integriert sind und ihren Rat sowohl an die Schuldner wie auch an die Kreditgeber verkaufen. Deshalb haben sie ihre Glaubwürdigkeit eingebüßt.[5]

Wir werden von einer Macht regiert, gegen die offenbar keine Autorität ankommt. Wir – das sind sowohl Politiker, Bürger und Unternehmer als auch Arbeitgeber. So gut wie jeder ist über die heutige Ökonomie unglücklich, doch offenbar ist keiner dazu imstande, etwas daran zu ändern. Das ist der überzeugendste Beweis dafür, dass wir einen Systemwechsel brauchen. Diese Veränderung muss von einer neuen Autorität getragen werden. Bevor wir diese Frage in Angriff nehmen, müssen wir uns einen Einblick verschaffen, wie und warum dieses System sich selbst erhält. Das Schlüsselwort ist »Wachstum«.

Aber ich kann doch nicht immer weiter wachsen?

Ohne Wachstum keine Arbeitsplätze! Ohne Wachstum keine soziale Sicherheit! sind die beiden Mantras der neuen Religion. Diese Einsicht ist mittlerweile so selbstverständlich, dass niemand auch nur wagt, sie anzuzweifeln. Außer meiner Sekretärin, die bei ihrem x-ten jährlichen Evaluationsgespräch sagte: »Aber ich kann doch nicht immer weiter wachsen?« Diese Meinung teilt sie mit George Orwell (1945): »Man muss schon zu den Intellektuellen gehören, um so etwas zu glauben: Kein gewöhnlicher Mensch wäre so dumm.«[6] Sehen wir uns diese Mantras also einmal genauer an.

Zunächst einmal vergisst man bei all den hysterischen Aussagen zum Wachstum, dass es Wachstum noch immer gibt. Angst macht sich breit, weil das Wachstum zu gering ist, vor allem geringer als vorhergesagt. Wachstum gibt es also sehr wohl, nur eben nicht genügend. Wobei ein normaler Mensch meinen könnte, es sei nicht genug, um neue Arbeitsplätze zu schaffen und die soziale Sicherheit zu erhalten. Doch trotz Wachstums werden immer mehr Arbeitsplätze und auch die soziale Sicherheit Stück für Stück abgebaut.

In Westeuropa nimmt die Arbeitslosigkeit weiter zu, genau wie die Versuche beinahe aller Regierungen, die Statistiken in einem deutlich positiveren Licht zu präsentieren. Das erklärt, weshalb die Medien hin und wieder über die »offizielle Arbeitslosenquote« berichten, und dann wieder über die »tatsächliche Arbeitslosigkeit«.[7] Laut Robert Gordon, einem amerikanischen Arbeitsmarktexperten, werden in den nächsten zehn Jahren 45 Prozent der Arbeitsplätze in der Mittelschicht aufgrund von Outsourcing und Automatisierung verloren gehen. Er verschweigt aber, dass diese Zunahme an Arbeitslosen für diese Wirtschaftsform ein Fortschritt ist. Menschen sind entweder Konsumenten oder ein Rohstoff (*human resources*), also ein Kostenfaktor. Als Kostenfaktor müssen sie berechnet und eingespart werden. Wie viel kostet ein Arbeitsloser, wie viel ein Arbeitsunfähiger, wie viel ein Rentner? Immer zu viel. Wie viel kostet ein durchschnittlicher Arbeitnehmer? Am besten so wenig wie möglich. Und ja, auch das noch: Wie viel kostet ein Kind?

Worte sind nicht unschuldig. Wenn Menschen ein Kostenfaktor sind, dann muss man an ihnen so viel wie möglich sparen. Verlagern wir also Arbeitsplätze in Länder, in denen Kinder- und Sklavenarbeit noch möglich sind, und ersetzen wir Menschen durch Maschinen. Bildung und Gesundheit machen wir am besten so teuer wie möglich, oder noch besser wandeln wir sie gleich in gewinnbringende Unternehmen um. Inzwischen werden Gefängnisse und Seniorenheime (man achte auf die Kombination) zu einer äußerst interessanten Investition: Sie sind immer voll belegt; wer dort verweilt, hat wenig Mitspracherecht, und man braucht sich nicht den Kopf über Kundenbindung zu zerbrechen, denn sie kommen freiwillig ja doch nicht wieder. Auch hier wird am Kostenfaktor »Personal« gespart, indem Arbeit beispielsweise in »Duschminuten« beziffert wird, die jedem Senior zugewiesen werden. Die durchschnittliche tägliche Pflegezeit pro Pflegeperson wurde in Deutschland auf fünfzig Minuten gedrückt. Auch Outsourcing ist mittlerweile eine Option. Es ist wirtschaftlich rentabler, ein Seniorenheim für deutsche Senioren in Osteuropa zu errichten, und warum sollten wir unsere Gefängnisinsassen nicht auch zu einem Exportprodukt machen?[8]

Das erste Mantra, »ohne Wachstum keine Arbeitsplätze«, stimmt also nicht. Unsere heutige Ökonomie wächst weiter, obwohl sie immer weniger Arbeitnehmer braucht. Ein ironisches Beispiel: Im Jahr 2014 entließen die Banken vor allem Menschen, die für große Gewinne gesorgt hatten. Warum? Computerprogramme konnten ihre Arbeit schneller und effizienter ausführen.

Dass auch das zweite Mantra, »ohne Wachstum keine soziale Sicherheit«, falsch ist, wird uns allmählich schmerzhaft bewusst. So gut wie alle belgischen Zeitungen hatten in ihrer Neujahrsausgabe 2015 dieselbe Schlagzeile: »BEL20 (ein Aktienindex, der die zwanzig größten belgischen Aktiengesellschaften umfasst) verbucht im vergangenen Jahr einen Gewinn von 12 Prozent«. AEX, der Hauptindex der Amsterdamer

Börse, erzielte etwa 7 Prozent Rendite und 15 Prozent Gewinn auf Anleihen. Weiter war in den Zeitungen zu lesen, was den durchschnittlichen Bürger 2015 die geplanten Sparmaßnahmen kosten würden und dass die soziale Sicherheit in ein gefährliches Fahrwasser geraten könnte. Auch konnte man lesen, dass die skandalös niedrige Steuer auf die Gewinne von Unternehmen (0,25 Prozent) dank der schlauen Luxemburger vollkommen legal sei, wie wir von Luxleaks wissen. Alle Berichte zusammengenommen bedeuten, dass trotz des Wachstums und trotz der Gewinne an den Börsen die soziale Sicherheit abgebaut wird.

Das ist kein Zufall. Diese Wirtschaftsform zieht aus der zunehmenden Unsicherheit und einem instabilen Arbeitsmarkt nur Vorteile. Das erklärt auch den Erfolg von privaten Arbeitsvermittlern. Jährlich gibt die Internationale Arbeitsorganisation eine Studie über die weltweite Entwicklung der Arbeit heraus. Die Ausgabe von 2015, *World Employment and Social Outlook*, zeigt, dass die Arbeitsplatzunsicherheit überall zunimmt, weil unbefristete Vollzeit-Arbeitsverträge überall zurückgehen. Belgien steht auf diesem Gebiet noch relativ gut da, nur 24,4 Prozent der Arbeitnehmer haben keinen festen Vertrag, in den Niederlanden sind es bereits 29,2 Prozent.[9] Wie geht man also am besten mit dem bedeutendsten Kostenfaktor (Mensch) um? Man hält ihn in Unsicherheit und Angst.

Ganz nebenbei prophezeie ich noch Folgendes: Trotz der guten ökonomischen Gründe für ein bedingungsloses Grundeinkommen (es muss schließlich genügend Verbraucher geben) wird den Ausschlag bei der Entscheidung dafür oder dagegen möglicherweise einmal der Vorteil geben, den die Unsicherheit für »das System« darstellt. Nicht, weil das Grundeinkommen unbezahlbar wäre (wie immer divergieren diesbezüglich die Berechnungen, doch laut den Schweizern ist es zu schaffen, und da ihre Züge pünktlich fahren, vertraue ich hier ihrer Rechenkunst), sondern weil ein Grundeinkommen Stabilität bietet; und damit sind Menschen wesentlich weniger manipulierbar und zugleich weniger anfällige Opfer von Macht.

Virtuelles Wachstum und reale Schulden

Das heutige Wachstum dient also in keiner Weise der Verbesserung des Arbeitsmarkts und erst recht nicht dem Erhalt der sozialen Sicherheit. Wozu dient es dann? Und warum muss es immer mehr Wachstum geben und bricht Panik aus, wenn es geringer ausfällt als erhofft? Die Antwort ist ziemlich absurd: Die Ökonomie muss wachsen, damit die Schulden abbezahlt werden können, die wir gemacht haben, um Wachstum zu erzielen …

Im heutigen ökonomischen System basiert Wachstum nicht mehr auf der Zunahme *echter* Produktion (ich erinnere an unseren exotischen Besucher). Echtes Wachstum beruht auf Innovation, und Innovation beruht meist auf grundlegenden, von wissenschaftlichen Institutionen durchgeführten Studien. Vergessen wir ganz schnell den Mythos des einsamen Genies, das in seiner Garage fantastische Ideen austüftelt und dem dann vom Staat nur Steine in den Weg gelegt werden, wenn es darum geht, diese Ideen umzusetzen. Die Innovationsökonomin Mariana Mazzucato beschreibt, wie zwölf Technologien (vom Internet bis zu Touchscreens) aus staatlich geförderter Grundlagenforschung entstanden. Heute sind die Subventionen dafür so gut wie verschwunden, Fördermittel gehen an anwendungsorientierte Forschung. »Anwendungsorientiert« bedeutet: etwas, das sich unmittelbar rentiert. In der Praxis sind das im besten Fall verbesserte Versionen von Dingen, die wir bereits hatten, keine wirkliche Innovation.

Keine Innovation, kein echtes Wachstum. Das sogenannte Wachstum basiert größtenteils auf »kreativen« Eingriffen in die »Finanzmärkte«.[10] Dieses Wachstum ist auf Kredit gegründet, und somit auf Schulden und die Zunahme des Handels mit Schulden. Virtuelle Gewinne, generiert von virtueller Arbeit, nähren ein virtuelles Wachstum, das auf realen Schulden basiert, die früher oder später von realen Menschen bezahlt werden müssen. Bei unseren Regierenden entsteht im Falle eines »zu geringen Wachstums« nicht nur oder gar nicht so sehr Panik, weil sie dadurch weniger Schulden abbezahlen können, sondern auch und vor allem, weil sie dadurch noch mehr Schulden machen müssen.

Auf diese Weise halten sich »Wachstum« und Schulden gegenseitig in einem tödlichen Würgegriff. Um »wachsen« zu können, hat diese Ökonomie enorm viele Schulden gemacht. Um die Schulden abbezahlen zu können, muss sie noch mehr wachsen und daher noch mehr Schulden machen. In diesem Augenblick, in dem ich an diesem Kapitel arbeite (Ende Januar 2015), startet die Europäische Zentralbank eine »Bazooka« – man beachte den Kriegsjargon. 1140 Milliarden Euro werden in die europäische Wirtschaft gepumpt. Die Art und Weise, wie dies geschieht, und die zugrunde liegende Zielsetzung würden bei unserem exotischen Beobachter sehr ernste Zweifel an unserem Geisteszustand wecken. Die EZB druckt ganz einfach zusätzliche Geldscheine (Geld ist doch nur eine Vereinbarung, ein Credo), um … Schulden von Ländern zu kaufen. Das Ziel ist, dass die Banken in diesen Ländern wieder großzügiger Kredite (noch mehr Schulden) vergeben, um das Wachstum ihrer Ökonomie zu fördern.[11]

Die ganze Argumentationskette ist dermaßen absurd und unglaubwürdig, dass ich sie noch einmal wiederholen muss: Es wird einfach Geld gedruckt, um Schulden zu kaufen, damit wir noch mehr Schulden machen können. Und dadurch verzeichnen wir Wachstum. Ganz nebenbei müssen früher oder später auch die neuen Schulden abbezahlt werden, und die »Vereinbarung« dabei lautet, dass diese Schulden zu 80 Prozent von den Steuerzahlern der jeweiligen Länder bezahlt werden (von Ihnen und mir also) und zu 20 Prozent von »Europa« (also wiederum von Ihnen und mir).

Die heutige Ökonomie befindet sich in äußerst virtuellen Sphären, es wird also höchste Zeit für einen *reality check*. Wenn Wachstum in der echten Welt der Zunahme des CO_2-Ausstoßes gleichkommt, dann ist das Plädoyer für Wachstum ein Verbrechen gegen die Menschheit. In der Zukunft wird die Ökonomie nachhaltig sein oder überhaupt nicht mehr bestehen. So einfach ist das.

Geld oder Leben!

Wenn ich als Kind »Räuber und Gendarm« spielte, begriff ich das in dem Ruf »Geld oder Leben!« begründete Dilemma überhaupt noch nicht. Wie auch immer man sich entscheidet, man ist ohnehin weg vom Fenster. Inzwischen befinden wir uns alle in diesem Dilemma. Viele Menschen – auch und vielleicht sogar vor allem Politiker – begreifen dies, fühlen sich aber hilflos und haben Angst. Das System ist stärker, und wer als Erstes aussteigt, ist der Dumme, davor fürchten wir uns. Island führt uns jedoch ein ganz anderes Bild vor Augen. Als die Kreditblase platzte, brach dieses Land als eines der ersten zusammen. Doch Islands Lösung sieht völlig anders aus als das, was anderswo in der Europäischen Union geschah und geschieht. Sehen wir uns das einmal genauer an.

Die isländische Regierung ließ die größten Banken bankrottgehen und verstaatlichte sie Ende 2008. Das Land gab die Bindung seiner Währung an den Euro auf und wertete die Krone ab. Eine neue Bank wurde für die Isländer errichtet, sodass ihre Ersparnisse gerettet werden konnten. Das Volk zwang Anfang 2009 die Regierung zum Rücktritt. Die neue Regierung verteilte die Lasten gerecht, bestrafte kriminelles Verhalten in der isländischen Finanzwelt und verpflichtete die Staatsbank schnell zu drastischen Reformen, die derzeit noch immer durchgeführt werden. Nach einem Referendum weigerte die Regierung sich, die geplatzten Investitionen von hauptsächlich niederländischen und britischen Anlegern mit isländischen Ersparnissen auszugleichen. Um ein neues Grundgesetz zu verfassen, stützte man sich auf die deliberative Demokratie.[12] Im März 2012 bezahlte Island die letzte Rate des Hilfspakets an den Internationalen Währungsfonds zurück. Wir sehen hier eine Veränderung des Systems, die ausdrücklich vom Kollektiv als der neuen Autorität getragen wurde und sich gegen die alte Macht richtete.

Island ist ein gutes Beispiel, doch was können wir als einzelne Europäer tun? Politik wird von ökonomischen Belangen regiert, gegen die selbst die Europäische Union kaum etwas ausrichten kann, geschweige denn ein einzelner Staat. Als Individuen fühlen wir uns völlig machtlos, obwohl wir doch über eine gewaltige Waffe verfügen. Die Verschmelzung von Politik und Ökonomie gibt uns, als Verbraucher, mehr Einfluss, als wir denken, wie der starke Spruch *when you are buying, you are voting* (beim Einkaufen stimmen wir ab) zum Ausdruck bringt. Mit unserem Kaufverhalten können wir viel bewirken, sofern wir über die richtigen Informationen verfügen. Ich kaufe keine Bücher mehr bei Amazon, nachdem ich erfahren habe, wie das Personal dort behandelt wird; aus demselben Grund fliege ich nicht mit den Ryanairs dieser Welt, und ein kritischer Bericht in der Tageszeitung *De Standaard* brachte mich dazu, keine Kandla-Grey-Platten in meiner Einfahrt verlegen zu lassen, weil sie mit Kinderarbeit hergestellt werden.

Meine Reaktion ist Teil eines inzwischen typischen Prozesses. Zeitungen und Rundfunk veröffentlichen Reportagen über das Fehlverhalten eines multinationalen Konzerns, und danach starten Menschen eine Protestkampagne in den sozialen Medien. So wurde Starbucks nach einem Kundenboykott gezwungen, in Großbritannien Steuern zu bezahlen. Unser Bewusstsein über unsere Macht wächst in dem Maße, wie unser Wissen über Missstände bei Produktionsmethoden und Personalführung zunimmt. Die soziale Kontrolle gilt nicht nur für Menschen aus unserem direkten Umfeld, sondern auch für Unternehmen. Sie haben inzwischen entdeckt, dass eine ethische Firmenpolitik ein gewaltiges Werbepotenzial in sich birgt, mit dem sie nicht hinter dem Berg halten wollen. Holzhändler können mit dem Label des Forest Stewardship Councils punkten, mit dem sie beweisen, dass sie mit ökologisch verantwortungsbewussten Forstwirten zusammenarbeiten. Ebenso gibt es für die Fischerei den Marine Stewardship Council, ein Label, das für nachhaltige Fischerei steht. Mehrere große Ladenketten bieten inzwischen nur noch Fisch mit dem MSC-Label an.[13] Initiativen wie diese sind häufig das Ergebnis einer Zusammenarbeit von Industrie, Umweltorganisationen und verschiedenen gesellschaftlichen Gruppierungen. Traditionelle Politiker sind dabei kaum involviert.[14]

Bemerkenswert ist, dass es hier um *reale* Produktionen der *realen* Wirtschaft geht. Für die virtuelle Ökonomie gibt es noch kaum analoge

Ansätze, doch allmählich tut sich auch hier etwas, etwa mit der niederländischen Triodos Bank als leuchtendem Beispiel für ethisches Banking. 2009 kürte die *Financial Times* Triodos zur nachhaltigsten Bank. Auch eine Reihe kleinerer Initiativen entstehen, wie die Finanzierungsgesellschaft Hefboom, die ausschließlich mit ethisch wertvollen und nachhaltigen Projekten arbeitet.

Solche Veränderungen ergeben sich aus Beschlüssen auf der Ebene des Managements. Ökonomie ist heute eine Sache des Managements. Eine andere Autorität in der Ökonomie geht von einem anderen Management aus.

Es gibt sehr wohl eine Alternative (1): horizontales Management

»Der Kern des Problems ist die Pyramide, das Basisprinzip der modernen Unternehmensorganisation«, so Ricardo Semler, und er weiß, wovon er spricht. Am Beginn seiner Karriere strukturierte er Semco, den brasilianischen Betrieb seines Vaters, nach dem klassischen amerikanischen Geschäftsmodell um. Und siehe da: Das Unternehmen wächst (zwölf Managementebenen!), der Gewinn wird größer, Beifall von allen Seiten. Knapp fünf Jahre später befindet sich Ricardo in einer ungesunden Kombination aus *Das Büro* und *Game of Thrones*: eitle Gockel, Statuskämpfe, Betrug, Verrat, Überregulierung, Demotivation, Magengeschwüre. Nach weiteren zehn Jahren gelangt er zu einer horizontalen Organisation. Nun ist Semco in allen möglichen Bereichen ein echter Erfolg.

Ehe ich das Buch *Das SEMCO System* las, war ich skeptisch. Managementbücher von selbst ernannten Gurus entsprechen nicht so meinem Geschmack. Nach der Lektüre war ich jedoch so enthusiastisch, dass ich das auch schon wieder suspekt fand. Also suchte ich nach seriöser Kritik an diesem Modell. Ich habe nichts Überzeugendes gefunden. Wer als Unternehmensführer eine erfolgreiche Organisation errichten will, kann sich ruhig von Semler inspirieren lassen. Es gibt natürlich ein »aber«:

Man muss dazu die gesamte klassische Unternehmenshierarchie in die Tonne treten, einschließlich der eigenen Position.

Wer nun ein Plädoyer erwartet für einen klassischen linken Ansatz, den muss ich enttäuschen. *Command and control* war in den kommunistischen und sozialistischen Organisationen des vorigen Jahrhunderts ebenso verankert, und in entscheidenden Momenten hatte Semler vor allem die Gewerkschaften gegen sich (mittlerweile aber schon lange nicht mehr). Wer eine detaillierte Anleitung für »das« Semco-Modell erwartet, den muss ich noch mehr enttäuschen. Anleitungen gehören in einen hierarchischen Ansatz, ebenso wie Organigramme und Protokolle, von denen man glaubt, sie überall einsetzen zu können. Ein westeuropäisches Geschäftsmodell in Afrika einzusetzen, mit Arbeitsbeginn für alle um 8.30 Uhr, funktioniert nicht. Ein japanisches Modell auf eine amerikanische Schiffswerft zu übertragen (morgens gemeinsam singen) funktioniert genauso wenig. Semco ist eher eine Mentalität, die auf bestimmten Prinzipien fußt, sodass die einzelnen Anwendungen alle anders und doch fundamental gleich sind. Die Grundidee ist Horizontalität.

Die gute Nachricht ist, dass es funktioniert, und zwar auch langfristig. Doch die schlechte Nachricht lautet, dass unweigerlich Arbeitsplätze wegfallen. Nicht jedoch auf unterer Ebene, wie das bei Umstrukturierungen meist der Fall ist, sondern oben. Von den zwölf ursprünglichen Managementebenen behielt Semler nur drei bei. Vermutlich ist das der Grund, warum Führungspersönlichkeiten nicht besonders scharf darauf sind, diesen Ansatz einzuführen. Auf dasselbe Problem stoßen wir im folgenden Kapitel bei den Veränderungen im politischen Bereich.

Eine Aufzählung der Prinzipien ist etwas heikel – eine Mentalität lässt sich schwerlich in fest umrissene Prinzipien übersetzen. Besser lassen sich die Schlüsselbegriffe aufzählen – mit Schlüsseln kann man eingerostete Vorhangschlösser öffnen und schlafende Prinzessinnen aus Turmgemächern befreien. Vertrauen. Transparenz. Selbstorganisation. Produktionszellen. Diskurs. Teilen und Wachsen.

Vertrauen. In seiner ursprünglichen amerikanischen Version hatte Semlers Betrieb ausgeklügelte Systeme zur Vermeidung von betriebsinternen Diebstählen. Aus Studien erfuhr er nun, dass nur drei bis fünf Prozent seiner Arbeitnehmer potenzielle Diebe waren. All die Kontrollmaßnahmen galten aber für jeden und kosteten eine Menge Geld. Semler schaffte sie ab, was allein schon eine enorme Ersparnis darstellte. Während dieses Prozesses wurde ihm aber noch etwas anderes klar: In einem Klima des Vertrauens dulden Menschen keine Betrüger. Nach einiger Zeit übernahm die soziale Kontrolle das Ruder, und seine Arbeitnehmer sorgten selbst für die Entlassung unehrlicher Kollegen.

Transparenz. Vertrauen wird enorm verstärkt, wenn Transparenz vorhanden ist. In einer Pyramidenstruktur »weiß« jede höhere Ebene mehr als die darunter, und jede untere Ebene hegt ein gewisses Misstrauen gegen die jeweils übergeordneten Ebenen. Wissen zurückzuhalten verleiht Macht, wenn auch nur im Geiste, und löst wilde Spekulationen bei denen aus, die dieses Wissen nicht haben. Semlers Geschäftsführung ist völlig transparent. Alle Informationen sind für jeden verfügbar, mit Ausnahme von technischen Betriebsgeheimnissen. Die wichtigsten Informationen betreffen die Finanzen: Wer verdient wie viel, welchen Gewinn macht das Unternehmen mit welchem Produkt oder welcher Dienstleistung? Aber auch: Wie hoch sind die Verluste, wie gedenkt man, mit den Verlusten umzugehen, usw. Diese Informationen sind nicht nur verfügbar, Arbeitnehmer können sogar im Unternehmen selbst eine kurze Einführung erhalten, wie man die Informationen richtig liest und versteht.

Selbstorganisation. Vertrauen muss vor allem in die Arbeitsorganisation bestehen. Menschen wissen eigentlich sehr gut, wie sie ihre Arbeit so effizient wie möglich organisieren können. Am besten lässt man sie in gegenseitigem Einvernehmen selbst darüber entscheiden. Semler führt als Beispiel eine Apotheke mit sieben Angestellten an und widerlegt damit die Kritik, dass sein Modell nur bei großen Betrieben angewandt werden kann. Diese sieben Angestellten sollen ruhig selbst über die Anordnung ihrer Produkte bestimmen. Das Ergebnis ist 1) Zeitgewinn, 2) genauere Bestellungen und weniger Vorrat, 3) größere Zufriedenheit beim Personal wie auch bei den Kunden und 4) höherer Gewinn. Die Erklärung dafür ist einfach: Arbeitnehmer verfügen häufig über pragmatischeres Wissen als diejenigen, die in einem Büro über deren Arbeit nachdenken. Daher sollte man ihnen diesbezüglich vertrauen. Im Ergebnis fühlen sie sich gehört und anerkannt, werden sie Herren ihrer eigenen Aufgaben und übernehmen die Verantwortung dafür.

Produktionszellen. Autonome Einheiten von maximal hundertfünfzig Personen arbeiten an einem Produkt von Anfang bis Ende. Vergessen wir Charlie Chaplin, der in *Moderne Zeiten* auf demselben Platz an derselben Maschine immer und immer wieder dieselben Handgriffe verrichten muss. Man nennt das Taylorismus, eine wissenschaftlich erdachte und geprüfte Methode zur Maximierung der Produktivität. Die vorhersehbare Folge ist allerdings auch ein maximaler Motivationsverlust. Selbstorganisation eines Teams mit dem Auftrag, ein bestimmtes Produkt so gut wie möglich zu vollenden, motiviert enorm und schafft eine hohe Arbeitszufriedenheit. Man kann dann auch gleich die Sparte »Qualitätskontrolle« streichen, denn darum kümmern sich die Teams selbst. Zu diesem Ansatz gehört auch, dass dem Aufgabenwechsel besondere Bedeutung beigemessen wird (Stellenrotation). Arbeitnehmer werden ermutigt, möglichst viele Kompetenzen zu erwerben. So können sie innerhalb ihrer Produktionszelle ohne Probleme die Aufgabe eines anderen Arbeitnehmers übernehmen, sich an Überlegungen beteiligen, wie man bestimmte Aufgaben besser organisieren kann, und auch einmal eine neue Tätigkeit ausüben. Dem Betrieb ist interne Mobilität ein großes Anliegen.

Diskurs. Selbstorganisation bedeutet nicht, dass jeder einfach tut, was er will. Arbeitnehmer müssen konstant miteinander verhandeln und treffen darauf basierend Entscheidungen, die der sozialen Kontrolle unterworfen sind. Diese wiegt wesentlich schwerer als von oben auferlegte Regelwerke, die vor allem Unfrieden und kollektiven Widerstand hervorrufen. Wenn Arbeitnehmer sich untereinander nicht einig werden, können sie eine Beratung bei einer der drei Managementebenen (strategisches Management, taktisches Management, operatives Management) organisieren. Die drei Ebenen sind nicht übereinander angeordnet, sondern beraten sich ständig. Für ein genaueres Bild kann man sich drei ineinander verschlungene Kreise vorstellen (für die Kenner mathematischer Topologie: Borromäische Ringe).

Wer bei »Beratung« an endlose Konferenzen denkt, täuscht sich. Semler hat eine starke Abneigung gegen Konferenzen, und es gibt nur zwei pro Woche, die überdies höchstens zwei Stunden dauern dürfen. Die restliche Arbeitszeit (Arbeitswoche minus vier Stunden) widmet jeder … der Arbeit, und falls zusätzlich Beratungen nötig sind, geschieht dies durch die Menschen am Arbeitsplatz.

Teilen und Wachsen. Vertrauen, Transparenz und Selbstorganisation sind unmöglich, wenn die Gruppe zu groß ist. Menschen müssen einander kennen, digitaler Kontakt genügt nicht, der Austausch muss real stattfinden. Darum darf eine Gruppe nur aus maximal hundertfünfzig Menschen bestehen, am besten sind weniger. Die mehr als fünftausend Semco-Mitarbeiter arbeiten in vollständig autonom funktionierenden Einheiten dieses Umfangs, haben je Einheit einen eigenen Betriebseingang, eine eigene Kantine und so weiter. Expansionsbefürworter werden sagen, dies sei »unökonomisch«, man verliere dadurch sämtliche Vorteile einer Expansion (zentralisierte und daher kostengünstigere Infrastruktur, größere Einkäufe und daher bessere Preise und dergleichen mehr). Semler zeigt, was viele Menschen in dieser Zeit der ständigen Fusionen und Zentralisation selbst erlebt haben: Eine kleinere Organisation arbeitet wesentlich effizienter und viel sparsamer; je größer die Organisation, desto größer die Verschwendung.

Im Betrieb gibt es noch mehr unorthodoxe Regeln. So haben die Fertigungsteams Mitspracherecht bei der Einstellung von neuem Personal, auch wenn es um Führungspositionen geht. Man evaluiert sich gegenseitig. Evaluationen können weitreichende Folgen bis hin zur Entlassung haben. Die Mitarbeiter dürfen selbst darüber beschließen, welcher Anteil des realen Gewinns an das Personal gehen soll und wie die Verteilung aussehen soll. Homeoffice wird gefördert.

Vorsichtshalber betone ich noch einmal, dass das Unternehmen Gewinn erzielt und dass es, wie die Zahlen für krankheitsbedingten Arbeitsausfall, Streik und Bewerberanzahl auf freie Stellen zeigen, offenbar ein äußerst angenehmer Ort zum Arbeiten ist.[15]

AUTORITÄT DER GRUPPE

Semco basiert auf einer völlig anderen Form von Autorität als die traditionelle Organisation, die Semler pyramidenförmig nennt. Im angehängten Lexikon hinten in seinem Buch findet sich unter »Paternalismus« folgender Eintrag:

> Bei Semco ein verpöntes Wort. Wir wollen keine glückliche große Familie sein, sondern ein erfolgreiches Unternehmen. Wir sind ausschließlich an der Leistungsfähigkeit unserer Mitarbeiter am Arbeitsplatz interessiert, nicht an ihrem Privatleben. Bei Semco gibt es keine Aschenbahn, keinen Swimmingpool, keinen Fitnessraum. (…) Statt unsere Mitarbeiter wie Kleinkinder zu behandeln, um die man sich kümmern muss, gehen wir mit ihnen wie mit Erwachsenen um, die imstande sind, Entscheidungen hinsichtlich ihrer Arbeit selbstständig zu treffen.[16]

Semler findet das Fundament seiner Autorität in derselben Instanz wie das neue Erziehungsmodell von Haim Omer: dem Kollektiv. In diesem Fall ist das eine Gruppe von Personen, die im gemeinsamen Diskurs Aufgaben in einem Unternehmen erledigen, das sie so nachhaltig wie möglich führen wollen.

Die entscheidende Frage ist: Wie funktioniert die horizontale Autorität? Entwickelt sich eine spontane Selbstorganisation, horizontal, in und zwischen kleinen Gruppen? Ich vermute, dass einige Leser diese Illusion hegen werden. Weg mit den Leitern, weg mit der Hierarchie, vertrauen wir auf das Gute im Menschen. Dabei kommen ihnen liebliche Bilder kleiner Dorfgemeinschaften in den Sinn, die in völliger Harmonie sowohl miteinander als auch mit der Natur leben. Aus anthropologischen Studien weiß man, dass eine der Haupttodesursachen in solchen Gemeinschaften Gewalt ist.[17] Der Glaube an eine spontane Selbstorganisation ist eine gefährliche Illusion, die man gut mit der Wahnvorstellung von Selbstregulierung aus der Ideologie des freien Marktes, »der unsichtbaren Hand«, vergleichen kann. Eine horizontale Organisation kann nur innerhalb bestimmter Grenzen funktionieren. Semler beschreibt in seinem Buch, wie er zehn Jahre auf dieses Ergebnis hinarbeitete.

Diese Grenzlinien brauchen wir uns nicht selbst auszudenken, es gibt sie schon recht lange. Sie gehen zurück auf die sogenannten *commons* (Allgemein- oder Allmendegüter), eine wirtschaftliche Methode, die mit der Entstehung des Internets erneut aufblühte und eine neue Ausprägung erhielt. Bis ins 18. Jahrhundert wurden große Stücke Land kollektiv von einer Gemeinschaft genutzt, die dort beispielsweise ihr Vieh grasen ließ, Feuerholz schlug, Torf stach. *Commons* bedeutet also, dass eine Gruppe Menschen von einem gemeinsamen Gut Gebrauch macht. Innerhalb eines halben Jahrhunderts bemächtigte sich die damals höhere Klasse dieser Ländereien – die Schweiz ist hier die einzige europäische Ausnahme, dort funktioniert das System noch immer gut.

Bis heute herrscht die Überzeugung, dass eine solche Methode nicht gut funktionieren kann. Diese Meinung geht zurück auf einen Essay von 1968, *The tragedy of the commons* (Die Tragödie der Allmende) des amerikanischen Ökologen Garrett Hardin. Er hatte wenig Vertrauen in den Menschen und ging davon aus, dass jeder so viel wie möglich von diesem gemeinschaftlichen Gut profitieren will. Seine Lösung besteht aus einer zentralen Verwaltung nach dem *command and control*-Modell. Vierzig Jahre später zeigten die empirischen Studien Elinor Ostroms, der Gewinnerin des Nobelpreises für Ökonomie, genau das Gegenteil. Doch bis heute wird die unbewiesene Argumentation von Hardin als Argument gegen Gemeingüter gebraucht, während Ostrom größtenteils negiert wird. Jüngst zeigte man in Studien, dass *free enterprise* häufig für Raubbau, gemeinschaftlicher Besitz hingegen häufig für Nachhaltigkeit steht. Ortsansässige Fischer werden ihre Fischgründe nicht leer fischen, stattdessen müssen sie japanischen Riesentrawlern dabei zusehen.[18]

Es gibt sehr wohl eine Alternative (2): Gemeingüter

Der Gedanke, dass die Nutzung von Gemeingütern auf eine Art anarchistische Hippiekommune hinausläuft, eine Kommune ohne Regeln, in der jeder freiwillig alles teilt (und es mit jedem treibt), ist grundfalsch. Elinor Ostrom beschreibt einige Eigenschaften – eigentlich Voraussetzungen –, die man bei fast allen Gemeingütern antrifft.

Bevor wir darauf einen genaueren Blick werfen, lohnt der Hinweis, dass es auch zwei Gemeinsamkeiten mit dem Semco-Modell auf der einen Seite und der neuen Erziehung nach Omer auf der anderen gibt. Die erste Gemeinsamkeit ist, dass Teilnehmer untereinander im Alltag in engem Kontakt stehen. Auch bei Omer ist Anwesenheit eine Voraussetzung für die Erziehung. Soziale Kontrolle kann niemals durch digitale Kontrolle ersetzt werden, und horizontale Autorität geht von realen Interaktionen aus.

Eine zweite Gemeinsamkeit ist, dass es kein Handbuch gibt, kein Protokoll, wie man ein perfekt funktionierendes Gemeingut errichtet. Im Gegenteil, die Studien von Ostrom zeigen, dass ein Einheitsmodell (wie es der regionalen Wirtschaft häufig vom Staat oder multinationalen Konzernen aufoktroyiert wird) in der Anwendung fast immer zu einem Desaster führt. Hingegen fand sie immer wieder ähnliche Rahmenvoraussetzungen vor, die ich im Folgenden aufführe:

Ein Gemeingut muss von einer klar abgegrenzten Gruppe geteilt werden. Niemand kann einfach so hinzukommen, vom gemeinschaftlichen Gut Gebrauch machen und sich dann wieder davonstehlen.

Der Gebrauch des Gemeinguts erfolgt nach Regeln, die beispielsweise bei einem traditionellen landwirtschaftlichen Gemeingut festlegen, wann und wie viel geerntet werden darf. Diese Regeln bestehen schon lange, sind aus der Gemeinschaft selbst entstanden und an die jeweilige Situation angepasst worden.

Das erklärt eine dritte Voraussetzung: Die Gruppe kann die Regeln im Dialog miteinander ändern, was auch regelmäßig geschieht. So werden Commons zu flexiblen Organisationen, die schnell auf veränderte Umstände reagieren können.

Eine vierte Eigenschaft ist die allgegenwärtige soziale Kontrolle. Wie individuelle Mitglieder mit dem gemeinschaftlichen Besitz umgehen, wird von allen anderen Mitgliedern verfolgt.

Daraus ergibt sich eine fünfte Voraussetzung. Jedes Gemeingut kann Verstöße bestrafen. In ihrer Studie weist Ostrom darauf hin, dass die Strafen verhältnismäßig leicht sind und nur selten angewandt werden. Die wichtigste Sanktion ist nämlich weit weniger greifbar: Wer gegen die Regeln verstößt, verliert seinen guten Ruf, und innerhalb einer Gemeinschaft ist das das Schlimmste, was einem passieren kann.

Ostroms Forschungen zeigen etwas sehr Auffälliges: Wenn Menschen im Rahmen des Gemeinwohls über ihr individuelles Wohl beschließen können und dürfen, wählen sie systematisch langfristige Lösungen, die sich positiv auf das Allgemeinwohl auswirken. Zu derselben Feststellung werden wir auch im folgenden Kapitel über die neuen Formen demokratischer Entscheidungsfindung gelangen.[19]

COMMONS UND KOOPERATIVEN: SHARING ECONOMY

Viele Menschen nicken bei der Beschreibung von Commons und kooperativen Betrieben verständnisvoll, denken jedoch zugleich, dass man unmöglich auf kooperativer Basis ein multinationales Unternehmen führen kann und dass sich Commons doch vor allem auf Fischfang und

Viehhaltung beschränken. Kurz gesagt auf die Ziegenkäse- und Wollsockenfraktion.

Semco ist als eine originelle Kombination von Commons und Kooperative das leuchtende Gegenbeispiel. Eine niederländische Initiative ist *Buurtzorg* (Nachbarschaftspflege), in die Wege geleitet von jemandem, der die Nase voll hatte von seiner Arbeit bei einem unpersönlichen und zentral geführten Pflegedienst. Mittlerweile arbeiten bei Buurtzorg achttausend Menschen auf fünfhundertfünfzig selbst organisierte Teams verteilt. Buurtzorg ist erfolgreicher als alle anderen Pflegedienste, kostet nur halb so viel und wurde zwei Mal zum niederländischen Arbeitgeber des Jahres gewählt. Ein anderes Beispiel ist Mondragon, das neuntgrößte spanische Unternehmen (siebzigtausend Arbeitnehmer in mehr als zweihundertfünfzig Abteilungen), das vollständig als Genossenschaft geführt wird.[20] Natürlich ist nicht alles eitel Sonnenschein, und die Vertreter des Top-down-Modells finden immer ein Haar in der Suppe. Der Grund für ihren Widerstand ist meiner Meinung nach recht einfach: Sie müssen die Macht abtreten.

Jedenfalls kann ihr Widerstand nicht auf ökonomischen Motiven basieren. Im Vergleich mit den nach dem *command and control*-Prinzip geführten Unternehmen sind diese Betriebe nämlich sehr erfolgreich, was Nachhaltigkeit, Gewinn und Arbeitsplätze angeht. Es gibt also eine Alternative, und der Wandel ist in vollem Gange.

In den letzten zehn Jahren findet Ökonomie immer mehr außerhalb der traditionellen Unternehmen statt. Die Kombination von neuen Kommunikationswegen über Internet und alten Formen der Zusammenarbeit (Commons/Kooperativen) könnte einmal die Basis sein für eine andere Ökonomie, als wir sie heute haben. Wie oft verwenden wir unsere Bohrmaschine? Weniger als eine halbe Stunde pro Jahr. Wie oft die Heckenschere? Weniger als einen Tag pro Jahr. Diese Beispiele zeigen, wie unökonomisch unser Konsumverhalten heute ist (außer für die Geräteproduzenten) und wie sparsam Teilen wäre.[21] Natürlich gibt es auch dabei Schmarotzer, die das System nur ausnutzen, doch die Regeln, die Ostrom ausmachen konnte, werden sich auch hier nach einiger Zeit durchsetzen. Es gibt sogar einen Namen für diese Art von Tausch: IoT, *Internet of Things*. Durch virtuelle Kommunikation können wir reale Dinge teilen. Und reale Schulden vermeiden.

Beim Teilen geht es übrigens um viel mehr als nur um Bohrmaschinen. Eine der am schnellsten wachsenden Kooperativen betrifft Energie, wobei der Akzent auf erneuerbaren Energiequellen liegt (Solaranlagen, Windenergie). Commons/Kooperativen wählen fast immer nachhaltige Lösungen. Deutschland steht hier an der Spitze mit 23 Prozent Energie aus erneuerbaren Quellen in 2012, doch auch in Belgien (Ecopower) und den Niederlanden (www.duurzame-energieunie.nl) tut sich einiges.

Das alles wird unter dem Nenner Sharing Economy zusammengefasst. Der Begriff »ökonomisch« bekommt hier seine alte, inzwischen fast vergessene Bedeutung zurück: Etwas ist ökonomisch, weil es sich *sparsam* auswirkt, nicht, weil es »wachstumsfördernd« ist. Fragt man Menschen, warum sie an solchen Initiativen teilnehmen, geben sie meist recht naheliegende Antworten: Man hat weniger Ausgaben, es ist umweltschonender, es ist einfach und zuverlässig, man hat das Gefühl, selbst etwas bewirken zu können, ist Teil einer Bewegung, lernt neue Menschen kennen.

Das Wichtigste, was wir heute bereits teilen, wieder dank der digitalen Technologie, ist Wissen. Serres (»*Erfindet euch neu!*« – *Eine Liebeserklärung an die vernetzte Generation*) und Baricco (*I barbari. Saggio sulla mutazione*) haben das sehr schön beschrieben: Wissen wird zum öffentlichen Gut. Es gibt Wikipedia und immer mehr Open-Source-Software. Nerds sind nicht mehr nur *nerdy*, sie schreiben gemeinsam Programme, die größtenteils kostenlos im Netz verfügbar sind – von Betriebssystemen wie Linux bis hin zu Wikispeed, das Entwürfe für modulare Autos anbietet. Die lokale Begrenztheit ist dabei überwunden, denn das Internet kennt keine Grenzen. Der neue soziale Raum ist *glokal*, eine Verbindung aus global und lokal.

Wissen ist das Fundament für die neue Autorität des Kollektivs. Die soziale Kontrolle erstreckt sich auch auf die Wirtschaft. Unternehmen, die verlogene Reklame in die Welt hinausschicken, Firmen, die schlechte

Produkte oder Dienstleistungen bieten, bekommen schnell auf Websites ihr Fett weg, auf denen Verbraucher ihre Meinung sagen können.[22] Das Argument, dass Beurteilungen manipuliert werden können, ist vor allem ein Argument *gegen* die Werbeindustrie selbst, die Betrug zur Wissenschaft erhoben hat.

All diese neuen Initiativen haben inzwischen eine neue, kollektive Autorität ins Leben gerufen, die größtenteils auf denselben Prinzipien beruht, wie wir bei Semler und Ostrom lesen konnten. Die Gemeinschaft steht im Vordergrund, reale Interaktionen sind notwendig, Informationen werden möglichst umfassend geteilt, es gibt Kontrolle und die Möglichkeit für Sanktionen, Menschen können selbst entscheiden, Selbstorganisation und Diskurs sind von zentraler Bedeutung. Die Basis für diese kollektive Autorität ist soziales Vertrauen und die dazugehörige soziale Kontrolle. Aufgrund dessen kommt es zu der freiwilligen Unterwerfung, die so typisch ist für Autorität, und damit kombiniert zu einer beinahe automatischen Strenge gegenüber den Schummlern. Die Strafe ist schon seit Hunderten von Jahren dieselbe: Ausschluss.

Die Sharing Economy unterscheidet sich sowohl auf gesellschaftlicher wie auf ökologischer Ebene von der heutigen Ökonomie: von individuellem Besitz hin zu Tauschen und Teilen, von Wachstum hin zu Nachhaltigkeit.

Nachhaltige Ökonomie oder »Der Untergang«

Unsere Zukunft wird nachhaltig sein oder nicht existieren. Wachstum ist keine Lösung mehr, sondern das Problem. Bis vor etwa fünfzig Jahren, als unsere Ökonomie noch eine reale und keine virtuelle Ökonomie war, stellte das damals echte Wachstum einen Motor für soziale Mobilität dar und brachte ein beinahe freier Markt eine der besten denkbaren Welten hervor. Der freie Markt war damals ausdrücklich an Demokratie geknüpft, anders als die zentral geführte Staatsökonomie des kommunistischen Ostblocks. Nun gibt es die Koppelung von freiem Markt und Demokratie nicht mehr (der Markt wird von finanziellen Machtmonopolen diktiert), das »Wachstum« ist vor allem virtuell und kommt nur einer immer kleineren Minderheit zugute. Die Lösung von gestern ist der Selbstmord von morgen. Immer mehr Ökonomen begreifen dies – doch *The Herald of Free Enterprise* fährt nach wie vor mit offenen Bugklappen weiter.[23]

Zusammen mit dem freien Markt schwindet auch die Demokratie dahin. Bereits jetzt sprechen sich Meinungsmacher dafür aus, die Demokratie abzubauen, weil sie angeblich »den Markt« zu sehr durcheinanderbringe.[24] Die einstige soziale Mobilität nach oben geht heute in die andere Richtung, und immer mehr Menschen fallen durchs soziale Netz. Einem OECD-Bericht von 2015 zufolge nimmt die Ungleichheit weiterhin zu. Was, wie soziologische Studien zeigen, eine ebenso ungesunde wie gefährliche Gesellschaft produziert.

Die ökonomische Problematik hat sich inzwischen voll und ganz zu einer politischen Problematik entwickelt, wenn auch nur deshalb, weil die Politik bis auf Weiteres dieser Wirtschaftsform ausgeliefert ist. Längst geht es nicht mehr um den vermeintlichen Gegensatz zwischen dem »privaten Sektor« und dem Staat, wobei »Staat« für alles Schlechte und der private Sektor für alles Gute steht. Es geht schon gar nicht darum, den Staat zu verschlanken oder den Markt noch freier zu machen. Die Macht des Staates, bestimmten Gruppen jeden Wunsch von den Augen abzulesen, nimmt immer weiter zu, und die »Verschlankung« beschränkt sich auf staatliche Dienste für die Gemeinschaft. Heute stehen sich die Zivilgesellschaft auf der einen und Finanzmonopole auf der anderen Seite gegenüber, wobei Letztere die Staaten in einem Würgegriff umklammern und sie zu Entscheidungen zwingen, die dem Wohl der Gemeinschaft entgegenlaufen – einer Gesellschaft, der die Politiker als »vom Volk Gewählte« eigentlich dienen sollten.

Betrachten wir also das Gesamtbild. Ostrom beschrieb die Prinzipien, mit denen die Commons das Wohl der Gemeinschaft nachhaltig sichern. Als Gedankenexperiment können wir die Regeln einmal ins Gegenteil kehren und damit die umgekehrten Prinzipien sichtbar machen, die sich gegen die Gemeinschaft wenden und dem kurzfristigen Wohl einer kleinen Gruppe dienen. Was kommt bei so einem Gedankenexperiment heraus, unter welchen Bedingungen bekommt der Egoismus des *Homo oeconomicus* Oberwasser?

Erstens ist niemand mehr an eine Gemeinschaft gebunden. Anteile werden rasend schnell gekauft und wieder verkauft, ohne dass man sich mit der Frage beschäftigt, wofür diese Anteile eigentlich stehen. Einen Betrieb kann man an einen anderen Ort umsiedeln, und auch von dort kann man wieder wegziehen – keine Bindung, keine Verantwortung, keine Nachhaltigkeit.

Zweitens braucht man nur dafür zu sorgen, dass es möglichst wenig Regeln gibt. Unter dem Deckmäntelchen von »Freiheit« und »Autonomie« können diese sogar weitestgehend abgeschafft werden. Je mehr Deregulierung, desto besser. So hat man umso mehr Möglichkeiten, auch gegen das Gemeinwohl zu handeln und all das Geschwätz von Umweltschutz an sich abprallen zu lassen.

Man sorge drittens dafür, dass diejenigen, die den noch verbleibenden Regeln unterworfen sind, diese Regeln nicht ändern können. Dieses Recht soll allein denen vorbehalten sein, von denen die Regeln stammen. Die aber können sie nach Lust und Laune ändern.

Viertens sabotiere man wo immer möglich Transparenz und soziale Kontrolle. *Ni vu, ni connu* – alles muss sich im Verborgenen abspielen.

Zu guter Letzt sanktioniere man all diejenigen scharf, die sich gegen diese drastische Reduzierung des Menschen zum *Homo oeconomicus* wehren, und verlange ihnen Gehorsam ab. Wer nicht mitmacht, muss sich anhören, »er entziehe sich seiner Verantwortung«.

Kommt Ihnen das eine oder andere bekannt vor? Es wird Zeit für einige politische Fragen.

8 DER FALL WALDEMAR ODER DELIBERATIVE DEMOKRATIE

Wer es noch nicht bemerkt hat: Die traditionelle Politik ist am Ende. Überall in Europa befinden sich die Mitgliederzahlen von politischen Parteien im freien Fall, die Wahlbeteiligung sinkt weiterhin (selbst in Belgien, wo eine Wahlpflicht besteht).[1] Wie bereits zuvor erwähnt, hat der frühere *Pater Patriae* eine gewisse Ähnlichkeit mit Herrn Waldemar, einer Figur aus Edgar Allan Poes gleichnamiger Geschichte: Herr Waldemar ist tot, weiß das jedoch nicht. Die populistische Verachtung gegenüber Politikern wegen Korruption und Ineffizienz hat ihr Spiegelbild in der gönnerhaften und herablassenden Haltung einiger Spitzenpolitiker gegenüber ihren Wählern. Ihnen zufolge ist der Wähler nicht nur naiv, sondern auch gleichgültig, und das, wo doch so viel auf dem Spiel steht.

Letzteres stimmt. Es steht wirklich sehr viel auf dem Spiel. Der erste Punkt jedoch (dass der Wähler angeblich gleichgültig und naiv ist), entspricht überhaupt nicht der Wahrheit. Schon lange ist Politik nicht mehr auf so großes Interesse gestoßen wie heute. Allein im niederländischen Sprachraum wurden in den vergangenen Jahren ein Dutzend Bücher über Demokratie veröffentlicht, und von der Anzahl der Auflagen zu schließen, werden sie auch tatsächlich gelesen.[2] In den vergangenen Jahren sahen wir auch eine Wiederbelebung von Protestbewegungen, sowohl in ihrer traditionellen Form mit Demonstrationen und Streiks als auch in neuen Formen: Bürger gruppieren sich und arbeiten für bestimmte öffentliche Probleme eigene Vorschläge aus. In Deutschland war *Wutbürger* das Wort des Jahres 2010.[3]

Traditionelle Politik stößt nicht mehr auf Interesse, es sei denn in Form von Entrüstung. Protestwähler also, was in den Niederlanden den Erfolg eines Pim Fortuyn und eines Geert Wilders erklärt und in Belgien die elf Auflagen von *Hoe durven ze?* (Wie können sie es wagen?) des ultralinken Autors Peter Mertens. Das Scheitern der traditionellen Politik hat nichts mit der weitverbreiteten Meinung zu tun, es gebe keine großen Staatsmänner mehr. Die Ursache liegt viel tiefer: Die Struktur selbst bröckelt, die politische Pyramide ist wie ein Soufflé in sich zusammengefallen, weil sie kein Fundament mehr hat. Unsere heutige politische Ordnung steckt in einer tiefen Krise.

DEMOKRATIE UND WAHLEN

Wer die Geschichte von der Renaissance mit ihren Päpsten, Kaisern und Königen bis zu unserer parlamentarischen Demokratie studiert, kann den Zusammenhang zwischen Politik und Patriarchat nicht übersehen. Bis vor Kurzem gab es dort für Frauen keinen Platz. Die traditionelle Politik ist der ideale Nährboden für Hahnenkämpfe, bei denen jeder Hahn nach immer mehr Macht strebt und von einer immer noch höheren Warte aus als die anderen Hähne krähen will. Das Schwinden des Patriarchats bewirkt, dass kein glaubwürdiger Hahn mehr übrig ist und wir uns stattdessen mit einer Menge Mist herumschlagen müssen. Niemand glaubt noch an die Existenz eines Superhahns. Die Lügen von Blair, Chirac und Berlusconi sind uns noch frisch im Gedächtnis.

Das Scheitern der traditionellen politischen Ordnung birgt eine große Gefahr. Viele Menschen betrachten dieses Versagen als ein Scheitern der Demokratie an sich und dementsprechend als guten Grund, um nach einer anderen Regierungsform Ausschau zu halten. Doch es ist keinswegs »die« Demokratie an sich, die versagt. Es ist eine bestimmte Ausrichtung der demokratischen Regierungsform, die ausgedient hat, und zwar vor allem deshalb, weil diese Ausrichtung nicht mehr demokratisch ist. Die Suche nach einer Alternative für das, was zu Unrecht als das Scheitern »der« Demokratie gilt, könnte durchaus zu einem totalitären Regime führen. Zu Macht also anstelle von Autorität.

Wir sollten uns ins Gedächtnis rufen, dass unsere Demokratie sehr jung ist. Ihr Ursprung mag in der Antike liegen, insbesondere im Athen des 5. Jahrhunderts vor Christus, doch erst seit Beginn des 19. Jahrhunderts entwickelten sich die Nationalstaaten allmählich zu parlamentarischen Demokratien. Wahlen sind die Grundlage dafür, und für ein allgemeines Wahlrecht wurde hart gekämpft. Kein Wunder, dass wir Demokratie beinahe synonym mit freien Wahlen verwenden, bei denen jeder kandidieren kann und jede Stimme gleich viel zählt.

Wie kommt es dann, dass die Wahlbeteiligung überall sinkt?[4] Die Antwort des Herrn Waldemar – der Bürger ist naiv und gleichgültig – habe ich bereits widerlegt. Es gibt aber eine andere Erklärung: Immer mehr Wähler gehen nicht zur Wahl oder sind sogenannte unentschiedene Wähler, weil sie den Eindruck haben, dass ihre Stimme ohnehin nicht gehört wird. Der einst so schöne Zusammenhang zwischen Wahlen und Demokratie ist so gut wie verschwunden. Diese denkwürdige Aussage verdient eine Erklärung, die wir in der Geschichte finden. Kurz zusammengefasst: Wahlen waren zuerst überhaupt nicht demokratisch, später wurden sie dann doch demokratisch, und mittlerweile sind sie es nicht mehr.

Die ersten Wahlen (etwa Mitte des 19. Jahrhunderts) waren dazu gedacht, den Einfluss des Volkes so weit wie möglich zu begrenzen. Der Grund dafür war Paternalismus. Die damaligen Machthaber hielten das Volk für zu dumm und sich selbst für wesentlich geeigneter, um Entscheidungen für andere mitzutreffen. In diesem Sinn waren die ersten Wahlen antidemokratisch. Beim sogenannten Zensuswahlrecht gab es enorme Einschränkungen, was die möglichen Kandidaten und auch die Wahlberechtigten betraf. In beiden Fällen waren es Männer mit Geld und/oder Ansehen, und sie machten weniger als drei Prozent der Gesamtbevölkerung aus.

1917 führten die Niederlande das »allgemeine einfache Wahlrecht« für erwachsene Männer ein, Belgien folgte ein Jahr später. Das war ein großer Schritt für die Demokratie. Die Ausweitung auf ein wirklich allgemeines Wahlrecht für Männer *und* Frauen, in Deutschland und den Niederlanden 1918, in Belgien erst 1948, hatte einen noch größeren Einfluss auf die Demokratisierung. Fast alle wichtigen sozialen Errungenschaften stammen aus den folgenden Jahrzehnten – von Zufall kann hier keine Rede sein. Damals waren die Regierungen einfach auf dem Höchstpunkt der Demokratie.

Seit 1980 können wir beobachten, wie Politik das Feld für die Wirtschaft räumen muss. Präsident de Gaulle konnte 1966 noch verkünden, dass die Politik Frankreichs nicht an der Börse entschieden wird (»*La politique de la France ne se fait pas à la corbeille*«), doch seine Nachfolger schlugen eine ganz andere Richtung ein. Seit den Achtzigerjahren musste die klassische Autorität allmählich der Macht weichen, die zunehmend in die Hände von Wirtschaftskreisen gelangte. Unter der euphemistischen Bezeichnung »der freie Markt« dominieren diese Kreise heute die Politik und somit die Regierungen. Die Folge ist, dass Wahlen keine Garantie für Demokratie mehr darstellen. Wie in der Anfangsphase setzt sich an der Wahlurne eine Aristokratie durch. Jeder spürt das, aber dennoch begreifen wir es nicht wirklich. Diese jüngste Entwicklung ist so bedeutend, dass sie weiterer Erklärung bedarf.

EINE NEUE ARISTOKRATIE IM MÄNTELCHEN DER DEMOKRATIE

Aristokratie ist eine Regierungsform, bei der eine kleine Elite die Zügel in der Hand hält (griechisch *aristoi* bedeutet »die Besten«). Bei dem Wort Aristokratie kommen einem junge Frauen in rauschenden Roben, Grafen und Barone in den Sinn – das ist die Erbaristokratie, der Adel. Heute leben wir unter einer gewählten Aristokratie, die sich als demokratisch ausgibt. Das hängt eng mit der Entwicklung der politischen Parteien zusammen.

Anfangs gab es überhaupt keine Parteien, die vom Volk gewählten Vertreter kandidierten autonom. In den Niederlanden ist die älteste Partei die 1879 gegründete Anti-Revolutionaire Partij. Sechs Jahre später folgte die Liberale Union und 1894 die Sociaal-Democratische Partij. Die Katholiken schlossen sich erst 1926 zum Allgemeene Bond zusammen.

In Belgien wurde 1846 als erste politische Partei die liberale gegründet. Die katholische Partei folgte 1869, die belgische Werkliedenpartij (Arbeiterpartei) 1885. Sieht man sich die Entstehung der Parteien näher an, so wurden sie gegründet, um eine bestimmte Hegemonie zu durchbrechen oder zu schwächen. Die liberale Partei entstand als Gegengewicht zur katholischen Übermacht. Die katholische Partei wollte sich in erster Linie gegen den Liberalismus durchsetzen und später die Arbeiterbewegung nicht allein den Sozialisten überlassen. Die Gründung der belgischen Werkliedenpartij richtete sich gegen die parlamentarisch verankerte Hegemonie des Bürgertums. Wir sehen also, wie politische Parteien in ihrer Entstehung ein emanzipatorisches Grundelement in sich tragen. Erst später erstarrten sie zu einer Parteiendemokratie, bei der nicht die Gewählten, sondern die Parteivorsitzenden und Parteibüros die Richtung bestimmten und die in einer neuen Aristokratie gipfelte.

Wie in der Anfangsphase des Wahlrechts gibt es auch heute nur eine kleine Gruppe von Menschen, die tatsächlich für ein politisches Mandat kandidieren wollen, und zwar aus finanziellen, familiären und intellektuellen Gründen. Aus dieser an sich schon begrenzten Gruppe stellen dann die Parteibüros die Wahllisten zusammen. Welche Kandidaten kommen auf die Liste, und wer von ihnen erhält einen guten Listenplatz? Nach welchen Kriterien ausgewählt wird, ist unklar, die Anzahl der Stimmen, die ein Kandidat in der vorigen Wahl bekommen hat, ist jedenfalls nicht immer die Grundlage. Wir sehen jedoch bei jedem Urnengang wieder dieselben Menschen auf den Listen, und nach einiger Zeit bringen sie auch noch ihre Kinder aufs politische Tapet, sodass elektorale und vererbte Aristokratie miteinander verschmelzen. In vielen Ländern sind die politischen Parteien zu Familienbetrieben verkommen. Die Partei wird dann zur Arena für zwei oder drei Clans, die sich erbittert bekämpfen. Der Ausgangspunkt unserer Wahl ist also schon antidemokratisch: nicht jeder kann kandidieren, bestimmte Menschen werden systematisch begünstigt.

Die Wahlen selbst drehen sich weniger um Inhalte als um die medienwirksame Darstellung von Personen und Slogans (»Veränderung.

Jetzt!«). Tatsächlich ist das »Hochamt der Demokratie« zu einem von Spindoctors aus der Reklamewelt inszenierten Medienspektakel verkommen. Nach den Wahlen kommt die eigentliche Phase des Regierens, doch in der Praxis ist diese Periode eher der Anlauf zur nächsten Wahl: Jeder Politiker muss für alle sichtbar punkten. Auch das ist für die Inhalte alles andere als förderlich.

Während ihrer Regierungsperiode nehmen die »vom Volk Gewählten« wenig bis keine Rücksicht auf den Wählerwillen. Fast jede Regierungspartei lässt die gegebenen Wahlversprechen innerhalb kürzester Zeit fallen – mit Hinweis auf das altbekannte Totschlagargument der »Alternativlosigkeit«. Überdies muss jeder einzelne Gewählte das ausführen, was die Parteispitze ihm aufträgt. Das heißt, das Land wird von einer sehr kleinen Gruppe von oben geführt. Zwischen dem, was die Mehrheit der Bevölkerung will, und dem, was diese Minderheit bestimmt, tut sich eine riesige Kluft auf. Das erklärt auch die zunehmenden Proteste der Wutbürger, denn sie haben für ihre Wut genügend Gründe. Ich greife nur einige Beispiele aus vielen heraus. Das deutliche »Nein« der französischen und niederländischen Bevölkerung zur Europäischen Verfassung im Jahr 2005 bewirkte lediglich ein paar minimale Veränderungen in der Verfassung, die 2007 erlassen wurde. Die Proteste der Universitäten gegen den Bologna-Prozess wurden völlig ignoriert; auch dieser wurde mittlerweile in die Tat umgesetzt, mit den vorhergesagten negativen Folgen (Verlängerung der Studienzeit und Sinken des Niveaus). Als drittes Beispiel führe ich die Aktionen gegen die Privatisierung von Gesundheitswesen, Energieversorgung und öffentlichem Nahverkehr an. Ein Beispiel aus Belgien: Eine überwältigende Mehrheit der Bürger fordert eine gerechte Vermögenssteuer, doch die wird einfach nicht eingeführt. Ein weiteres Beispiel: Nur ein Bruchteil der belgischen Bevölkerung, rund 15 Prozent, will das Land wirklich teilen, doch die wichtigste Regierungspartei geht von einer schweigenden Mehrheit aus und wartet mit einer merkwürdigen Erklärung auf: »Flandern ist bereit für die Unabhängigkeit. [...] Doch ich weiß nicht, ob der Flame bereit ist für die Unabhängigkeit.«[5]

Die Schlussfolgerung ist schmerzhaft: Was etwa ein Jahrhundert lang den demokratischen Gehalt der Regierungen beförderte – Wahlen –, funktioniert nicht mehr. Regierungen haben immer weniger Autorität und gründen sich immer offener auf reine Macht. Wollen wir weiterhin Demokratie, so müssen wir eine neue Form dafür finden, die ihr neue Autorität verleiht.

Tatsächlich gibt es andere demokratische Regierungsformen, die nicht auf Wahlen basieren. Überdies müssen wir uns dessen bewusst sein, dass jede Version von Demokratie per definitionem zeitlich begrenzt ist und irgendwann ersetzt werden muss. Das hat mit dem Wesen von Demokratie zu tun, wie im folgenden Abschnitt klar werden dürfte.

DEMOKRATIE IST IMMER EIN PROZESS

1831 zieht ein junger adeliger Franzose nach Amerika, neugierig auf die dort herrschende neue politische Ordnung. Ein Teil seiner Familie endete während der Französischen Revolution auf der Guillotine, er selbst geht in die Politik, findet sich jedoch in der Parteienlandschaft rivalisierender Fraktionen nicht wieder. Ein Jahr lang reist Alexis de Tocqueville durch Amerika und studiert die neue Regierungsform. Als Ergebnis dieser Reise veröffentlicht er 1835 *De la démocratie en Amérique*, bis heute ein Standardwerk. Die enthusiastische Einstellung, die er dieser Regierungsform bis zu seinem Tod entgegenbrachte, versperrte ihm nicht den Blick auf ein Spannungsfeld im Kern der Demokratie selbst. Das doppelte Ideal, Freiheit *und* Gleichheit für jeden, stellt eine Polarisierung dar und kann demnach niemals vollständig realisiert werden.

Hundertfünfzig Jahre später knüpft ein Landsmann de Tocquevilles, Jacques Derrida, an diese Einsicht eine pragmatische Schlussfolgerung. Als politische Ordnung will die Demokratie möglichst vielen Menschen möglichst viel Gleichheit bieten. Doch zugleich will sie der individuellen Freiheit eines jeden Rechnung tragen. Im Streben nach und womöglich im Erzwingen von Gleichheit wird dem Individuum jedoch Gewalt angetan. Umgekehrt wird durch das Respektieren von Individualität die

Gleichheit angegriffen. Derridas pragmatische Schlussfolgerung lautet, dass Demokratie niemals vollständig realisiert werden kann, es geht immer um eine *démocratie-à-venir*, eine kommende Demokratie.[6] Sie kommt in Etappen und ohne einen definitiven Endpunkt. Demokratisierung ist nach wie vor *work in progress*, ein Prozess, bei dem wir vor allem das Ziel vor Augen haben müssen.[7]

Das Ziel ist, dass der *demos*, das Volk, sich selbst regiert. Das impliziert, dass wir aus politischer Sicht Menschen als gleichwertig betrachten, obwohl wir genau wissen, dass sie sehr unterschiedlich sind.[8] Hier stoßen wir auf die Bedeutung und sogar die Notwendigkeit von Autorität. Autorität dient (siehe Hannah Arendt) dazu, die zwischenmenschlichen Beziehungen zu regeln. Die Autorität, die zu Demokratie gehört, regelt diese Beziehungen im Sinne der Gleichwertigkeit und respektiert dabei die individuelle Freiheit. Demokratisierung ist ein anhaltender Prozess, bei dem Demokratie immer wieder neu erfunden werden muss, um ihrem doppelten Ideal, Gleichheit und Freiheit, gerecht zu werden.

Für diesen Prozess waren allgemeine Wahlen eine wichtige und äußerst wertvolle Etappe. Doch die ist nun vorüber. Im Augenblick haben Wahlen sogar einen antidemokratischen Effekt, und zwar aus mehreren Gründen. Wahlen sind nicht mehr demokratisch organisiert, denn die Gewählten entstammen kleinen, selektiven Grüppchen. Überdies nehmen die »vom Volk Gewählten« immer weniger Rücksicht auf ihre Wahlversprechen und den Willen der Mehrheit. Es gibt aber noch fundamentalere Gründe: Aufgrund von Forderungen nicht-demokratischer Instanzen bürden Regierungen ihrem Staatsvolk Maßnahmen auf, die die Ungleichheit vergrößern. Das verstößt unmittelbar gegen das demokratische Ideal.

Wer meint, diese Beobachtung stammt aus dem linken Lager, der irrt: Der jüngste Bericht der OECD stellt fest, dass Ungleichheit tatsächlich zunimmt, mit negativen ökonomischen und gesellschaftlichen Folgen.[9] Zu dem Zeitpunkt, als dieses Buch in den Druck ging, bestätigte eine Studie des IWF, dass eine zunehmende Ungleichheit der Einkommen auch für die Ökonomie schlecht ist. Wenn die reichsten 20 Prozent der Bevölkerung eines Landes ein einziges Prozent reicher werden, sinkt das Bruttoinlandsprodukt. Und umgekehrt: Wenn die einkommensschwächsten 20 Prozent ein Prozent reicher werden, dann steigt das BIP. In einem Artikel zu diesem Thema in *De Standaard* (16. Juni 2015) lesen wir: »Der IWF mahnt Länder, öfter von Vermögens- und Grundsteuer Gebrauch zu machen und Steuerspartricks auszuhebeln.« Wenn Politiker die Wirtschaft ihres Landes stärken wollen, dann ist es laut IWF sehr klar, an welcher Stelle gespart werden muss.[10]

Mit vielen anderen bin ich davon überzeugt, dass wir uns an einem Wendepunkt befinden. Um der Erbaristokratie Einhalt zu bieten, waren Revolutionen nötig. Das allgemeine Wahlrecht wurde erst nach Demonstrationen und Streiks eingeführt, bei denen auch Menschen zu Tode kamen. Bei jedem Übergang werden die Machtverhältnisse neu gemischt und können danach in eine demokratische Richtung gehen (mehr Gleichwertigkeit unter den Menschen) oder in eine antidemokratische (mehr Ungleichheit). Heute wächst die Ungleichheit und die Demokratie nimmt ab, und als Folge nehmen Widerstand und Protest zu. Wutbürger.

Im zweiten Kapitel beschrieb ich, dass an der Basis einer neuen Autorität immer eine ursprüngliche Form der Gewalt gegen die vorige Autorität liegt. Das ist am wachsenden Widerstand einer Gemeinschaft gegen den Staat zu erkennen, der aus seiner Machtposition neue soziale Beziehungen erzwingt. Im besten Fall entwickeln wir uns hin zu einer neuen Ausrichtung der Autorität, auch auf politischem Gebiet. Dabei wird »rechtsetzende« Gewalt, wie Walter Benjamin es nannte,[11] notwendig sein. Wollen wir hoffen, dass die Gewalt dabei möglichst begrenzt bleibt.

MACHT STATT AUTORITÄT

Wo Autorität schwindet, tritt Macht an ihre Stelle. Unsere politische Situation zeigt diese Gefahr anschaulich. Die Gefahr kommt aus verschiedenen Richtungen. Die politische Ordnung ist immer weniger demokratisch, besitzt kaum noch Autorität und regiert auf Basis von Macht – häufig genug ist das Ohnmacht, doch das ändert nichts daran. Die Wähler sehen das, interpretieren es jedoch zu Unrecht als ein Scheitern der Demokratie an sich. Das birgt das größte Risiko, das David Van Reybrouck sehr treffend als neue Epidemie beschrieben hat: DES, das demokratische Erschöpfungssyndrom. Der Bürger glaubt nicht mehr an Demokratie, er ist bereit für zwei »Lösungen«, die schlimmer sind als die Krankheit selbst.

Populismus, eine der möglichen Lösungen, gibt sich demokratisch, ist es jedoch nicht; häufig müssen erst viele Menschen sterben, bevor das klar wird. Überall in Europa sehen wir Nationalismus, eine typische Ausformung des Populismus, aufkeimen. In der klassischen Bedeutung der *Blut-und-Boden-Ideologie* gehört er der Vergangenheit an. Wer sich die Mühe macht, den heutigen Nationalismus zu untersuchen, begreift schnell, dass es um Regionalismus, basierend auf finanziellen Motiven, geht. Eine wirtschaftlich erfolgreiche Region (Norditalien, Katalonien, Flandern) will sich von weniger erfolgreichen Regionen trennen. Tatsächlich läuft das auf eine kurzsichtige Solidaritätsverweigerung hinaus.[12] Viele Wähler begreifen nicht, dass sie früher oder später dasselbe Schicksal erwartet wie diese weniger erfolgreichen Regionen, meist sogar schneller als erwartet. Es ist auffällig, wie häufig solche regionalistischen Parteien bereits kurz nach ihrem Eintritt in die Regierung sozioökonomische Entscheidungen treffen, die sich für einen großen Teil ihrer Anhängerschaft nachteilig auswirken. Oft vertuschen die neuen Machthaber das, indem sie ein bestehendes Feindbild noch weiter bemühen. Schuld sind immer die anderen.

Scheinbar auf der entgegengesetzten Seite der populistischen Lösung steht eine zweite Möglichkeit zur Auflösung der Demokratie: Man gibt einer kleinen Gruppe von Experten die Macht – mit anderen Worten einer Technokratie. Die zugrunde liegende Argumentation wendet sich genau gegen die populistische Lösung, die alles Heil im »gesunden Menschenverstand« sieht. Der technokratische Traum besagt dagegen, dass

Regieren so komplex geworden ist, dass selbst Politiker nicht mehr imstande sind, die Gesamtsituation zu überblicken, geschweige denn, richtige Entscheidungen zu treffen. Daher sei es besser, Entscheidungen auszulagern (Outsourcing) an Experten, die dank ihrer objektiven Kenntnisse solide begründete Vorschläge machen können. Diese Argumentation schmückt sich gern mit Modebegriffen wie Effizienz und Problemmanagement. Schluss mit der Ideologie, her mit den Lösungen, dann sind alle zufrieden.

Das klingt verlockend. Eine Entscheidung auf Basis von Forschung und Wissen, ohne parteipolitische Querelen, wer würde das nicht wollen? Ich gebe zwei Beispiele: Schiefergasförderung in den Niederlanden sowie das Verkehrschaos rund um Antwerpen. Beide Fragen stehen schon seit Jahren auf der politischen Agenda, und die vorgeschlagenen Lösungen werden allmählich zu einer Illustration des Problems: Sie sind tiefschürfend bzw. bleiben ihrerseits im Stau stecken. Was, wenn diese Lösungen nun jeweils (unterschiedliche) Ergebnisse verschiedener »objektiver« Studien von verschiedenen Experten sind?

Ich knüpfe hier an meine Ausführungen im vierten Kapitel an. Im politisch-gesellschaftlichen Bereich gibt es weder objektive Studien noch objektive Zahlen. Die verwendeten Forschungsmethoden können objektiv sein, die Ausgangsfragestellung und die verwendeten Kriterien sind es jedoch niemals. Gesellschaftliche Probleme werden immer aus einer ideologischen Sicht einer idealen Gesellschaft formuliert. Das Kaninchen kommt nur deshalb aus dem Zylinder, weil wir es zuvor hineingesteckt haben. Haben die Reduzierung von Feinstaub und Verkehrslärm sowie die Verbesserung der Lebensqualität in der Stadt Vorrang? Oder sollen wir alles dem Hafenverkehr unterordnen? Beziehen wir die Menge des entweichenden Methangases und die Bodenverschmutzung durch die verwendeten Chemikalien und ihre Folgen für das Grundwasser in unsere Rechnung mit ein? Oder geht es vor allem um Preissenkung auf dem Energiemarkt und die daraus folgende Unabhängigkeit von Importen? Ehe die Experten zu Wort kommen können, müssen die gesellschaftlichen Richtlinien definiert werden: Was wollen wir, was wollen wir nicht, was soll Priorität haben, was nicht, und so weiter. Eine Demokratie erfordert, dass diese Entscheidungen auf einem gesellschaftlichen Diskurs basieren, aus dem eine mehrheitlich unterstützte Stellungnahme erwächst. Dieser Diskurs existiert kaum, und das wollen die Bürger nicht mehr hinnehmen. Sie ergreifen selbst die Initiative und setzen ihre eigenen Prioritäten. Bewegung in das Dossier über das Antwerpener Verkehrschaos brachte etwa die Bürgerinitiative Ringland, die über Crowdfunding Studien in Auftrag gab und sich ausdrücklich für eine lebenswertere Stadt entschied.[13]

Solche Entscheidungen darf man nicht einfach Experten überlassen. In der Praxis würde das nämlich bedeuten, dass die Macht einer kleinen Gruppe übertragen würde, die ohne demokratische Kontrolle regiert und Entscheidungen zum Vorteil einer dominanten Macht trifft. Heute wäre das zum Vorteil des sogenannten »freien Marktes«. Das irrsinnigste Beispiel dafür sind die bereits erwähnten »Rulings« (oder verbindlichen Vorbescheide), ein teures Wort für legalisierte Steuerschlupflöcher, die Staaten Unternehmen anbieten. Der niederländische Professor J. L. M. Gribnau stellte in einem gut dokumentierten Vortrag dar, wie der Gesetzgeber damit seine eigene Autorität untergräbt.[14]

Eine solche Entscheidungsfindung kommt heute häufiger vor, als uns bewusst ist. Die Geheimgesellschaften von einst sind die nicht so geheimen Aktiengesellschaften von heute, wie Ludo Couvreur treffend formulierte. Sie sind mehr oder weniger bekannt, entziehen sich aber einer demokratischen Kontrolle: G20, Europäische Zentralbank, IWF und vor allem die Großbanken. In Davos dürfen die Regierungschefs jedes Jahr Schlange stehen, um sich hinter verschlossenen Türen anzuhören, was von ihnen erwartet wird und was sie im Ausgleich dafür bekommen. Einen wichtigen Unterschied gibt es zu früher, denn die Omertà (die Schweigepflicht in kriminellen Vereinigungen) schwindet, die »Lecks« nehmen zu – man beachte die negative Konnotation des Wortes.

Die in einer Demokratie normale Transparenz fehlt, also müssen wir Bürger uns mit »Lecks« behelfen. Luxleaks zeigt das in aller Deutlichkeit. Als im November 2014 durchsickerte, dass Luxemburg mit vielen multinationalen Unternehmen steuerlich günstige Verträge geschlossen hatte, teilten alle möglichen Regierungschefs eilig mit, diese fiskalischen Regelungen seien legal. Das stimmt auch, unter dem Druck der multinationalen Unternehmen wurden nämlich die Gesetze so angepasst, dass die Unternehmen beinahe keine Steuern bezahlen und die entsprechenden Steuereinbußen vor allem auf den gewöhnlichen Steuerzahler umgewälzt werden. Der belgische Finanzminister forderte zu Recht, dass die luxemburgischen Rulings öffentlich gemacht würden. Transparenz gehe vor. Im Kielwasser dieser Affäre wurde dann jedoch bekannt, dass auch Belgien mit sechzig multinationalen Unternehmen solche Vereinbarungen getroffen hatte. Derselbe Minister teilte der Abgeordnetenkammer sofort mit, dass der Inhalt dieser Rulings nicht freigegeben werde.[15]

Die eingeschlagene Richtung ist deutlich. Die wichtigsten Entscheidungen auf europäischer Ebene sind vor allem ökonomischer und nicht politischer Natur. Überdies sind es Beschlüsse, die sowohl die Autonomie mindern als auch die Ungleichheit fördern und so gegen das Ziel der Demokratie (Förderung von Gleichwertigkeit und Freiheit) verstoßen. Viele Beschlüsse liegen kaum oder überhaupt nicht in den Händen des gewählten europäischen Parlaments, sondern bei Instanzen, die sich jeder demokratischen Kontrolle entziehen. Vom Einfluss teuer bezahlter Lobbygruppen auf politische Entscheidungen ganz zu schweigen.[16]

Ich wiederhole noch einmal, dass solche Beschlüsse niemals neutral sein können, allen objektiv wirkenden Spreadsheets zum Trotz. Die ihnen zugrunde liegende Forschungsarbeit ist ausdrücklich ideologisch gefärbt. Wie sich die dominante Ideologie des freien Marktes auf die Gesellschaft auswirkt, lässt sich in einem Wort zusammenfassen: Entsolidarisierung. In einer Demokratie müssen der Bevölkerung alternative politische Programme vorgestellt werden, am besten mit einer deutlichen Erklärung, welche Konsequenzen sie jeweils haben. Das ist jedoch immer weniger der Fall.

Beide Lösungen für die Politikkrise – Populismus und Technokratie – führen zu einer pyramidenförmigen Ausübung schierer Macht. Zusammen mit Soziologen wie Luc Huyse und Pierre Rosanvallon plädiere ich dafür, dass die Politik von den Bürgern zurückerobert wird, die dann die Entmarktung unserer Gesellschaft angehen müssen. Dazu bedarf es einer radikalen Veränderung sowie einer neuen Autorität. Zum Abschluss dieses Buches wird mein Vorschlag niemanden mehr überraschen: Das Kollektiv als neue Ausrichtung der Demokratie muss die Basis dieser Autorität bilden. Die Kernfrage ist, wie diese neue Ausrichtung als nächste Etappe im Demokratisierungsprozess aussehen muss.

Radikale Veränderung

Bei jeder Wahl versprechen sämtliche Politiker Veränderung; nach der Wahl tut jede Regierung dasselbe wie die vorige, nur noch energischer. Drei notwendige Veränderungen bleiben hingegen aus: Machtwechsel, durch den Beschlüsse erneut im Sinne der Gemeinschaft gefasst werden, und das auf der Basis einer zeitgemäßen Form der Demokratie.

Zuerst und vor allem ist ein Machtwechsel nötig. Darüber besteht ein wachsender Konsens: Das wesentliche Beschlussrecht muss wieder der Politik zufallen und nicht mehr den »Märkten«. Dass Politiker durch den »freien« Markt ausgehebelt werden, haben aktuelle Skandale mehr als verdeutlicht. Bei Luxleaks sind die aufgedeckten Vereinbarungen, so unethisch sie auch sind, noch legal. Bei dem wesentlich umfangreicheren Swiss-Leaks ist das nicht mehr der Fall. Ein Informatiker von HSBC (einer britischen Bank) veröffentlichte digitale Daten über geheime Konten bei der schweizerischen Niederlassung der Bank. Mit diesen Daten beschäftigte sich eine Plattform von hundertfünfzig investigativen Journalisten. Inzwischen wissen wir, dass sich mehr als hundert Milliarden Dollar auf solchen Konten befanden. Ziel war Steuerflucht und Betrug. Die Journalisten ergänzen noch, dass die veröffentlichten Informationen lediglich eine Momentaufnahme darstellen und dass es höchstwahrscheinlich um wesentlich größere Beträge geht. Die betrügerischen Methoden sind weltweit verzweigt, sodass es für nationale Behörden beinahe unmöglich ist, Zugriff darauf zu erhalten. Die Zusammenarbeit zwischen der Rechercheplattform und dem Informatiker ist im Übrigen ein Beispiel für die heutige soziale Kontrolle, wie wir sie in Zukunft noch häufiger antreffen dürften. Wieder einmal wird gezeigt, wie sehr wir Transparenz und vor allem ein Recht auf Sanktionen (Autorität ohne legale Macht funktioniert nicht) brauchen.[17]

Die Weltökonomie wiederum ist in den Händen einer kleinen Gruppe von Finanzorganisationen, die beispielsweise den Internationalen Währungsfonds und die Europäische Zentralbank dominieren. Als Folge schwindet die politische Autonomie, während Ungleichheit und Umweltzerstörung zunehmen. Die Aufzählung der Folgen klingt pathetisch, doch die Beweise sind überwältigend.

Die zweite notwendige Veränderung lautet, dass politische Beschlüsse wieder mit Blick auf das Gemeinwohl und nicht auf das einer finanzstarken Minderheit getroffen werden müssen. Der Abbau des Wohlfahrtsstaats wird unter dem falschen Versprechen einer »Partizipationsgesellschaft« vorangetrieben, wobei den Menschen zugleich drohend vorgehalten wird, sie müssten mehr »Eigenverantwortung« übernehmen. Diese Demontage bedeutet vor allem, dass immer mehr Steuergelder zu einer kleinen Minderheit fließen. Ebenfalls zum Wohle der Gemeinschaft müssen politische Beschlüsse mehr denn je dem Umweltschutz untergeordnet werden. Wenn sich hier nichts ändert, hat sich jegliche Sorge ohnehin bald von selbst erledigt.

Für die dritte notwendige Veränderung setze ich einmal voraus, dass wir noch immer eine demokratische Regierungsform bevorzugen. Falls dies so ist, müssen wir einen neuen Schritt im Demokratisierungsprozess wagen. Wie können wir dem neuen Kollektiv eine konkrete Form in einer Regierung geben, die diesen Namen verdient? Ansätze für konkrete Alternativen kommen bisweilen von unerwarteter Seite.

Der amerikanische Bundesstaat Texas, Heimat des Lone Star Cowboys, riesiger Steaks, konservativer *Rednecks* mit vielen Waffen und natürlich von nickenden Ölpumpen – dieses Klischee kennen wir alle. Doch dieses Bild müssen wir revidieren. Zur Jahrtausendwende wollten Energielieferanten die Texaner über wichtige Entscheidungen bei ihrer Energieversorgung befragen (»Ihre Energie« ist da nicht einfach nur ein leerer Slogan). Sie stießen dabei auf die klassischen Probleme von Volksbefragungen: Welche Alternativen präsentiert man, haben alle Bürger wirklich genügend Informationen zur Verfügung, nehmen Lobbyisten das Referendum nicht für sich in Beschlag? Die Energielieferanten fragten bei James Fishkin an, Hochschuldozent für Kommunikation an der Universität von Stanford.

Fishkins Ansatz ist inzwischen ein Meilenstein der neuen Politik. Mit seinem Deliberationsforum (*deliberative poll*), wie er es nannte, legte er den Grundstein für eine zeitgemäße Form der Demokratie. Deliberation bedeutet »Nachdenken«. Eine deliberative Demokratie ist demzufolge eine Demokratie, die auf Nachdenken basiert. Das klingt sehr einfach, ist jedoch von enormer Bedeutung. Meines Erachtens ist das der nächste Schritt im Demokratisierungsprozess, und im Idealfall kann deliberative Demokratie sogar eine gewaltlose Basis für die radikalen Veränderungen bieten, die ohnehin zu erwarten sind.

Kurz zusammengefasst, sammelte Fishkin bei *allen* Interessengruppen ausgewogene Informationen über das Thema, Informationen, die nur dann als überzeugend galten, wenn verschiedene Gruppen sich darüber einig waren. Dann präsentierten neutrale Dozenten diese Informationen repräsentativ zusammengesetzten Gruppen der Bevölkerung, und zwar nicht auf die Schnelle, sondern durchaus gründlich, an einem ganzen Wochenende. Die Teilnehmer konnten alles fragen und bekamen ausreichend Zeit, miteinander zu überlegen. Der gesamte Prozess wurde von professionellen Moderatoren begleitet. Zum Schluss wurde geheim abgestimmt. Die Teilnehmer wussten, dass dieses Ergebnis bindend sein würde. Fishkin organisierte insgesamt acht dieser Foren über den gesamten Bundesstaat verteilt. Er achtete darauf, dass die Auswahl möglichst repräsentativ war. Im Ergebnis ist der Ölstaat Texas heute Amerikas Nummer zwei bei der Windenergie, und der Anteil der Menschen, die bereit sind, mehr für erneuerbare Energie zu bezahlen, stieg von 43 auf mittlerweile 84 Prozent.

Fishkins Methode bietet ein Mittel gegen den Zynismus von heute. Man gebe den Menschen genügend Informationen, lasse sie darüber untereinander beraten, überzeuge sie davon, dass ihre Meinung wirklich zählt und sich auf die tatsächlichen Entscheidungen auswirkt, dann sieht man etwas sehr Merkwürdiges. Sehr viele Teilnehmer haben dank der Informationen und der Diskussion am Schluss des Wochenendes eine andere, durchdachtere Meinung als zu Beginn. Die Entscheidung, die sie dann für die Abstimmung treffen müssen, ist meist von allgemeiner Bedeutung und steht dem individualistischen Menschenbild des *Homo oeconomicus* geradezu entgegen. Dieses Deliberationsmodell könnte durchaus ein weltweiter Erfolg werden.

Über erneuerbare Energie mitzuentscheiden ist ein schönes Beispiel, doch – so vermute ich – für viele Leser nicht politisch genug. Ein Beispiel aus der Politik findet man in Großbritannien. Im Jahr 2010 kam für zwei Tage eine repräsentativ zusammengestellte Gruppe von hundertdreißig Briten zusammen, um, wiederum auf der Grundlage von Informationen, herauszufinden, welche politischen Reformen am dringendsten seien. Neunundzwanzig Vorschläge bekamen eine deutliche Mehrheit, man geht davon aus, dass sie die Basis für zukünftige Reformen bilden.[18]

Ist das noch immer nicht politisch genug? Dann stürzen wir uns doch gleich auf ein Paradestück: die Reform eines gesamten Wahlsystems, ebenfalls auf der Grundlage eines Deliberationsforums. In zwei Teilstaaten Kanadas (2004 in British Columbia und 2006 in Ontario) ließen die Teilstaatenregierungen Bürger einen Entwurf zur Reform des Wahlsystems ausarbeiten. Beide Programme dauerten beinahe ein Jahr, die Teilnehmer erhielten eine faire Entlohnung, und ihr Entwurf war bindend. Die Politiker hatten von Anfang an beschlossen, dass der Entwurf umgesetzt werden würde, wenn er durch ein Referendum angenommen würde. In beiden Staaten gelangte man zu einem fundierten Vorschlag, der jedoch beim anschließenden Referendum an der vorgeschriebenen Zweidrittelmehrheit scheiterte. Auch die niederländische

Regierung organisierte 2006 so ein Deliberationsforum über die Reform des Wahlsystems, wenn auch in kleinerem Umfang. Ein wichtiger Unterschied zu den kanadischen Beispielen war, dass der Entwurf nicht bindend war, und nachdem der Prozess abgeschlossen war (2008), verschwand alles in einer Schublade.[19]

Das kanadische Experiment zeigt, wo der Schwachpunkt liegt: beim Übergang vom Deliberationsforum zum traditionellen Referendum. Bei einem klassischen Volksentscheid verfügt der Wähler weder über die Informationen noch über die Gelegenheit zum Diskurs, und so entscheidet eine große Gruppe von Menschen über ein Thema, über das wenige etwas wissen. Daher ist sehr wahrscheinlich, dass ein Referendum eine nicht durchdachte Reaktion hervorbringen wird. Genau das ist bei einem Deliberationsforum, bei dem eine große Anzahl Teilnehmer aufgrund von Informationen und Diskurs zu einer durchdachten Entscheidung kommt, nicht der Fall. Wenn man Vorschläge, die auf deliberativer Demokratie basieren, durch eine traditionelle Volksumfrage bestätigen lassen will, ist das ein Widerspruch in sich.

Das bringt uns unmittelbar zu einigen grundlegenden Fragen. Was ist der demokratische Gehalt eines deliberativen Ansatzes? Welche Rolle spielen Wahlen darin? Wer bestimmt, über welche politischen Fragen deliberiert werden soll? Und vor allem, welche Autorität ist dabei im Spiel?

DER DEMOKRATISCHE GEHALT DES DELIBERATIVEN ANSATZES

Eine demokratische Regierung funktioniert fast immer über eine Gruppe, die im Namen der gesamten Gemeinschaft denkt und entscheidet. Eine sogenannte direkte Demokratie, bei der jeder mitentscheiden kann, funktioniert nur in einer kleinen Gemeinschaft (weniger als hundertfünfzig Personen). Bei größeren Gemeinschaften drückt sich direkte Demokratie in der Praxis häufig in Volksbefragungen oder Referenda aus. Diese erwecken den Anschein von Demokratie, in Wirklichkeit kann man sie jedoch kaum demokratisch nennen. Die Auswahlmöglichkeiten und deren Formulierung bestimmen das Ergebnis; Informationskampagnen sind meist reine Propaganda, die mit Information wenig zu tun haben. Die entscheidende Frage für eine Demokratie ist also, auf welche Weise die regierende Gruppe zustande kommt. Konkret steht und fällt der demokratische Gehalt einer Regierung damit, wie repräsentativ die Regierung für die gesamte Gemeinschaft ist.

Bis heute bewerkstelligen wir das durch Wahlen und gehen stillschweigend davon aus, dass das allgemeine Wahlrecht die Repräsentativität garantiert. Diese Annahme ist per se schon zweifelhaft (so war bis vor Kurzem die Hälfte der Bevölkerung, nämlich Frauen, deutlich unterrepräsentiert); so wie Wahlen heute organisiert werden, ist die gesellschaftliche Repräsentativität erst recht fraglich. Eine andere Methode, die aus längst vergangenen Zeiten stammt und erst jüngst wieder eingeführt wurde, ist das Auslosen einer Gruppe von Bürgern. Die G-1000, eine Initiative des Schriftstellers David Van Reybrouck, brachte auf diese Weise tausend Bürger zusammen, um ein neues (belgisches) Grundgesetz zu entwerfen. Eine dritte Möglichkeit, das Deliberationsforum, gefällt mir persönlich am besten.

Deliberative Demokratie arbeitet nicht mit Wahlen, sondern mit einer proportionalen Repräsentation auf Grundlage einiger einfacher Berechnungen und transparenter Kriterien. Ziel ist es, eine Gruppe zusammenzustellen, die so gut wie möglich die Gemeinschaft widerspiegelt. Dabei bestimmt die Diversität der Gemeinschaft die Kriterien der Zusammenstellung: genauso viele Männer wie Frauen, auch Altersverteilung und Bildungsniveau sollen dem der Gesellschaft entsprechen. Dazu können noch andere wichtige Eigenschaften kommen, beispielsweise geografische Streuung und die Vertretung bestimmter Sprachgruppen.

Eine so zusammengestellte Gruppe bietet ohne Zweifel ein repräsentatives Bild der Gesellschaft; ihr demokratischer Gehalt ist also entsprechend hoch. Obendrein bietet die Form der Entscheidungsfindung eine gute Lösung für einige Probleme der heutigen politischen Praxis. Beispielsweise wird der Diskurs von Moderatoren geleitet, sodass populistische Führer die Gruppe nicht monopolisieren können. Parteipolitische Hahnenkämpfe sind damit ein für alle Mal vorbei. Dass der Gruppe Informationen aus verschiedenen Quellen zur Verfügung gestellt werden, wirkt einseitigen Plänen ideologisch geleiteter Experten entgegen und schützt darüber hinaus vor Lobbyarbeit. Nach der Informationsphase erfolgt ein ausführlicher Diskurs innerhalb der Gruppe, danach wird eine durchdachte Entscheidung getroffen, die dann kollektiv getragen wird.[20]

Derzeit herrscht bei vielen Wählern die Überzeugung, ihre Stimme zähle ohnehin nicht. Mit einer deliberativen Demokratie werden Bürger wieder davon überzeugt, dass sie durchaus zählen und sogar, wie es sich für eine Demokratie gehört, mit am Steuer sitzen. Die Erfahrung einer gewinnorientierten Kooperative à la Semco zeigt uns, dass solche Gruppen sogar bereit sind, etwas zu opfern, und dass die von ihnen selbst vorgeschlagenen schmerzhaften Maßnahmen viel mehr Rückhalt finden.

Die Kritik, dieser Ansatz sei nicht demokratisch, ist also blanker Unsinn. Das Gegenteil ist der Fall: Eine aus Wahlen hervorgegangene Volksvertretung ist heute alles andere als repräsentativ für die Bevölkerung. Sie lässt sich von anderen Interessen als denen der Gemeinschaft leiten und genießt deshalb zu Recht immer weniger Vertrauen. Wenn wir doch Wahlen abhalten wollen, dann dürfen sie nicht mehr darauf zielen, eine repräsentative Gruppe zu wählen, denn dafür gibt es viel bessere Methoden. In Zukunft sollten Bürger besser für bestimmte Themen (und gegen andere) stimmen, sodass deutlich wird, hinter welchen Themen eine Mehrheit der Bevölkerung wirklich steht. Statt ein paar Hundert Namen auf dem Wahlzettel erhielte der Wähler dann die Wahl zwischen beispielsweise achtzig verschiedenen Entwürfen. Der Wahlkampf kann dann über die Informationen zu diesen Entwürfen geführt werden. Die Entwürfe, die eine deutliche Mehrheit bekommen, bestimmen dann die Agenda der Exekutive, die dadurch in der Tat wieder zur ausführenden Gewalt wird.

Wie ausführende (die Regierung) und gesetzgebende Gewalt (das Parlament) dann zusammengesetzt werden sollen und welche Rolle politische Parteien dabei spielen, steht auf einem anderen Blatt. David Van

Reybrouck (2013) legt verschiedene Möglichkeiten dar: Kombinationen aus einer gewählten Gruppe, einer nach wissenschaftlichen Kriterien repräsentativ zusammengestellten Gruppe und ausgelosten Personen. Zahlreiche Studien zeigen, dass alternative Modelle (die nicht rein auf Personenwahl basieren) sowohl denkbar als auch realisierbar sind. Die größte Schwierigkeit bei der Veränderung des heutigen politischen Systems liegt im Widerstand der politischen Parteien. Sie werden sich nicht nur der Diskussion stellen, sondern auch die Veränderungen zulassen und idealerweise selbst fördern müssen.

Wer bestimmt die Agenda?

Jeder mit ein wenig Führungserfahrung, vom Vorstand eines Vereins bis zu politischen Amtsträgern, weiß, wie wichtig eine Tagesordnung ist. Wie auch die Presse bestimmt, was »Nachrichten« sind, bestimmt eine Tagesordnung, welchen Themen man sich widmet. Darüber hinaus ist ausschlaggebend, wie ein Tagesordnungspunkt formuliert wird (die Formulierung eines Problems lenkt die Lösung bereits in eine bestimmte Richtung). Eine demokratische Leitung muss sorgsam darauf bedacht sein, dass die behandelten Themen auch wirklich die Punkte sind, die die Gemeinschaft umtreiben. Der Eindruck drängt sich auf, dass die Agenda der westlichen Regierungen von nichtdemokratischen Organisationen diktiert wird und die Formulierung der Probleme nicht an das anknüpft, was die Gemeinschaft selbst will. Die politische Rückeroberung der Beschlusskraft ist die Rückeroberung der politischen Tagesordnung.

Gewiss fragt sich der eine oder andere Leser, ob eine gemeinschaftliche Agenda überhaupt möglich ist. Vor einiger Zeit wurde ich gefragt, was ich vom Parteiprogramm einer flämischen Partei hielte, mit dem sie in den Wahlkampf gezogen war. Wie der Zufall es wollte, hatte ich gerade zuvor das Parteiprogramm einer anderen Partei eingehend unter die Lupe genommen. Zu meiner Überraschung zeigten beide Programme mehr Übereinstimmungen als Unterschiede. Der Historiker und Universitätsprofessor Timothy Garton Ash schreibt, dass 70 bis 80 Prozent aller Parteiprogramme in Großbritannien einander gleichen (er nennt das *the boring truth* – die langweilige Wahrheit), während die Parteien sich nach wie vor gegenseitig die Augen auskratzen. Wir können daraus zwei Schlüsse ziehen. Zum einen, dass eine gemeinschaftliche Tagesordnung nicht allzu schwierig sein dürfte. Zum Zweiten, dass Parteien nicht die besten Organisationen sind, um diese Agenda umzusetzen. Politiker wollen auf Kosten anderer Politiker punkten und verlieren dadurch das Gemeinwohl aus den Augen.

Von allen Schriftstellern, die ich konsultierte, widmete nur der Soziologe Willem Schinkel in seinem Buch *De nieuwe democratie* (Die neue Demokratie) der Tagesordnung besondere Aufmerksamkeit. Die politische Agenda wird, so Schinkel, von Medien und Markt bestimmt. Dem füge ich der Vollständigkeit halber noch hinzu, dass die Medien selbst dem Markt unterworfen sind (sie verkaufen nicht mehr Zeitungen an Leser, sie verkaufen Leser an die Werbewelt). Schinkels Lösungsansatz besteht darin, eine vierte Gewalt zu etablieren, neben der ausführenden, der gesetzgebenden und der rechtsprechenden, nämlich die Gewalt, die die Tagesordnung ausarbeitet. Das Einsetzen dieser Gewalt könnte Schinkel zufolge einem Senat, in dem auch Repräsentanten aus Kunst, Religion und Wissenschaft eine Stimme haben sollten, einen neuen Inhalt geben.

An sich ist die Gründung einer solchen Einrichtung ohne Zweifel eine ausgezeichnete und sogar notwendige Idee. Als Anregung für eine neue Art der Tagesordnung kann aber auch eine moderne Software dienen, die repräsentative und direkte Demokratie wunderbar miteinander kombiniert: LiquidFeedback. Das 2010 entwickelte Open-Source-Programm ermöglicht einen Einblick, welche Punkte eine (sehr) große Gruppe von Bürgern wichtig findet. Das Programm kann zudem auch für die Entscheidungsfindung genutzt werden.[21]

Eine politische Tagesordnung muss widerspiegeln, was die Gemeinschaft für wichtig erachtet. Die vierte Gewalt muss, wie Schinkel zu Recht bemerkt, von den drei anderen Gewalten geschieden werden, um Korruption und Machtkonzentration entgegenzuwirken. Die klassische und demokratisch notwendige Gewaltenteilung (bei der das belgische Grundgesetz einst eine gewisse Vorbildfunktion hatte) ist leider so gut wie verschwunden. Die gesetzgebende Gewalt (das Parlament) führt größtenteils aus, was die ausführende Gewalt (die Regierung) vorgibt, nicht umgekehrt, wie es ursprünglich einmal gedacht war. Die rechtsprechende Gewalt wird aufgrund von politisierten Ernennungen parteipolitisch immer stärker eingefärbt. Auch dieses Problem kann man durch eine proportional repräsentative Zusammenstellung der Staatsorgane angehen – wohlgemerkt repräsentativ für die Bevölkerung, nicht für die Parteienlandschaft.

Die Frage nach der Zusammenstellung einer Gewalt zur Erstellung der Agenda hängt übrigens mit der Frage nach der geografischen Reichweite der Entscheidungsbefugnis zusammen. Die klassischen Nationalstaaten können durchaus Gesetze erlassen, die beispielsweise ein multinationales Unternehmen verpflichten, auf ihrem Staatsgebiet den entsprechenden Gesetzen nachzukommen. Wenn nun aber das Unternehmen beschließt, seinen Sitz in ein Niedriglohnland zu verlegen, ein Land, in dem es quasi keine soziale Sicherheit gibt und die Menschen ausgebeutet werden, dann hat man das Nachsehen. Die Folgen kennen wir alle: Nationalstaaten liefern sich einen Wettkampf, wer multinationalen Unternehmen die größten Steuervorteile bieten kann – auf Kosten der eigenen Bevölkerung. Sie wetteifern geradezu darum, den Schutz der eigenen Wählerschaft abzubauen und deren Ausbeutung erneut zuzulassen. Das nennt sich dann *race to the bottom* – Wettlauf nach unten. Die Ironie wird noch gesteigert, wenn eine nationale Gewerkschaft nicht mehr solidarisch mit der Gewerkschaft eines anderen Landes sein will, weil sie nun einmal »die eigenen Standorte schützen muss«. Die Art und Weise, wie Industriearbeiter im 19. Jahrhundert gegeneinander ausgespielt wurden, setzt sich heute auf internationaler Ebene fort. Sich auf ein solches Wettrüsten einzulassen bedeutet, sein eigenes Todesurteil zu unterschreiben. Es gibt immer jemanden, der noch verzweifelter ist, immer wird sich jemand finden, der dieselbe Arbeit für noch weniger Lohn machen will.

Daher ist die Reichweite der Entscheidungsgewalt wichtig. Die Entwicklung auf diesem Gebiet ist schon weit fortgeschritten, sodass wir ein deutliches Muster erkennen können. Auf politischer Ebene schwindet die Macht der Nationalstaaten, Entscheidungen werden von der EU getroffen. Auf gesellschaftlicher Ebene verschwinden die Dörfer, Städte sind die wichtigste Siedlungsform. Mit den Städten entstehen einerseits wichtige lokale Entscheidungsräume, andererseits gibt es mit Europa einen globalen Entscheidungsraum.

Weltweit geben Städte in Sachen Umweltschutz, Verkehr, Gesundheitswesen und Verwaltung die Richtung vor. Sie sorgen zweifellos für eine eigene politische Dynamik. Die Bedeutung der Deliberationsforen haben sie schon vor geraumer Zeit entdeckt, häufig kombiniert mit Initiativen aus Basisgruppen. Das ist nachvollziehbar, denn der Abstand zwischen Bürger und Verwaltung ist in Städten kleiner, und lokale Verwaltungen sind – mit einigen Ausnahmen – eher dazu bereit, auf die Bevölkerung zu hören, als nationale. Die Maßnahmen, die eine Stadtverwaltung ergreift, können auch sehr spezifisch sein und sich beispielsweise auf die Bedürfnisse eines bestimmten Viertels beziehen oder auf einen bestimmten Zeitpunkt. Das Einheitsmodell der nationalen Top-down-Verwaltung berücksichtigt diese örtlichen Gegebenheiten oft nicht und ruft dadurch Widerstand hervor. Städte müssen sich ihre eigene Agenda setzen und sie mit ihrer eigenen Verwaltung abarbeiten.

Wenn der Beschlussraum sich jedoch auf diese lokale Ebene beschränkt, würden wir bald zu mittelalterlichen Zuständen mit Kriegen zwischen Stadtstaaten zurückkehren. Wir brauchen daher ein übergreifendes Regelwerk, das Anhaltspunkte zur Orientierung bietet. Die Städte können dann die Details ausgestalten. Diese Anhaltspunkte müssen einerseits allgemein genug, andererseits aber verpflichtend sein und sich vor allem auf den sozialen Bereich konzentrieren. Ganz im Sinne einer horizontalen Autorität sind Städte inzwischen beispielsweise dabei, weltweit Vereinbarungen über klimaneutrale Maßnahmen zu treffen. Die EU der Nationen bekommt so bald Konkurrenz von der EU der Städte.

Das Kollektiv als politische Autorität

Auch die Politik muss ihre Autorität auf ein neues Fundament stellen. Mit dem Vorschlag, dafür das Kollektiv heranzuziehen, müsste man eigentlich offene Türen einrennen: In einer demokratischen Regierungsform ist es selbstverständlich, dass mittels einer repräsentativen Gruppe regiert wird. Meiner Meinung nach wird deren Autorität eine horizontale Form annehmen, wobei repräsentativ zusammengestellte Gruppen von Bürgern im gemeinsamen Diskurs sowohl die Tagesordnung bestimmen als auch Entscheidungen treffen. Diese neuen Politiker bekommen dabei einen neuen Auftrag: Wie können sie diesen Prozess fördern, wie können sie garantieren, dass Bürger korrekte und differenzierte Informationen erhalten, wie können sie die Mehrheit vor einer mächtigen Minderheit schützen, wie können sie die Durchführung der Beschlüsse garantieren?

Traditionelle Politiker richten sich an »den Wähler«, oder gar »den Bürger als Kunden«, und übersehen dabei, dass überall neue Gruppen entstehen, die sich für eine andere Gesellschaft entscheiden. Lokale, reale Gemeinschaften wie Städte und Regionen bekommen Gesellschaft von digitalen Gemeinschaften mit einem potenziell transnationalen Charakter. Die heutigen Regierungen richten sich an das Individuum, während überall ein neues »Wir« emporwächst, das sich sowohl digital als auch im echten Leben organisiert.

Ich halte es für sehr wahrscheinlich, dass die Veränderung aus der Praxis kommt und nicht mehr von einer Top-down-Ideologie mit einem narrativen Überbau. Eine Praxis, die sich mit konkreten Themen wie Umweltschutz, Energie, Trinkwasserversorgung, Wohnen, Verkehr, Bildung, Gesundheitswesen und Arbeitsmarkt beschäftigt. Das Motiv für diese Veränderungen ist klar gegeben: Psychosozialen Gesundheitsindikatoren zufolge geht es immer mehr Menschen immer schlechter (in *allen* sozialen Schichten, auch der höheren, siehe die Studie von Wilkinson und Pickett). Das überrascht nicht, wenn man sich ansieht, was die heutige Arbeitsorganisation alles bewirkt: Misstrauen, Hilflosigkeit, Unsicherheit, erbitterte Konkurrenz, strukturelle Arbeitslosigkeit, chronischer Zeitmangel, Burn-out, Einsamkeit, Sinnverlust. Was Menschen mehr denn je brauchen, ist Vertrauen, Verbundenheit, Selbstbestimmung, Zusammenarbeit und Sinnhaftigkeit. Eine Gesellschaft, die das bieten kann, wird es mit weit weniger kranken Menschen und weniger Arbeitslosen zu tun haben und über eine in jeder Hinsicht bessere Ökonomie verfügen. Dafür brauchen wir eine neue Politik, die eine *tatsächliche* Veränderung bringt.

SCHLUSSBEMERKUNG

Ich existiere nur in den und durch die Beziehungen zu anderen – meinen Eltern und meinen Kindern, meinen Vorgesetzten und meinen Kollegen, dem anderen Geschlecht. Wer ich bin, werde ich in und durch Austausch: von Dingen und Worten, von Liebe und Hass. Autorität hat die Funktion, diese Beziehungen zu regeln, und zwar so, dass sich jeder mehr oder weniger freiwillig dieser Regelung unterwirft, damit die Welt eine lebenswerte und sogar angenehme Umgebung wird. Diese Funktion ist also äußerst wichtig.

Die Frage, ob wir gut oder böse sind, lässt sich anhand der Geschichte eindeutig beantworten: Wir sind zu Gutem wie zu Bösem fähig . Die Gesellschaft, in der wir unsere Identität entwickeln, bestimmt weitestgehend, wie wir uns anderen gegenüber verhalten. Da wir vermutlich die einzigen Lebewesen sind, die ihren Lebensraum durchgreifend verändern können, sind wir imstande, uns in eine bestimmte Richtung zu bewegen. Doch wir sind in erster Linie soziale Wesen, die aufeinander bezogen sind. Studien mit kleinen Kindern zeigen überraschende Ergebnisse: Prosoziales Verhalten (anderen helfen) geschieht spontan, antisoziales Verhalten muss erlernt werden. Kleine Kinder helfen also spontan jemandem in Not. Wenn sie dafür belohnt werden, bieten sie nach einiger Zeit nur noch dann Hilfe an, wenn eine Belohnung auf sie wartet.[1]

Diese und andere Feststellungen verpflichten uns dazu, der Organisation unserer Gesellschaft und der darin waltenden Autorität besondere Aufmerksamkeit zu schenken. Die klassische pyramidenförmige Autorität, deren Grundlage die Angst vor Hölle und ewiger Verdammnis ist, kombiniert mit Unwissenheit der Untergebenen, gehört der Vergangenheit an. Ich selbst favorisiere eine horizontal organisierte, auf Wissen basierende Autorität in Kombination mit einer neuen Ausprägung der Angst: das Wissen soll geteilt und transparent sein, und Angst soll man vor der sozialen Kontrolle haben.

Geschlechterrollen, Erziehung und Bildungswesen, Ökonomie und Politik sind, was Autorität betrifft, keine voneinander geschiedenen Bereiche – bei allen geht es um Beziehungen zwischen Menschen. Die Autorität, die ich in diesem Buch ins Licht rücke, ist keine Methode (auch wenn man zu ihrer Förderung bestimmte Methoden anwenden kann) und keine Einstellung (auch wenn sich einige unserer Einstellungen ändern müssen). Vielmehr handelt es sich um eine Überzeugung, basierend auf bereits jetzt erkennbaren Veränderungen. Autorität, die sich auf horizontal organisierte Gruppen gründet, wird im Idealfall Teil unserer Identität sein, ebenso wie das früher die auf einer patriarchalen Pyramidenstruktur basierende Autorität war.

Angesichts des horizontalen Charakters der Autorität ist die Autonomie des Individuums ein zentraler Punkt, notwendigerweise aber in Verbundenheit mit anderen. Autonomie in Verbundenheit beruht nicht auf dem Glauben an einen »edlen Wilden«, der die Gemeinschaft nur hin und wieder braucht und sich am liebsten in die Einsamkeit der Natur zurückzieht. Autonomie in Verbundenheit beruht erst recht nicht auf der angenommenen spontanen Selbstregulierung einer Gruppe – das wäre nur eine Abwandlung des Glaubens an die unsichtbare Hand. Wenn ein Kollektiv als Basis für Autorität dienen soll, müssen bestimmte Bedingungen erfüllt sein. Sie werden bei Haim Omer, Ricardo Semler und Elinor Ostrom benannt und sind auch in vielen Vorschlägen zur Reformierung der Politik nachzulesen.

Diese Bedingungen sind keine utopischen Hirngespinste und erst recht kein gewaltsam umzusetzender Entwurf für ein zukünftiges Paradies. Wer sich umsieht, wird bemerken, dass die Veränderung schon voll im Gange ist. Das bestärkt mich in meiner Überzeugung, dass eine horizontal organisierte Autorität tatsächlich zur neuen Norm wird. Die Frage ist nicht, ob sie umgesetzt wird, die Frage ist, wie wir vorantreiben können, was schon im Gange ist, und welche Mächte sie aufhalten wollen.

Mit diesem Buch wollte ich vor allem die theoretischen Grundlagen deutlich machen, wie genau Autorität funktioniert. Und auch, auf welche Weise sie scheitert und auf reine Macht zurückfällt. Ein besseres Verständnis dieser Struktur bewahrt uns vor einer zum Scheitern verdammten Rückkehr zu einer früheren Version von Autorität und kann uns bei der Einführung einer neuen helfen.

Diese neue Version wird zweifellos auch ihre eigenen Gefahren und Möglichkeiten des Missbrauchs mit sich bringen. Autorität enthält immer einen Aspekt von Macht und somit auch die Möglichkeit zu legaler Gewalt; »legal« ist nicht per definitionem gleichbedeutend mit »gut«. Das große Risiko einer Autorität, die auf einer Gruppe beruht, lässt sich leicht vorhersehen. Der Zusammenhalt einer Gruppe gründet häufig darauf, sich gegen eine andere Gruppe abzugrenzen, und das kann grausame Formen annehmen. Was das betrifft, ist jedoch eine positive Entwicklung zu spüren. Die verschiedenen Kulturen gleichen einander immer mehr, während die einzelnen Zivilisationen zugleich immer diverser werden. Städte als vorherrschende Form des Zusammenlebens sind ein Schmelztiegel und zeigen weniger Rassismus als kulturell homogenere ländlichere Regionen. Die sich ergebenden sozialen Probleme haben beinahe immer mit sozialer Ungleichheit zu tun und nur selten mit kulturellen Unterschieden.[2] Städte, die in die Beseitigung von Ungleichheit investieren, die sogenannte Minderheiten beteiligen, erzielen damit wesentlich bessere Ergebnisse als Städte mit einem Nulltoleranz-Ansatz, der auf dem alten *command and control*-Modell basiert. Erstere sind schon auf dem Weg zu einer neuen Autorität, Letztere halten mit arroganter Überheblichkeit an Vergangenem fest. Eine andere Gefahr lauert in dem, was unbestreitbar auch ein Fortschritt ist: Das Internet ermöglicht einen nie da gewesenen horizontalen Austausch und Zugang zu Wissen. Doch soziale Medien führen noch viel zu häufig zu Hetzkampagnen und viel zu selten zu einer konstruktiven sozialen Kontrolle. Auf diesem Gebiet müssen wir noch viel lernen. Überdies können sie niemals den realen Kontakt und die reale Interaktion ersetzen – die brauchen wir mehr denn je.

1890 schrieb Maurice Maeterlinck *Les Aveugles*, ein Drama über eine Gruppe Blinder, die auf die Rückkehr ihres Blindenführers warten. Dass er tot in ihrer Mitte ist, entdecken sie erst nach einiger Zeit. Am Ende des Stücks glauben sie, dass ein anderer Führer kommt, doch was sie hören, ist nur der Wind im dürren Laub. In der niederländischen Übersetzung von Erwin Mortier und unter der Regie von Guy Cassiers ist *De Blinden* eine Metapher für unsere Zeit mit einer deutlichen Warnung: Es gibt keinen Führer mehr, er ist tot, und seine Rückkehr ist reine Einbildung. Wir müssen selbst aktiv werden.

DANK

Was ich geschrieben habe, ist nicht im eigentlichen Sinne originell. Alles wurde an anderer Stelle von anderen bereits geschrieben. Genau wie die Identität ist auch ein Buch immer aus Teilen von anderen zusammengestellt, wobei das, was abgelehnt und widerlegt wird, genauso wichtig ist wie das, was übernommen wird. Dieser Prozess verläuft größtenteils unbewusst, doch zu meinem Glück gab es auch echten Austausch.

Philipp Blom und Erwin Mortier habe ich – und hat dieses Buch – viel zu verdanken. Ihr Wissen und ihre humorvoll verpackte Kritik haben es besser gemacht. Beider Kochkünste haben dazu zweifellos ebenfalls beigetragen.

Ludo Couvreur lernte ich im Anschluss an mein voriges Buch kennen. Er bot durch sein Wissen über Ökonomie und Philosophie tatkräftige Hilfe und unterstützte mich bei der Recherche.

Dominiek Hoens geleitete mich zurück zu einer alten Liebe, Blaise Pascal. Silvia Janssens machte mich auf ein bezeichnendes Vergessen aufmerksam: ich hatte kein Kapitel über Geschlechterrollen geplant, und das in einem Buch über das Schwinden des Patriarchats! Joachim Cauwe half mir bei der Recherche, wie sich dieses Schwinden auf Homosexualität und Geschlechterrollen und -beziehungen auswirkte. Fientje Moerman gab mir die korrekte Information über die veränderte Gesetzeslage im Namensrecht (nebenbei empfahl sie mir noch Yuval Hararis Werk). Johan Mertens ist nach wie vor mein Gesprächspartner, wenn es um Soziologie geht. Katleen De Stobbeleir gab mir Informationen über horizontale Führung. Christien Brinkgreve ging mir mit ihrer Studie über die Rückkehr von Autorität auch diesmal wieder voran. Wouter Van Driessche zwang mich mehr oder weniger zur Lektüre von Bariccos *I barbari.*

Piet und Johan, Lauffreunde und *partners in crime*, waren meine ersten Leser – ihre Anmerkungen hier zu veröffentlichen wäre sicher fehl am Platz, so begnüge ich mich mit der Feststellung, dass mir ihre Kritik sehr gut tat. Die Hinweise meiner Schwester Christine und Eline Trensons haben mich dazu gebracht, einige Sachverhalte klarer zu fassen.

Mit anderen verlief der Dialog über ihre Veröffentlichungen. Viele Anregungen gaben mir die Schriften von Luc Huyse, Thomas Decreus, Marc Reynebeau, Willem Schinkel und David Van Reybrouck.

Hannah Arendt ist und bleibt eine Quelle der Inspiration.

Meine wichtigste Gesprächspartnerin ist auch meine Lebenspartnerin, Rita; ich fürchte, sie hat in den vergangenen Jahren mehr über Autorität zu hören bekommen, als ihr lieb war …

Das Buch blickt in die Vergangenheit, handelt jedoch von der Zukunft. Daher widme ich es meiner Enkelin Luce.

BIBLIOGRAFIE

Abicht, L., *Democratieën sterven liggend. Kritiek van de tactische rede,* Antwerpen 2014.

Appignanesi, L., *Gek, slecht en droevig. Geschiedenis van vrouwen en psychiatrie van 1800 tot heden,* Amsterdam 2009.

Arendt, H., *What is authority?* 1954, Download von http://la.utexas.edu/users/hcleaver/330T/350kPEEArendtWhatIsAuthorityTable.pdf.

Ash, T. G., »If Britain wants change that counts, there's an election it can vote today«, in: *The Guardian,* 20. Januar 2010. www.theguardian.com/commentisfree/2010/jan/20/britain-changecounts-election-today.

Bajaj, V., »Micro Lenders, honoured with Nobel, are struggling«, in: *The New York Times,* 6. Januar 2011.

Baricco, A., *I barbari. Saggio sulla mutazione,* Mailand 2006.

Bauman, Z., Lyon, D., *Liquid Surveillance. A Conversation,* Cambridge 2013.

Bauwens, M., Lievens, J., *De wereld redden. Met peer-to-peer naar een postkapitalistische samenleving,* Antwerpen/Utrecht 2013.

Benjamin, W., »Kapitalismus als Religion« [Fragment], in: *Gesammelte Schriften,* hg. von Tiedemann, R., Schweppenhäuser, H., Frankfurt a. M., 1991, Bd. VI, S. 100–103.

Benjamin, W., »Zur Kritik der Gewalt«, in: *Gesammelte Schriften,* a.a.O., Bd. II.1, S. 179–204.

Bezien, I. van, Mair, P., Poguntke, Th., »Going, going … gone? The Decline of Party Membership in Contemporary Europe«, in: *European Journal of Political Research* 51: 24–56, 2012, doi:10.1111/j.1475-6765.2011.01995.x 24.

Blom, Ph., *Böse Philosophen: Ein Salon in Paris und das vergessene Erbe der Aufklärung,* München 2013 [2011].

Boehm, C., »Egalitarian behavior and reverse dominance hierarchy«, in: *Current Anthropology* 34, 1993, S. 227–254.

Bogle, K., *Hooking Up: Sex, Dating, and Relationships on Campus,* New York 2008.

Bregman, R., *Geschiedenis van de vooruitgang*, Amsterdam 2013.

Bregman, R., *Gratis geld voor iedereen*, Amsterdam 2014.

Brinkgreve, Ch., *Het verlangen naar gezag. Over vrijheid, gelijkheid en verlies van houvast*, Amsterdam/Antwerpen 2012.

Brinkgreve, Ch., »Gezag en Veilige Publieke Taak«, in: *Gezag en veiligheid in het openbaar bestuur*. Den Haag: ministerie van Binnenlandse Zaken en Koninkrijksrelaties 2014, S. 21–35.

Catalyst, *The Bottom Line: Connecting Corporate Performance and Gender Diversity*, New York 2004, Download von www.catalyst.org/.

Chavannes, M., *Niemand regeert. Op naar de privatisering van de Nederlandse politiek*, Amsterdam 2009.

Chua, A., *Die Mutter des Erfolgs. Wie ich meinen Kindern das Siegen beibrachte*, Zürich 2011.

Claeys, M., *Stilstand. Over machtspolitiek, betweterbestuur en achterkamerdemocratie*, Leuven 2013.

Crul, M. R. J., Schneider, J., Lelie, F., *Superdiversiteit. Een nieuwe visie op integratie*, Amsterdam 2013.

Dabla-Norris, E., Kochhar, K., Suphaphiphat, N., Ricka, F., Tsuanta, E., »Causes and Consequences of Income Inequality: A Global Perspective«, *International Monetary Fund*, 15. Juni 2015. www.imf.org/external/pubs/cat/lon gres.aspx?sk=42986.0.

Decreus, Th., *Een paradijs waait uit de storm. Over macht, democratie en verzet*, Berchem 2013.

Dehue, T., *Betere mensen. Over gezondheid als keuze en koopwaar*, Amsterdam/Antwerpen 2014.

Derrida, J., *Gesetzeskraft: Der »mystische Grund der Autorität«*, Berlin 1991.

Desmet, M., »Experimental versus naturalistic psychotherapy research: Consequences for researchers, clinicians, policy makers, and patients«, in: *Psychoanalytische Perspectieven*, 31, 2013, S. 59–78.

Diamond, Jared, *Kollaps. Warum Gesellschaften überleben oder untergehen*, Frankfurt a. M. 2005.

Dinardo, R. L., *Germany's panzer arm in WW II*. Mechanicsburg 2006.

Driessche, W. van, *Modern Minds. Kan uw hoofd de 21ste eeuw aan?*, Brüssel 2014.

Du Caju, Ph., et al., »De schuldenlast van de huishoudens: verloop en verdeling«, in: *Economisch Tijdschrift*, September 2014, Nationale Bank van België, S. 65–85.

ELIAS, N., *Über den Prozeß der Zivilisation,* Frankfurt a. M. 2010.

FANTE, J., »My Dog Stupid«, in: *West of Rome: two novellas,* Santa Rosa 1986.

FINKIELKRAUT, A., *L'identité malheureuse,* Paris 2013.

FISHKIN, J. S., »The Nation in a Room. Turning public opinion into policy«, in: *Boston Review,* 1. März 2006, http://bostonreview.net/james-fishkin-nation-in-a-room-turning-public-opinion-intopolicy.

FREUD, S., BREUER, J., *Studien über Hysterie,* Leipzig 1895.

FREUD, S., »Der Familienroman der Neurotiker«, in: Rank, O. (Hg.), *Der Mythus von der Geburt des Helden,* Leipzig/Wien 1909.

FREUD, S., *Totem und Tabu,* Frankfurt a. M. 1995 [Wien 1913].

FREUD, S., *Der Mann Moses und die monotheistische Religion. Drei Abhandlungen,* Frankfurt a. M. 1999 [Amsterdam 1939].

FREUD, S., »Ein Kind wird geschlagen: Beitrag zur Kenntnis der Entstehung sexueller Perversionen«, in: *Internationale Zeitschrift für Ärztliche Psychoanalyse,* Bd. 5, 1919.

FREUD, S., *Das Unbehagen in der Kultur,* Wien 1930.

FREUD, S., *Massenpsychologie und Ich-Analyse,* Frankfurt a. M. 1974 [1921].

FREUD, S., Geleitwort zu Aichhorn, A., *Verwahrloste Jugend,* Bern, Stuttgart, Wien 1951.

FUREDI, F., *Wasted: Why Education isn't Educating,* London 2009.

FUREDI, F., *Authority. A sociological history,* Cambridge 2013.

GERZEMA, J., D'ANTONIO, M., *The Athena Doctrine: How Women (and the Men Who Think Like Them) Will Rule the Future,* San Francisco 2013.

GOETHE, J. W. von, *Gedichte II. Theil,* Leipzig 1885.

GRIBNAU, J. L. M., *Belastingen en Ethiek: De ethische dimensie van tax planning.* Vortrag am 21. Februar 2013 zur Eröffnung der Antwerp Tax Academy, www.ucsia.org/download.aspx?c=.antwerptaxacademy&n=112356&ct=112356&e=319373.

HAMILTON, L., ARMSTRONG, E. A., »Gendered Sexuality in Young Adulthood. Double Binds and Flawed Options«, in: *Gender and Society* 23, 2009, S. 589–616, http://faculty2.ucmerced.edu/lhamilton2/docs/paper-2009-gendered-sexuality.pdf.

HARARI, Y. N., *Sapiens. Een kleine geschiedenis van de mensheid,* Amsterdam 2014.

HAYEK, F. A. VON, *Wissenschaftstheorie und Wissen,* hg. von Vanberg, V., Tübingen 2007.

HERMANNS, J., *Het opvoeden verleerd*, Amsterdam 2009: www.oratiereeks.nl/upload/pdf/pdf-3581oratie_Hermanns.pdf.

HOORDE, H. VAN, »Statistiatrie, nosologie en structuur: één vraag?«, in: *Tijdschrift voor Psychiatrie*, 1986, 1, S. 6–14.

HOREL, S., *A toxic affair. How the chemical lobby blocked action on hormone disrupting chemicals*, Mai 2015. http://corporateeurope.org/sites/default/files/toxic_lobby_edc.pdf.

HUNTER, J., »The Interest Rate Myth in Indian Microfinance«, in: *Forbes India Magazine*, 9. Februar 2011.

HUYSE, L., *De democratie voorbij*, Leuven 2014.

IEVEN, B., »Geweld en legitimiteit: over de fundering van het recht bij Rawls en Derrida«, in: *Ethiek & Maatschappij*, 8, nr. 1, 2005, S. 45–57.

ILLOUZ, E., *Warum Liebe weh tut. Eine soziologische Erklärung*, Berlin 2011.

INTERNATIONAL LABOUR OFFICE, Genf, *World Employment and Social Outlook. Trends 2015*, www.ilo.org/global/research/global-reports/weso/2015/lang–en/index.htm.

KANT, I., *Beantwortung der Frage: Was ist Aufklärung? – Drei Essays*, Berlin 2015.

KANT, I., »Auswahl aus den Reflexionen, Vorarbeiten und Briefen Kants«, in: *Materialien zu Kants Rechtsphilosophie*, hg. von Z. Batscha, Frankfurt a. M. 1976.

KOJÈVE, A., *La notion de l'autorité*, Paris 2004 [1942].

KONNER, M., *The tangled wing. Biological constraints on the human spirit*, Harmondsworth 1984.

LACAN, J., *Les complexes familiaux dans la formation de l'individu*, Paris 1984 [1938].

LACAN, J., *Die Ethik der Psychoanalyse: Das Seminar, Buch VII*, Weinheim/Berlin 1996.

LAEVEN, L., VALENCIA, F., »Systemic Banking Crisis Database«, in: *Economic Review*, 61, 2013, S. 225–270.

LALAND, K. N., BROWN, G. R., *Sense and nonsense. Evolutionary perspectives on human behaviour*, Oxford 2011.

LANS, J. VAN DER, *Koning Burger. Nederland als zelfbedieningszaak*, Amsterdam 2005.

LE BON, G., *Psychologie der Massen*, Köln 2016.

LEIB, GLIKL BAS JUDAH, *Die Memoiren der Glückel von Hameln*, e-artnow 2015.

LIGHTDALE, J. R., PRENTICE, D. A., »Rethinking sex differences in aggression:

aggressive behavior in the absence of social roles«, in: *Personality and Social Psychology Bulletin*, 20.1.1994, S. 34–44.

LSE, The Centre for Economic Performances Mental Health Policy Group, *The Depression Report: A New Deal for Depression and Anxiety Disorders,* 2006.

LSE, *Mental Health Promotion and Prevention: The Economic Case,* 2011, www.lse.ac.uk/businessAndConsultancy/lseenterprise/pdf/pssrufeb2011.pdf.

MacIntyre, A., *After Virtue. A study in moral theory,* London 2007 [1981].

Marinova, J., Plantenga, J., Remery, Ch., *Gender Diversity and Firm Performance: Evidence from Dutch and Danish Boardrooms,* Utrecht 2010.

Maus, M., »Het nadeel van de twijfel«, in: *De Tijd,* 12. Dezember 2014, http://m.tijd.be/9578419.art?sid=5555510.

Mazzucato, M., *Das Kapital des Staates: Eine andere Geschichte von Innovation und Wachstum,* München 2014.

Mertens, P., *Hoe durven ze?,* Berchem 2011.

Micklethwait, J., Wooldridge, A., *De vierde revolutie. Op zoek naar de overheid van morgen,* Antwerpen 2014.

Moloney, P., *The Therapy Industry. The Irresistible Rise of the Talking Cure and Why It Doesn't Work,* London 2013.

Morrens, M., »Routine outcome monitoring in Vlaanderen: leren we wel de juiste lessen uit het Nederlandse gerommel?«, in: *Tijdschrift voor psychiatrie,* 57, 2015, S. 392–394.

OECD, *The Future of Families to 2030. Projections, policy challenges and policy options. A Synthesis Report,* 2011, www.oecd.org/futures/49093502.pdf.

OECD, *In It Together: Why Less Inequality Benefits All,* 2015, www.oecd.org/social/in-it-together-why-less-inequality-benefits-all-9789264235120-en.htm.

Omer, H., von Schlippe, A., *Stärke statt Macht: Neue Autorität in Familie, Schule und Gemeinde,* Göttingen 2010.

Orwell, G., »Notes on Nationalism«, in *Polemic 1,* London, Oktober 1945.

Ostrom, E., *Was mehr wird, wenn wir teilen. Vom gesellschaftlichen Wert der Gemeingüter,* hg. von Helfrich, S., München 2011.

Owen, W., *Dulce et decorum est,* in: *Englische und amerikanische Dichtung. Bd. 3: Von R. Browning bis Heaney,* hg. von H. Meller und K. Reichert, München 2000, S. 126 f.

Pascal, B., *Gedanken über die Religion,* hg. von M. Holzinger, Berlin 2013.

Peeters, J., »De *commons.* Een beperkte gids naar recente literatuur«, in: *Oikos. Tijdschrift voor sociaal-ecologische verandering.* 2014/4, 71, S. 41–49.

PELS, D., *Het volk bestaat niet. Leiderschap en populisme in de mediademocratie*, Amsterdam 2011.

PINXTEN, R., *Schoon protest. Want er is wel een alternatief*, Berchem 2014.

POLGREEN, L., VIKAS BAJAJ, B., »India Microcredit faces collapse from defaults«, in: *The New York Times*, 17. November 2010.

RAMZI, A., »De vraag om gezag«, in: *Volkskrant*, 8. Mai 2010, www.happychaos. nl/2010/05/gezagin-de-volkskrant/.

RAWLS, J., *Eine Theorie der Gerechtigkeit*, Frankfurt a. M. 1979.

REYBROUCK, D. VAN, *Tegen verkiezingen*, Amsterdam 2013.

RIFKIN, J., *Die Null-Grenzkosten-Gesellschaft. Das Internet der Dinge, kollaboratives Gemeingut und der Rückzug des Kapitalismus*, Frankfurt/New York 2014.

ROSANVALLON, P., *La contre-démocratie*, Paris 2006.

ROSIN, H., *Das Ende der Männer und der Aufstieg der Frauen*, Berlin 2013.

ROSS, C., *The leaderless revolution. How ordinary people will take power and change politics in the 21st century*, London/New York 2011.

ROTMANS, J., »Het zijn de burgers die aan het stuur zitten«, Interview mit J. de Zutter, in: *Samenleving en politiek*, 20, 3, 2013, S. 20–30, www.stichtinggerritkr eveld.be/samenleving-en-politiek/zoeken-in-sampol/128-2013/maart-2013/ 1017-het-zijn-de-burgers-die-aan-het-stuurzitten#sthash.160NM 3nX. dpuf.

ROUBINI, N., MIHM, S., *Das Ende der Weltwirtschaft und ihre Zukunft: Crisis Economics*, München 2011.

RUSSELL, W., *Bildung für Rita*, München 1980.

SCHAUBROECK, K., *Een verpletterend gevoel van verantwoordelijkheid*, Breda 2010.

SCHINKEL, W., *De nieuwe democratie. Naar andere vormen van politiek*, Amsterdam 2012.

SEMLER, R., (2013). *Das SEMCO System: Management ohne Manager*, München 1993.

SENNETT, R., *Verfall und Ende des öffentlichen Lebens. Die Tyrannei der Intimität*, Berlin 2008.

SERRES, M., »*Erfindet euch neu!*« – *Eine Liebeserklärung an die vernetzte Generation*, Berlin 2013.

SLEE, T., *Deins ist meins. Die unbequemen Wahrheiten der Sharing Economy*, München 2016.

STEINBECK, J., *Jenseits von Eden*, München 1987.

STIGT, M. VAN, *Alles over pesten*, Amsterdam 2014.

TUCHMAN, BARBARA, *Die Torheit der Regierenden. Von Troja bis Vietnam*, Frankfurt a. M. 2001.

VANHEULE, S., *Diagnosis and the DSM. A Critical Review*, London/New York 2014.

VERBEET, G., *Vertrouwen is goed maar begrijpen is beter. Over de vitaliteit van onze parlementaire democratie*, Amsterdam 2012.

VERHAEGHE, P., *Und ich? Identität in einer durchökonomisierrten Gesellschaft*, München 2013.

VERHAEGHE, P., *Mijn idee voor Nederland*, 2013. http://paulverhaeghe.psycho analysis.be/lezingen/Amsterdamdebaliedec2013.pdf.

VERSNEL, H., BROUWER, J. J., *Stop de Amerikanen! Ten minste tien goede redenen om gewoon Europees te blijven.* Houten 2011.

VOS, J. DE, *Psychologisering in tijden van globalisering: een kritische analyse van psychologie en psychologisering*, Leuven 2011.

WAAL, F. DE, *Der gute Affe. Der Ursprung von Recht und Unrecht bei Menschen und anderen Tieren*, München 2000.

WAAL, F. DE, *Der Mensch, der Bonobo und die Zehn Gebote: Moral ist älter als Religion*, Stuttgart 2015.

WALSCHE, A. DE, »Elinor Ostrom: Een Nobelprijs voor groepswerk«, in: *Oikos*, 53, 2, 2010, S. 6–12.

WARNEKEN, F., TOMASELLO, M., »The roots of human altruism«, in: *British Journal of Psychology*, 100, 2009, S. 455–471.

WEBER, M., »Die protestantische Ethik und der Geist des Kapitalismus«, in: *Gesammelte Aufsätze zur Religionssoziologie*. Bd. 1, Tübingen 1986 [1905].

WELZER, H., *Selbst denken: Eine Anleitung zum Widerstand*, Berlin 2013.

WHO, *Mental Health, Resilience and Inequalities*, Kopenhagen 2009, in: WHO, Europe. Siehe: www.euro.who.int/_data/assets/pdf_file/0012/100821/E922 27.pdf.

WILKINSON, R., PICKETT, K., *The Spirit Level. Why Equality is Better for Everyone*, London 2010.

YOUNG-BRUEHL, E., *Hannah Arendt. Leben, Werk und Zeit,* Frankfurt 2004.

YOUNG, M., *The Rise of the Meritocracy 1870–2033: An Essay on Education and Equality*, London 1958.

ZONDEROP, Y., *Polderen 3.0. Nederland en het algemeen belang*, Leusden 2012.

ANMERKUNGEN

1. Kapitel

1. Verhaeghe, P. (2013).
2. Vergleiche dazu den Begriff des Tax Freedom Day: Würden wir unseren Monatslohn vollständig dem Staat überlassen, dann wäre der Tax Freedom Day der Tag im Jahr, an dem wir all unsere Steuern bezahlt haben. Ab diesem Tag könnten wir unseren Lohn also ganz für uns behalten. Diese Idee wurde vor allem von populistischen Politikern gegen den Staat missbraucht, dem sie unterstellen, er würde die hart arbeitende Bevölkerung nur schröpfen. Dabei vergleicht man unser System mit den USA, wo die Bürger viel weniger Steuern bezahlen und der Tax Freedom Day bereits Monate früher im Kalender steht als in Belgien oder den Niederlanden. Was diese Politiker jedoch verschweigen, ist, was der Bürger für seine Steuern zurückbekommt – und der Bürger in den USA eben nicht. Jeder möge sich selbst informieren, wie teuer in den USA ein Universitätsstudium ist oder die medizinische Versorgung, und sich vom Zustand der öffentlichen Infrastruktur wie Straßen oder Stromnetz überzeugen.
3. Das sind die Schlussverse von Goethes Gedicht *Natur und Kunst.* Goethe (1885), S. 108.
4. Laut offiziellen Statistiken erhalten 14 Prozent der niederländischen Kinder (eines von sieben) besondere Förderung oder Förderunterricht; diese Förderung wird vor allem für weniger gravierende Probleme gegeben (Hermanns, 2009).
5. *Die Mutter des Erfolgs. Wie ich meinen Kindern das Siegen beibrachte* (Zürich 2011) ist ein Bestseller der amerikanischen Autorin Amy Chua. Siehe auch http://amychua.com/.
6. Home Office Press Release: »Children Remind Adults to Act Responsible on our Streets«, 4. April 2007: http://press.homeoffice.gov.uk/press-releases/children-remind-asbo-adults.

7. Der Begriff *pester power* stammt aus der Werbewelt: Man wendet sich dabei in Werbung für Süßigkeiten und Spielwaren direkt an die Kinder, damit diese ihren Eltern dann in den Ohren liegen, die Waren zu kaufen (»Quengelwaren«). Furedi (2009) beschreibt, dass diese Strategie mittlerweile auch von staatlichen Stellen angewandt wird, um Eltern über ihre Kinder zu einem verbesserten Verhalten zu bekommen.

8. Die Studie wurde in den Niederlanden von Motivaction durchgeführt und von Professor Jo Hermanns in einer Rede über ein nuanciertes Bild der Jugend und die Sicht der Eltern darauf zitiert (Hermanns, 2009). Furedi (2009) S. 69.

9. Diese Entwicklung bezieht sich allgemein auf den Westen, genau wie alles, was ich in meinem Buch beschreibe. Wenn das einmal nicht der Fall ist, oder wenn ich ein Land im Besonderen meine, ist dies explizit angegeben.

2. Kapitel

1. Autorität wird bereits seit Hunderten von Jahren analysiert und aus verschiedensten Blickwinkeln betrachtet. Als historisches Übersichtswerk empfehle ich F. Furedis *Authority. A sociological study* (2013). Richard Sennett widmete dem Thema Autorität bereits 1980 ein ganzes Buch. Zur Erziehung siehe Frank Furedi (2009). Die persönlichste Studie ist die von Christien Brinkgreve (2012). Ich habe mich für Hannah Arendt entschieden, da anhand ihrer Analyse die Veränderungen unserer Zeit am besten zu begreifen sind.

2. Unter Autorität versteht de la Boétie die absolute Macht der damaligen Herrscher. Seiner These zufolge geben wir ihnen die Macht (indem wir uns freiwillig unterwerfen), was im Umkehrschluss bedeutet, dass wir ihnen die Macht auch nehmen können.

3. Harari (2014), Kapitel 8.

4. So lautete die Kernaussage von Thomas Insel in einer Vorlesung Anfang 2013. Thomas Insel ist Vorsitzender des National Institute of Mental Health, einer amerikanischen Einrichtung, die weltweit Einfluss auf die wissenschaftliche Forschung hat. Siehe www.youtube.com/watch?v=u4m65sbq bhy zu der Vorlesung, die überzeugend klingt, es sei denn, man weiß, was alles weggelassen wird, nämlich die klinische Selbstverständlichkeit psychosozialer Ursachen von psychiatrischen Störungen und dass ein wissenschaftlicher Beweis für psychiatrische Störungen als Hirnerkrankungen bislang fehlt.

5. Freud (1909) und Freud (1919).

6. Freud (1913) und Freud (1939).

7. Freud (1939) S. 152.

8. Wenn der belgische König einen Bürger zur Audienz empfängt, heißt dies *colloque singulier*, wobei dieser Bürger hinterher an die Schweigepflicht gebunden ist.

9. Das Manuskript wurde nach seinem Tod in mehreren losen Fragmenten gefunden, die verschiedene Herausgeber unterschiedlich ordneten und nummerierten. In der Ausgabe von Michael Holzinger ist dieser Gedanke Nummer 9. Pascal (2013), S. 36.

10. Deutsche Ausgabe: [Anonymus] Unabhängigkeitserklärung der Vereinigten Staaten von Amerika, 4. Juli 1776, in: MAGAZIN. Mitteilungen des Deutschen Historischen Museums (DHM) 10,4 (1994).

11. Harari (2014), Kapitel 6.

12. Meine Kursivierung. Das ist der Beginn von *Beantwortung der Frage: Was ist Aufklärung?* von 1784.

13. Kant (2015), S. 7.

14. de Waal (2015), Kapitel 6.

15. Rawls (1979), Kapitel 3.

16. Derrida (1991).

17. »... mithin muß man annehmen, daß die Natur es zulasse, in der Art, die freie Willkür der Menschen mit der allgemeinen Freiheit nach dem allgemeinen Gesetz in Übereinstimmung zu bringen; und also ist hier ein natürliches Erlaubnißgesetz zu der angewandten Gewalt vorhanden.« I. Kant (1976), Auswahl aus den Reflexionen, Vorarbeiten und Briefen Kants, in: Batscha Z. (Hg.), *Materialien zu Kants Rechtsphilosophie*, Frankfurt a. M. 1976, S. 69.

18. Blom (2013), S. 259.

19. Furedi (2013), S. 318–319; 327–331.

20. Arendt (1954). Biografien: Young-Bruehl (2004).

21. Diese Beschreibung kommt am Ende der *Politeia* vor, in der Geschichte des gefallenen Soldaten, der nach seiner wundersamen Rückkehr vom Tod berichtet, was ihm im Jenseits widerfahren ist (Platon, *Der Staat*).

22. Wenn wir von »Ursprung«, »Fundament« oder »Quelle« der Autorität sprechen, blicken wir zurück, oder eigentlich nach unten – diese Vorstellung geht auf das antike Rom zurück und auf die Bedeutung, die es der Gründung und den Vorvätern beimaß. Wenn wir die Quelle der Autorität über uns ansetzen, in einer »höheren«, »transzendentalen« Macht, argumentieren wir

platonisch und christlich. Insbesondere die letzte Metapher dominiert bei uns, was man sogar in der Architektur erkennen kann: Die Geschäftsführung nimmt die oberen Etagen ein, der Hausmeister muss sich mit dem Keller begnügen.

23. Pascal (2013), S. 37.

24. Die historische Anthropologie geht davon aus, dass die patriarchale Gesellschaftsform im Neolithikum entstand, als der Mensch sich vom nomadischen Jäger und Sammler zum Ackerbauer mit festem Wohnsitz entwickelte.

3. *Kapitel*

1. Freud (1951) und Lacan, J., *Les complexes familiaux dans la formation de l'individu*, Paris 1984 [1938].

2. Das niederländische TV-Programm *Zembla* hat diesem Sachverhalt eine ganze Sendung gewidmet: http://zembla.vara.nl/seizoenen/2014/afleverin gen/04-09-2014. Mittlerweile wurde auch sein Tagebuch veröffentlicht: Arthur Gotlieb, Joep Dohmen und Jeroen Wester, *Operatie ›werk Arthur de deur uit‹: Dagboek van een ongewenste werknemer*, Amsterdam 2014.

3. Siehe http://de.wikipedia.org/wiki/GuttenPlag_Wiki.

4. Steinbeck (1987), S. 29 f.

5. Leib, Glikl bas Judah (2015).

6. Lacan, J., *Die Ethik der Psychoanalyse. Das Seminar, Buch VII* (1996), S. 227 (Sitzung vom 23. März 1960, Abschnitt 3).

7. Pascal (2013), S. 37.

8. Voltaire, *Épitre à l'auteur du livre des trois imposteurs*, 1770.

9. Owen (2000), S. 126–127.

10. Carne Ross war als hoher Beamter des britischen diplomatischen Dienstes jahrelang an den Beschlüssen, die zum Irakkrieg führten, beteiligt. Aufgrund seiner eigenen Erfahrungen widerlegt er die Theorie, dass Politiker besser Bescheid wissen. Das Gegenteil sei wahr, und ihre Beschlüsse hätten immer desaströse Folgen für die Bevölkerung. Die Informationen der Menschen vor Ort seien besser, würden jedoch beinahe nie berücksichtigt. In seinem gleichnamigen Buch vertritt er die radikale These, dass eine *leaderless society*, also eine führerlose Gesellschaft, es besser hätte. Seine Beispiele sind schmerzlich überzeugend. Sein Buch ergänzt Barbara Tuchmans historische Studie *Die Torheit der Regierenden*, in der sie die tragischen Folgen von Beschlüssen der Machthaber aufzeigt.

11. http://www.koninklijkhuis.nl/documenten/toespraken/2013/09/17/thron rede-2013

12. 12 Prozent ist der Durchschnittswert in der EU (siehe Laeven, L. und Valencia, F., 2013).

13. Nederlands Sociaal en Cultureel Planbureau, *Een beroep op de burger. Minder verzorgingsstaat, meer verantwoordelijkheid?* November 2012. Zitiert und kommentiert durch Huyse, Luc, »Doe-het-zelf-samenleving«, in *De Standaard*, 2.–3. August 2014. Drei Tage später reagiert Luc Martens,Vorsitzender der Vereniging van Vlaamse steden en gemeenten, in derselben Zeitung mit einer noch spezifischeren Botschaft: Ja, die Gemeinden können und müssen einige Aufgaben übernehmen, doch dies dürfe keine versteckte Strategie sein, um Sparmaßnahmen erneut auf den Bürger umzuwälzen; überdies müsse eine wirkliche Dezentralisierung stattfinden, bei der Gemeinden ein Beschlussrecht erhalten, ohne zu weiteren Leistungen verpflichtet zu sein.

14. Freud (1895), S. 268f.

15. Überall auf der Welt beruft sich heute die Diagnostik mentaler Störungen auf das *Diagnostic and Statistical Manual of Mental Disorders.* Als die fünfte, überarbeitete Ausgabe (mit mehr als hundert neuen »Störungen«) herauskam, äußerte die British Psychological Society unter anderem folgende Kritik: »Die vermeintlichen in DSM 5.0 präsentierten Diagnosen basieren ganz klar zu einem Großteil auf sozialen Normen, weisen ›Symptome‹ auf, die subjektiv zu beurteilen sind, und zeigen wenige deutliche physische ›Zeichen‹ oder Hinweise auf eine biologische Ursache. Die Kriterien sind nicht wertfrei, sondern reflektieren im Gegenteil die derzeitigen normativen sozialen Erwartungen. (…) Mit Sorge stellen wir fest, dass [diagnostische] Systeme wie dieses darauf ausgelegt sind, Probleme beim Individuum zu identifizieren. Dabei wird aus den Augen verloren, in welchem relationalen Kontext Probleme entstehen und welche unvermeidlichen sozialen Ursachen viele dieser Probleme haben.« British Psychological Society (2011). *Response to the American Psychiatric Association: dsm-5 Development*, Juni 2011, http: //apps.bps.org.uk/_publicationfiles/consultation-responses/dsm-5%202011%20-%20BPS%20response.pdf.

16. Siehe http://stresscourse.tripod.com/id100.html und www.youtube.com/watch?v=RcGyvtaoxeu.

17. LSE, The Centre for Economic Performances Mental Health Policy Group

(2006). *The Depression Report: A New Deal for Depression and Anxiety Disorders* http://eprints.lse.ac.uk/818/1/depression_report_layard.pdf und LSE (2011), *Mental Health Promotion and Prevention:The Economic Case.* www.lse.ac.uk/businessAndConsultancy/LSEEnterprise/pdf/PSSRUfeb 2011.pdf.

18. Stress ist ein Modewort. Dabei gerät leicht in Vergessenheit, dass Stress über den Cortisolgehalt in unserem Blut medizinisch messbar ist. Langfristig erhöhte Werte bedingen eine ganze Reihe von Krankheiten, angefangen von simplen Infekten (Erkältungen) bis hin zu Herz- und Gefäßerkrankungen, Entzündungen, Rückenschmerzen sowie Angst und Depressionen. Leider gerät dabei der Zusammenhang aus dem Blick. Wenn ein Minenarbeiter eine Staublunge entwickelt, ein Bleigießer eine Bleivergiftung erleidet, ist der Zusammenhang klar. Doch wenn ein Buchhalter eine Infektionskrankheit bekommt oder Bluthochdruck, eine Entzündung oder eine Depression, ist es gar nicht so überraschend, dass diese neuen Berufskrankheiten kaum als solche erkannt werden. Das ist jedoch umso notwendiger, als gegenwärtig häufig das Umgekehrte geschieht: Menschen, die aufgrund eines krank machenden Arbeitsumfelds eine Krankheit entwickeln, stehen im Verdacht, Versager zu sein, und müssen zusätzlich zu ihrer Krankheit auch mit dieser Anschuldigung fertig werden (siehe Verhaeghe (2013), http://paulverhaeghe.psychoanalysis.be/lezingen/Amsterdamdebaliedec2013.pdf).

19. Die Wirksamkeit evidenzbasierter psychotherapeutischer Behandlungen ist in der Praxis offenbar deutlich geringer, als die akademischen Studien vermuten lassen. Die Erklärungen dazu habe ich in *Het einde van de psychotherapie* behandelt. Aus einem anderen Blickwinkel betrachtet, fand diese These inzwischen Bestätigung bei Moloney (2013).

20. Natürlich ist es sinnvoll, sich zu informieren, ob eine Therapie funktioniert. Leider entwickelte sich diese »Qualitätskontrolle« (man beachte die Bezeichnung; wer kontrolliert hier wen?) schnell zu einer Methode, mit der Therapeuten und Einrichtungen miteinander verglichen werden – mit dem Ziel, dass sie »effizienter« werden. Auf gut Deutsch: Mit dem Ziel, Sparmaßnahmen durchzuführen. Siehe Morrens (2015) www.tijdschriftvoorpsychiatrie.nl/assets/articles/57-2015-6-artikel-morrens.pdf.

4. Kapitel

1. In einem Essay von 2014 beschreibt Christien Brinkgreve diese beiden Tendenzen. Ihr Rat an die Regierung ist wesentlich konkreter als das, was ich in diesem Kapitel beschreibe; sie legt das Augenmerk vor allem auf die Verbesserung der Kommunikation, kombiniert mit Expertise.

2. Ich gebe an dieser Stelle gerne Ludo Couvreurs E-Mail-Reaktion auf diesen Paragrafen wieder. »Wie bereits Galilei so schön formulierte, ein Experiment heißt, eine Frage an die Natur zu stellen. Demzufolge sind die Antworten immer nur Antworten auf bestimmte, von Menschen gestellte Fragen. Diese Fragen stammen häufig aus einer bestimmten Denkrichtung und sind auf ein bestimmtes Ziel gerichtet. Objektivität ist der Glaube daran, dass es Antworten ohne Fragen und Ergebnisse unabhängig von einem Fragenden geben kann. Man muss auch sagen, dass wir von Informationen nur so überschwemmt werden. Massen von Informationen und Umständen, die so miteinander verbunden und so unterschiedlich sind, dass man sie kaum in einer Grafik darstellen kann, denn diese kann ja nur zwei oder drei Achsen haben. Sobald wir in die Zahlenmasse hineingreifen, indem wir eine Frage stellen, wählen wir aus, und damit diskriminieren wir das, was wir weglassen, was wir nicht fragen; sobald wir die Zahlen ordnen, greifen wir in die chaotische Welt ein. In der Wirtschaft wird jeder Zugriff auf Daten ein *post factum*, und die berechnete Vorhersehbarkeit wird unvorhersehbar durch das menschliche Handeln demontiert, das Unvorhersehbarkeit als Wesenszug in sich trägt. Wo man ökonomische Zahlen zu einer alles erklärenden Theorie über die Vergangenheit verschlüsselt und ihre Vorhersehbarkeit als zwingend behandelt, da erfüllt sich die berechnete Prophezeiung selbst, bei jeder Ideologie auf ihre Weise. Und wo alles von selbst geht, ohne irgendwelche Zahlen, da ruft man Gott an, damit seine unsichtbare Hand die Zahlen gerade rückt.

In den Naturwissenschaften ist es die Natur selbst, die ihren Schleier über das legt, was nicht sichtbar ist, wenn durch eine Entdeckung etwas sichtbar gemacht wird. Sie geht zu Werke, als wäre sie selbst zu menschlichem Handeln fähig. Deshalb gibt eine Zahl in Bezug auf Natur und Menschen immer nur einen festen Bildausschnitt wieder. Etwas besonders Eigenartiges in Bezug auf Messungen und Zahlen hat man in der Quantenphysik herausgefunden: Bei einer quantenmechanischen Messung gibt es immer eine Interferenz mit dem Ergebnis. Man erhält eine Wahrscheinlichkeit für ein Ergebnis – sehr zur Enttäuschung Einsteins, des größten Zahlenwissenschaftlers: ›Gott würfelt nicht‹.

Und doch, auch wenn alles relativ ist, Zahlen haben einen Einfluss auf menschliche Wirklichkeiten: der technische Fortschritt – selbst die Quantenphysik; wahrscheinlich wirken Zahlen deshalb so magisch. Das ist nur so, weil wir sie dann unter ›Kontrolle‹ haben, sie einem Zwang unterwerfen. Daher bedarf auch jede Zahl, die aus einem Computer kommt, einer Interpretation, um für den Menschen wieder brauchbar zu werden. Doch Zahlen, oder was man mit ihnen meint und warum sie erscheinen, immerzu zu befragen, ist tatsächlich eine Quelle des Reichtums.« https//doxaludo.wordpress.com/.

3. Selbst für Friedrich von Hayek, einen der wichtigsten Vertreter des Neoliberalismus, ist Ökonomie keine exakte Wissenschaft. Als er den Nobelpreis für Wirtschaftswissenschaften erhielt, widmete er seine Rede ganz diesem Thema (von Hayek, 1974). Schon im ersten Absatz trifft er den Nagel auf den Kopf. Als Wirtschaftswissenschaftler gesteht er sogleich seine Schuld ein: »Als Fachleute haben wir Schlimmes angerichtet.« Die Ursache dafür sieht er in der »Anmaßung von Wissen«, was zugleich der Titel seiner Rede ist. »Daß es den Ökonomen nicht gelungen ist, die Politik mit mehr Erfolg anzuleiten, scheint mir eng mit ihrer Neigung zusammenzuhängen, die Verfahren der exakten Naturwissenschaften, die so überaus erfolgreich waren, möglichst genau nachzuahmen – ein Versuch, der in unserem Gebiet zu schweren Fehlern führen kann.« von Hayek (2007), S. 87. Vierzig Jahre später sagt Ha-Joon Chang, Dozent für Wirtschaftswissenschaften in Cambridge, genau dasselbe – und noch viel mehr – in seinem 2014 veröffentlichten Werk *Economics: The User's guide.*

4. Die schwedische Regierung führte ein mehr oder weniger identisches Programm durch und kam zu denselben Ergebnissen; im Gegensatz zur britischen Regierung gab sie dies jedoch zu und stellte das Programm ein. Dieses und andere Beispiele sind nachzulesen bei Moloney (2013).

5. Häufig stimmen die Statistiken nicht, und allmählich begreifen das die Bürger, dank der Arbeit von Menschen wie Andreas Tirez (www.economieblog.be) und Matthias Somers (www.matthiassomers.com), die die von Politikern verwendeten Zahlen sorgfältig analysieren und ohne zu zögern Fehler und Betrug aufdecken. Fakt ist, dass auch »richtige« Zahlen im Be-

reich der Gesellschaftswissenschaften immer von den gestellten Fragen bestimmt werden, was leider nicht jedem wirklich bewusst ist.

6. Siehe http://en.wikipedia.org/wiki/Phrases_from_The_Hitchhiker%27s_ Guide_to_the_Galaxy#Answer_to_the_Ultimate_Question_of_Life.2C_the _Universe.2C_and_Everything_.2842.29.

7. Welzer (2013), S. 239. Bevor ich den Zorn meiner Kollegen auf mich ziehe, bestätige ich flugs, dass wissenschaftliche Ökonomie und Psychologie durchaus möglich sind, vorausgesetzt, man verwendet die für sie geeigneten Methoden, und das sind nun einmal nicht die der exakten Wissenschaften. Eine der wichtigsten Forderungen der exakten Wissenschaften ist, dass die Wiederholung eines Experiments dasselbe Ergebnis liefern muss. Die Geschwindigkeit, mit der ein Apfel fällt, ist unter denselben Bedingungen überall gleich, das Newton'sche Gesetz ist tatsächlich ein Gesetz. Bei den Humanwissenschaften wie Psychologie und Ökonomie misslingt die Wiederholung eines Versuchs fast immer (daher macht man das auch nicht so häufig). Die Erklärung dafür ist einfach: Es sind keine exakten Wissenschaften, die von ihnen durchgeführten »Messungen« haben nicht denselben Status. Die für die Humanwissenschaften angemessenen Forschungsmethoden, die auch zu politischen Entscheidungen beitragen können, kombinieren quantitative Messungen mit qualitativer Forschung. Das derzeit bekannteste Beispiel sind die Studien von Bent Flyvbjerg (Oxford). Sie sollten zur Pflichtlektüre für jeden Politiker gehören; siehe www.sbs.ox.ac.uk/community/people/ bent-flyvbjerg.

8. Dieses Beispiel entlehne ich einer Studie von Mattias Desmet (2013). Er zeigt, dass die Ergebnisse kaum miteinander übereinstimmen, wenn ein Psychologe verschiedene Instrumente verwendet (zum Beispiel einen Selbsteinschätzungsbogen, einen Rorschachtest und ein Leitfadeninterview), um dieselbe psychologische Eigenschaft zu messen.

9. Überregulierung geht Hand in Hand mit der Obsession, alles messen zu wollen. Man gibt sich der Illusion hin, dass »objektive« Zahlen unzählige ergänzende Regeln rechtfertigen. In der Praxis führen diese Messungen nur zu weiteren Messungen.

10. Bauman (2013).

11. Serres (2013) und Barrico (2006).

12. Tuchman (2001).

13. Le Bon (2016) und Freud (1974 [1921]).

14. Das Durchbrechen einer starren Befehlsstruktur lässt sich beispielsweise aus Ausbildungshandbüchern ablesen. *Richtlinien für Führung und Einsatz der Panzer-Division* von 1938 enthält noch ein Organigramm; ab der Ausgabe von 1940 fehlt es (Dinardo, 2006, S. 119). Ich stieß auf die Idee der Kampfgruppe in einem … Buch über Management, in dem die Autoren ausdrücklich dafür plädierten, vom amerikanischen Modell Abstand zu nehmen, und stattdessen eine europäische Herangehensweise befürworteten. Das Buch hat meiner Meinung nach mehr Aufmerksamkeit verdient: Versnel, Hans, Brouwer, Jaap Jan, *Stop de Amerikanen! Ten minste tien goede redenen om gewoon Europees te blijven*, Houten 2011. Ich habe mir sagen lassen, dass mittlerweile auch einige amerikanische Betriebe ihre traditionelle Vorgehensweise ändern. Solange solche Veränderungen sich jedoch auf die Einführung von ein wenig neuem Personalmanagement-Schnickschnack beschränken, wird sich kaum etwas wirklich verändern. Das lernen wir in Kapitel 7 aus dem Semco-Modell.

15. Eine niederländische Dokumentation darüber findet sich auf http://tegen licht.vpro.nl/afleveringen/2014-2015/einde-vd-manager.html.

5. Kapitel

1. In Laarne, dem flämischen Dorf, in dem ich wohne, wurde die letzte Hexe im Jahr 1607 verbrannt. www.laarne.be/website/57-www/347-www/4783-www.html.

2. Übersetzung aus *The New Yorker*, 17. August 2012; im Original: »A condition that includes different combinations of a ›proactive approach to life‹, ›a drive for self-fulfillment‹, ›stubbornly defending their opinion‹, ›inflated self-esteem‹, ›inclination to opposition behaviour‹, and ›propensity for protest reactions.‹« www.newyorker.com/news/news-desk/the-pussy-riot-verdict.

3. Siehe www.popline.org/node/363769 und www.nocirc.org/symposia/first/hosken.html.

4. In dieser Zeit bekommt die sogenannte Zivilgesellschaft – die sich zwischen Bürgertum und Staat verortet – neuen Elan. Vereinigungen wurden kleinteiliger und lösten sich allmählich von den traditionellen Strukturen, um neue und eigenständige zu suchen. Diesen Prozess beobachten wir auch aktuell wieder.

5. Die frühere belgische Fluggesellschaft Sabena hatte für Stewardessen eine Altersgrenze (mit vierzig war Schluss). Gabrielle Dufrenne focht ihre Ent-

lassung (1968, welch Zufall) an. Erst beinahe zehn Jahre später bekam sie recht. Der Fall kam sogar 2009 noch einmal auf die politische Agenda. Siehe http://nl.wikipedia.org/wiki/Arrest_Defrenne/Sabena_ii und www.senate. be/www/?MIval=/Vragen/svprintnlfr&leg=4&nr=2606&lang=nl.

6. www.ugentmemorie.be/dossiers/vrouwelijke-studenten-aan-de-ugent.

7. OECD, *Education at a Glance*, OECD Indicators 2011.

8. Rosin (2013), S. 193–201.

9. Die Diskussionen zu dem Thema sind häufig ideologisch gefärbt. Die einen schreiben die Probleme der Jungen dem ihrer Meinung nach bedauerlichen Schwinden der Männlichkeit an sich – also des Patriarchats – zu, andere wiederum halten diesen Verlust eher für einen Fortschritt. Zur Illustration siehe www.francetvinfo.fr/societe/debats/debat-les-garcons-sont-ils-en-dan ger_828457.html.

10. Zu den Zahlen aus den Vereinigten Staaten siehe *The New York Times*, 17.2.2012. Zu den Zahlen aus Europa siehe OECD, *The Future of Families*, S. 8 und 13. Die vierunddreißig Länder, die zur Organisation für wirtschaftliche Zusammenarbeit und Entwicklung gehören, stimmen im Großen und Ganzen mit dem Westen sowie Japan und Südkorea überein.

11. Russell (1980), S. 65.

12. Zur gestiegenen Zahl der von Frauen verübten Gewaltdelikte siehe Chesney-Lind, M., »Girls and violence: is the gender gap closing?« in: *National Resource Center on Domestic Violence*, zitiert in Rosin (2013), S. 232. Zur Studie über den Einfluss sozialer Erwartungen siehe Lightdale und Prentice (1994).

13. Wie verlässlich diese Zahlen sind, lässt sich nicht überprüfen. Siehe www.sla te.com/articles/news_and_politics/foreigners/2009/06/the_herbivores_di lemma.html.

14. Kathleen Bogles Studie (2008) zeigt, dass an amerikanischen Universitäten das klassische Dating dem Hooking-up gewichen ist. Nicht verändert hat sich das Risiko, als »Schlampe« zu gelten (siehe ein Interview mit Bogle: www.insidehighered.com/news/2008/01/29/hookups). Eine andere, über vier Jahre laufende Studie zeigt unter anderem, dass der Druck, sich eine Karriere aufzubauen, nicht förderlich für eine dauerhafte Beziehung ist und beiläufigen Sex fördert (Hamilton, L., Armstrong, E. A., 2009).

15. Die Pille hat allerdings eine zu wenig bekannte Schattenseite: Eine nicht so seltene Nebenwirkung ist, dass sie das sexuelle Verlangen unterdrückt. Das-

selbe gilt in noch höherem Maße für Antidepressiva, die Frauen häufig verschrieben werden. Der Mythos der Frau, die nie Lust hat, wird dadurch eine
pharmazeutisch verursachte Realität. Doch keine Sorge, Big Pharma produziert bereits eine Pille, die das weibliche Verlangen steigert. Bald kann man
die drei dann sicher auch zusammen kaufen, in einer günstigen Kombi-
packung.

16. Vgl. www.npo.nl/3doc/14-11-2013/vpwon_1155462 (auf Niederländisch).

17. Sennett (2008), S. 29.

18. Hekma, G., *Homoseksualiteit in Nederland van 1730 tot de moderne tijd*,
    S. 39.

19. OECD, *The Future of Families to 2030*.

20. http://deredactie.be/cm/vrtnieuws/economie/1.2155209. Diese Vision einer
    30-Stunden-Woche passt in einen weiter reichenden Bericht von Femma, in
    dem acht Trends beschrieben werden und Femma Vorschläge anbietet, wie
    man mit ihnen umgehen könnte. Der Bericht ist erfrischend fortschrittlich
    und verspricht mehr für die Zukunft. Siehe www.femma.be/nl/trendrap
    port.

21. Zur Studie von Helen Fisher siehe Rosin (2013), S. 347. Für statistisches
    Material zum Kinderwunsch siehe www.ingender.com/xyu/Gender-Prefe
    rence/.

22. Die skandinavischen Länder zeigen, dass es auch anders geht. Ihre Kinder-
    betreuung gehört zur besten der Welt, Erziehungsurlaub ist auf beide El-
    ternteile gleichmäßig verteilt, und die Kosten werden beinahe vollständig
    vom Staat getragen. Sicher, die Steuern sind sehr hoch und sorgen für eine
    gerechte Umverteilung des Einkommens. Die Verwendung der Steuergelder
    ist allerdings auch sehr transparent.

23. Titel der modernen Version von Aristophanes' *Weibervolksversammlung*:
    »Women at the top«. Siehe http://shc.stanford.edu/news/research/stanford-
    classics-theater-perform-women-top und http://scit.stanford.edu/Site/ar
    chive.html. Aristophanes' Komödie wurde über Jahrhunderte hinweg von
    männlichen Altertumswissenschaftlern als Warnung *gegen* weibliche Politi-
    ker angesehen. Die Stanford-Studenten lesen eine völlig andere Botschaft he-
    raus. Young (1958). Gerzema und D'Antonio (2013).

24. Dass ein von Frauen geführtes Unternehmen erfolgreicher ist, bildet die
    Kernthese einer amerikanischen Forschungsgruppe: Catalyst, *The Bottom
    Line: Connecting Corporate Performance and Gender Diversity*, New York,

siehe www.catalyst.org/. Empirische Beweise dafür sind eher rar, auch aus dem einfachen Grund, dass in der Wirtschaft noch immer mehr Männer als Frauen Führungspositionen innehaben. Für eine nuancierte Besprechung siehe Marinova, J., Plantenga, J., Remery, Chr. (2010). Download auf www.ta lentnaardetop.nl/uploaded_files/document/2010_Gender_Diversity_Evi dence_Dutch_and_Danish_Boa.pdf.

25. Eine gesellschaftliche Veränderung auf dem Gebiet der Autorität zieht unvermeidlich Veränderungen in der Führung nach sich, und das ist in Wirtschaftsunternehmen derzeit in vollem Gange. Man kann dies anhand der folgenden Quellen sehen. Washington, Rynetta R., Sutton, Charlotte D., Sauser, Jr., William I., »How Distinct is Servant Leadership Theory? Empirical Comparisons with Competing Theories«, *Journal of Leadership, Accountability and Ethics*, vol. 11(1) 2014. Carson, Jay B., Tesluk, Paul E., Marrone, Jennifer A., »Shared leadership in teams: an investigation of antecedent conditions and performance«, *Academy of Management Journal* 2007, Vol. 50, No. 5, S. 1217–1234. Ashford, Sue, DeRue, Scott, *Leadership – It's Much More Than a Position*, auf https://hbr.org/2010/04/leadership-its-much-more-than.html. DeRue, D. Scott, Myers, Christopher G., »Leadership Development: A Review and Agenda for Future Research«, hfd. 34, in: David V. Day (hg.) *The Oxford Handbook of Leadership and Organizations*, 2014, doi: 10.1093/oxfordhb/9780199755615.013.040. Pearce, Craig L., Sims, Henry P. Jr., »Vertical Versus Shared Leadership as Predictors of the Effectiveness of Change Management Teams: An Examination of Aversive, Directive, Transactional, Transformational, and Empowering Leader Behaviors«, *Group Dynamics: Theory, Research, and Practice*, Educational Publishing Foundation, 2002, Vol. 6, No. 2, S. 172–197. Walumbwa, Fred O., Avolio, Bruce J., Gardner, William L., Wernsing, Tara S., Peterson, Suzanne J., »Authentic Leadership: Development and Validation of a Theory-Based Measure«, *Journal of Management* 34:1 (Februar 2008), S. 89–126; doi: 10.1177/01492063073 08913.

26. Eine Übersicht über das Namensrecht verschiedener europäischer Länder bietet www.vrouwenraad.be/media/docs/pdf/2011/dossier_naam_kind_20 11_anysurfer.pdf.

6. Kapitel

1. Pascal (2013), S. 64, Gedanke 9.
2. Furedi (2009), Kap. 7.
3. Das ist das Eingangsbeispiel einer kritischen Studie über zeitgenössische Psychologie (Jan De Vos, 2011). In seinem Buch mit dem deutlichen Titel *Wasted: Why Education isn't Educating* weist Frank Furedi zu Recht darauf hin, dass die therapeutische Ausrichtung des Unterrichts mit dem Verlust der klassischen pädagogischen Autorität Hand in Hand geht.
4. Die Entwicklungspsychologie entwickelte einst relativ wertfreie Beschreibungen der motorischen, sensorischen, verbalen, affektiven und sozialen Entwicklung von Babys, Kleinkindern und Kindern. Mittlerweile werden diese in einer Art Checklisten-Mentalität mit explizit normativem Einschlag verwendet. Das mag für gut gemeinte Ideen wie Früherkennung und Stufenplan hilfreich sein, in der Praxis jedoch führt es zu einem Etikettierungswahn und konstant besorgten Eltern (»Lisa ist knapp unter dem Durchschnitt, aber wir arbeiten daran!«).
5. American Psychiatric Association, *Diagnostisches und Statistisches Manual Psychischer Störungen DSM-5* (2015), S.645 f.
6. Furedi (2009), S. 188.
7. Omer (2010). Schon eine flüchtige Netzrecherche zeigt, wie dieser Ansatz sowohl in Belgien als auch in den Niederlanden eingeschlagen hat. Ich gehe sicher nicht zu weit, wenn ich Omers »alte« Autorität als »patriarchale« Autorität interpretiere. Das Wort »neu« habe ich durch »kollektive« oder »geteilte« Autorität ersetzt. »Neu« ist in ein paar Jahren schon verschlissen und lässt keine inhaltlichen Schlüsse zu.
8. In ihrem Buch *Alles over pesten: voor kuddedieren, buitenbeentjes en iedereen die met pesten te maken heeft* (Alles über Mobbing: Für Herdentiere, Außenseiter und alle, die mit Mobbing zu tun haben) beschreibt Mieke van Stigt, was die *peer group* bewirken kann, von radikalem Ausschluss über soziale Kontrolle bis hin zur Unterstützung. In allen Fällen zeigt sich, welch große Rolle die Gruppendynamik spielt, auch bei Kindern und Jugendlichen. Mobbing dreht sich um Macht und um die Verteilung von Machtpositionen in einem Kontext, in dem es nur noch wenig oder gar keine Autorität mehr gibt. Der Verlust der klassischen Autorität und das Abrutschen in schiere Macht ist meines Erachtens eine wichtige Erklärung für das allgegenwärtige

Mobbing. Die Etablierung einer neuen, eher horizontalen Autorität ist die beste Antwort darauf.

9. Ein Beispiel, das zugleich auch politisch bedeutsam ist: In Amsterdam haben sich Eltern zusammengeschlossen, um die Segregation an den Schulen ihrer Kinder zu beenden. Siehe www.amosonderwijs.nl/actueel/ouderinitiatief-op-de-visserschool.

7. Kapitel

1. Mit virtueller Ökonomie meine ich den Handel mit sogenannten »Finanzprodukten«, also einen Handel mit Schulden. Das ist etwas völlig anderes als die echte Ökonomie, bei der Güter oder Dienstleistungen produziert werden. Die virtuelle Ökonomie ist heute wesentlich bedeutender als die echte, und viele Ökonomen sind davon überzeugt, dass sie die echte Ökonomie in den Ruin treibt (*Wall Street is killing Main Street*).

2. Als Erster zog Max Weber die Parallelen zwischen Kapitalismus und Christentum in seinem Werk *Die protestantische Ethik und der Geist des Kapitalismus* (1905). 1921 ging Walter Benjamin einen Schritt weiter und bezeichnete den Kapitalismus als eine Religion an sich. Als ihren zentralen Wesenszug erachtete er, dass es unmöglich ist, die Schuld vollständig abzuzahlen. »Dieser Kultus ist zum dritten verschuldend. Der Kapitalismus ist vermutlich der erste Fall eines nicht entsühnenden, sondern verschuldenden Kultus. Hierin steht dieses Religionssystem im Sturz einer ungeheuren Bewegung.« In moderner Terminologie: Wachstum ist eine permanente Forderung; Verschuldung die permanente Folge. Laut Benjamin ist der Endpunkt die totale Hoffnungslosigkeit. »Es liegt im Wesen dieser religiösen Bewegung, welche der Kapitalismus ist, … das Aushalten bis ans Ende …, bis an die endliche völlige Verschuldung Gottes, den erreichten Weltzustand der Verzweiflung, auf die gerade noch gehofft wird.« Diese Argumentation gilt auch für Individuen. Als Ich-AG muss das Individuum immer effizienter werden und sich immer mehr verausgaben; Ruhepausen gibt es nicht, Benjamin betont »die permanente Dauer des Kultus. Der Kapitalismus ist die Zelebrierung eines Kultes sans rêve et sans merci. Es gibt da keinen ›Wochentag‹, ›keinen Tag, der nicht Festtag in dem fürchterlichen Sinne der Entfaltung allen sakralen Pompes‹, ›der äußersten Anspannung des Verehrenden wäre‹.« Benjamin (1991, Bd. VI), S. 100–103.

3. www.youtube.com/watch?v=MEaJYeRpl1g. Die Hauptfigur Gordon Gekko

(gespielt von Michael Douglas) ist ein psychopathischer Börsenmakler und war von Regisseur Oliver Stone abschreckend gedacht. Er bewirkte jedoch genau das Gegenteil: Gekko wurde zum Rollenmodell für junge Amerikaner, die es schaffen wollten. Bei einem anderen bekannten Film, *American Psycho* (2000), gelang die Abschreckung besser.

4. In diesem Zusammenhang betrachte ich die sogenannten Mikrokredite als Vorläufer des »Gratisgeldes«. Zugrunde liegt der Gedanke, dass man Menschen hilft, einen eigenen Betrieb aufzubauen, die von einer normalen Bank keinen Kredit bekommen würden, indem man ihnen kleine Beträge leiht. Muhammad Yunus, der sich das ausgedacht hatte, erhielt 2006 den Friedensnobelpreis. Inzwischen ist das offenbar ein großer Erfolg – für die Banken. Die ursprünglichen Fonds genügen nicht, die Banken haben auch diesen Markt für sich entdeckt, und ihre Zinsen schwanken zwischen 20 und 40 Prozent (Hunter, 2011). Und das Ergebnis? Beinahe die Hälfte der Menschen, die früher nur arm waren, sind heute arm und verschuldet. Die gute Nachricht ist, dass auch Maßnahmen ergriffen werden, um diesem Missbrauch Einhalt zu gebieten (Polgreen & Bajaj, 2010; Bajaj, 2011). Abgesehen von Erfolg oder Misserfolg können wir an dieser Idee im Kleinen sehen, was sich auch im Großen abspielt: Betriebe und selbst Länder, deren »Ökonomie« sich um einen gigantischen Schuldenberg dreht. »Gratisgeld« (ein garantiertes Grundeinkommen für jeden Erwachsenen) ist eine wesentlich bessere Option.

5. Roubini, einer der wenigen Ökonomen, die die Bankenkrise akkurat vorhersagten, zeigt auf knapp drei Seiten deutlich auf, wie Kreditrating heute funktioniert und welche Änderungen nötig sind. Roubini (2011), S. 263–267.

6. Orwell (1945).

7. Die Berichterstattung über Arbeitslosenstatistik illustriert eindrucksvoll, wie sogenannte objektive Zahlen manipuliert werden können. Beispielsweise, indem man die jährlichen Arbeitslosenzahlen immer mit der größten Zahl Arbeitsloser vergleicht. Für Belgien war die Arbeitslosigkeit 2004 am höchsten, und so setzen Nachrichten über Arbeitslosenstatistiken häufig mit dem triumphierenden Satz ein: »Die Arbeitslosigkeit ist seit 2004 um x Prozent gesunken.« Niemals liest man: »Die Arbeitslosigkeit ist seit 2008 um x Prozent gestiegen.« 2008 war die Arbeitslosigkeit in Belgien am niedrigsten seit 2002. Es bedarf schon eines gewissen Spürsinns, um das zu entschlüsseln (siehe www.npdata.be/BuG/256-rva-statistiek/). Ein anderer Trick besteht darin,

alle paar Jahre die Kriterien, wann jemand offiziell als arbeitslos gilt, »kreativ« anzupassen. Diese Anpassungen werden von verschiedenen Ländern so unterschiedlich gehandhabt, dass die Organisation für wirtschaftliche Zusammenarbeit und Entwicklung (OECD) sich genötigt sah, einen eigenen Maßstab zu entwickeln, die Harmonised Unempoyment Rate oder HUR. Jedenfalls kommt durch die Automatisierung der Arbeit im Mittelfeld der Gesellschaft unmittelbar eine noch wesentlich höhere Arbeitslosigkeit auf uns zu. Keine Regierung der Welt kann ausreichende neue Arbeitsplätze schaffen, um das aufzufangen, die sinnvolle politische Antwort wäre, einmal gründlich über die Umverteilung von Arbeit nachzudenken. Umso mehr, weil es heutzutage nur mehr zwei Sorten Menschen gibt: diejenigen ohne Arbeit und die mit viel zu viel Arbeit.

8. *De Standaard*, 28. Dezember 2012. In einer Besprechung von Trudy Dehues Buch *De depressie-epidemie* bemerkte E. Mortier: »Bei der Krankenpflege ging es auf einmal um ›Pflegemanagement‹, man sprach von der ›Rationalisierung von Pflegeprofilen‹ und anderen vagen Punkten, die in gut klingende Worthülsen verpackt wurden. Die Pflege von Patienten wurde auf einmal in Pflegehandlungen zerstückelt, der Pflegemanager stoppte, wie viel Zeit (und Geld) diese Handlungen kosten durften. Krankenstationen wurden zu stillstehenden Fließbändern, immer weniger Krankenpfleger versorgten immer mehr Betten; die Pflege ähnelte zunehmend der modernen Automobilproduktion. Diese Entwicklung stellt nur eine Seite des reformierten Nachkriegs-Versorgungsstaats dar, der uns zuvor schon viel zu sehr in Watte gepackt hatte und uns viel zu weich für den Konkurrenzkampf der neuen Weltwirtschaft werden ließ, in der Konkurrenz und individuelles Streben mehr zählte als Zusammenarbeit und Solidarität.« (*Standaard der Letteren*, 26. September 2008).

9. Siehe International Labour Office, Genf, *World Employment and Social Outlook*. Trends 2015. www.ilo.org/global/research/global-reports/weso/2015/lang–en/index.htm.

10. Siehe Mazzucato (2014).

11. Erwartet wird, dass Menschen mit Ersparnissen (Menschen ohne Schulden – pfui!) dadurch Geld verlieren (die Zinsen fallen auf null oder werden sogar negativ) und endlich Vernunft annehmen und auch auf Pump leben. Private Haushalte folgen inzwischen tatsächlich derselben Logik: »Wachstum« auf Basis von Schulden. Laut den Zahlen der belgischen Staatsbank war die

Schuldenlast von Privathaushalten mit 217 Milliarden Euro Anfang 2014 doppelt so groß wie zehn Jahre zuvor (Du Caju, Ph., et al., 2014).

12. Das isländische Krisenmanagement wurde in vielen Studien untersucht. Meine Beschreibung stützt sich unter anderem auf Iceland Chamber of Commerce, *The Icelandic Economic Situation*, Status Report, 15th edition, April 2012. Einen guten Einblick in die Aktivitäten rund um das Grundgesetz liefert Landemore, Héléne, »The Icelandic experience challenges the view that constitutional process must be exclusionary and secretive«, 25. Februar 2015, basierend auf »Inclusive Constitution-Making: The Icelandic Experiment«, *Journal of Political Philosophy*, online erschienen am 25. Februar 2014, 10.1111/jopp.12032. Über Icesave: Parker, Ian, »Lost, After financial disaster, Icelanders reassess their identity«, 29. März 2009, *The New Yorker*, www.newyorker.com/magazine/2009/03/09/lost-19.

13. Die Information über FSC und MSC entnehme ich Diamond (2005). Er untersucht, warum bestimmte Kulturen untergehen. Sein Ergebnis ist so beängstigend wie hoffnungsvoll: Die wichtigsten Gründe für einen kollektiven Untergang liegen unter anderem bei Klimaveränderungen, kombiniert mit falschen Entscheidungen: »In der gesamten überlieferten Geschichte führten Handlungen oder Untätigkeit selbstverliebter Könige, Häuptlinge und Politiker immer wieder zum Zusammenbruch von Gesellschaften« (S. 532). Man darf hoffen, dass manche Gesellschaften doch die richtigen Entscheidungen treffen und nicht untergehen. Es gibt eine Alternative, doch die kommt selten von dem großen Anführer. Laut Diamond ist das Hauptmotiv für politische Dummheit Machtsucht.

14. Zur Dokumentation über den Boykott von Amazon.com siehe www.volks krant.nl/dossier-archief/boycot-duitse-amazonom-uitbuiting-personeel~a 3395525/. Die Reportage in De Standaard, 15. Mai 2015, über Kinderarbeit beim Abbau von Naturstein: www.standaard.be/cnt/dmf20150515_016825 54. Zur Steuervermeidungstaktik von Starbucks siehe www.reuters.com/art icle/2012/10/15/us-britain-starbucks-tax-idusbre89e0ex20121015, zum darauffolgenden Boykott der Verbraucher und schließlich dem Einlenken des Konzerns siehe www.mirror.co.uk/news/uk-news/starbucks-move-hq-uk-pay-3419675 und www.dailymail.co.uk/news/article-2606274/Starbucks-pay-tax-Britain-relocates-European-headquarters-London-following-cus tomer-boycott.html.

15. Über Semco und Semler findet man viele Informationen im Internet, ange-

fangen bei Wikipedia. Wer mehr wissen will, sollte Semlers Buch *Das SEM-CO System: Management ohne Manager*, München 1993, lesen.

16. Semler (1993), S. 232.

17. Harari verweist auf Studien über südamerikanische Indianervölker (Harari, 2014, S. 396). Auch für die Buschmänner der Kalahari ist Gewalt eine bedeutende Todesursache (Konner, 1984, S. 9). Rousseaus »edler Wilder« ist alles in allem nicht so edel.

18. Ostrom (2011).

19. Die spanische Gemeinde Marinaleda funktioniert als Kooperative und erhielt während der vorigen Wirtschaftskrise besonders viel Aufmerksamkeit. Auch ein niederländisches Dorf hat inzwischen das Heft selbst in die Hand genommen. Siehe www.vn.nl/Archief/Samenleving/Artikel-Samenleving/De-eerste-dorpscooperatie-van-Nederland.htm?utm_content=-bufferf4413&utm_medium=social&utm_source=twitter.com&utm_campaign=buffer.

20. Die Informationen über Buurtzorg entnahm ich vor allem einem Interview mit Jan Rotmans, »Het zijn de burgers die aan het stuur zitten«. Mit Blick auf heutige Indikatoren (Gewinn, Wachstum, Zufriedenheit) ist Buurtzorg äußerst erfolgreich. Der Leiter (Jos de Blok) ist kein wirklicher Leiter, sondern inspiriert die Teams, indem er sie ihr eigenes Ding machen lässt. Siehe http://managementscope.nl/magazine/artikel/835-jos-de-blok-buurtzorg-besturen-is-flauwekul. Über den Erfolg von Mondragon gibt es massenweise Literatur und Dokumentationen (siehe http://tegenlicht.vpro.nl/afleveringen/2011-2012/Mondragon.html).

21. Das Internet ist dabei ein wichtiges Instrument, man denke an www.food-sharing.de, www.lets-share.de und www.bewelcome.org. Es lassen sich gar nicht alle Beispiele dafür aufzählen, und nicht alle gehören in die Kategorie Commons/Kooperativen. Die bekanntesten Beispiele sind LETS (Local Exchange Trading Systems), Airbnb und Couchsurfing, Cambio usw., wenn es darum geht, Gegenstände, Dienstleistungen, Zimmer, Autos und Fahrräder zu teilen. Derzeit wird die Marktmacht von Großkonzernen wie Uber und Airbnb zu Recht kritisch diskutiert (vgl. Tom Slee, *Deins ist meins. Die unbequemen Wahrheiten der Sharing Economy*, München 2016). Daneben gibt es jedoch noch unzählige kleinere Initiativen, beispielsweise zum Teilen oder Tauschen von Spielzeug, Kleidung, Schmuck, Lebensmittel und den gemeinschaftlichen Gebrauch von Gebäuden und Gärten. Auch die neue Ar-

chitektur geht immer mehr in diese Richtung. Alle diese Beispiele zeigen eine Verschiebung von Besitz hin zum Teilen, der Prozess wird durch das Internet gefördert, und der Akzent liegt auf Nachhaltigkeit. Eine faszinierende Entwicklung ist dabei das digitale »Geld«, das häufig auf der Zeit basiert, die man auf jemand anderen verwendet hat und für die man wiederum die Zeit eines anderen kaufen kann – »Zeit ist Geld« bekommt so eine ganz wörtliche Bedeutung.

22. Die bekanntesten Websites dieser Art sind TripAdvisor und Yelp, doch auch hier ändert sich die Szene rasend schnell. Ständig kommen neue Apps heraus, bei denen man mittels Scannen eines Produkts sofort Zugang zu Beurteilungen anderer Käufer erhält, die beinahe immer irreführende Reklame korrigieren. Das ist die neueste Form von sozialer Kontrolle und so auch von Autorität; man könnte sagen, es ist eine ökonomische Variante von Wiki-Leaks.

23. Am 6. März 1987 sank *The Herald of Free Enterprise*, beinahe unmittelbar nachdem das Schiff den Hafen von Seebrügge verlassen hatte; einhundertdreiundneunzig Menschen ertranken. Die Bugklappen standen noch offen, auf dem Autodeck gab es keine wasserdichten Zwischenschotten. Schuld an der Katastrophe war den Untersuchungsergebnissen zufolge der Druck des Wettbewerbs, der dazu führte, dass die Sicherheit vernachlässigt wurde. Nie trug ein Schiff einen ironischeren Namen.

24. John Micklethwait und Adrian Wooldrigde beschreiben das in ihrem gleichnamigen Buch als »die vierte Revolution«. Implizit plädieren sie dafür, politische Beschlüsse den Technokraten zu überlassen, die zuerst monetäre und fiskale Maßnahmen über die Köpfe der demokratisch gewählten Regierungen hinweg ergreifen müssen. Wenn zwei amerikanische Autoren Singapur und China als beispielhaft in den Himmel loben, dann ist etwas faul. Das Buch ist ein typisches Beispiel für manipulative Rhetorik: Belege werden sehr selektiv zitiert (die Informationen über Skandinavien sind sowohl falsch als auch unvollständig), dem Leser wird ein unwiderstehliches Angebot gemacht (weniger Verschwendung, Kampf gegen Steuerflucht, bessere Kontrolle der Politiker), und er erhält dabei unmerklich eine Medizin verpasst, die seine Entscheidungsgewalt ausschaltet. Denn der Westen, so die Autoren, laufe auch ein hohes Risiko: Einer der Gründe für die Überfrachtung der Demokratie sei etwa der Umstand, dass der Staat den Bürgern zu viel Gehör schenke. Das Ideal ist ganz klar ein geradezu magersüchtiger

Staat, »effizient« regiert von technokratischen Managern, mit minimalem Mitspracherecht der Bürger. Politiker, die dieses Buch als Leitfaden verwenden, wollen die Demokratie still und heimlich abschaffen.

8. *Kapitel*

1. Bezien (2012).
2. Eine kleine Auswahl der Autoren: L. Abicht, M. Chavannes, M. Claeys, Th. Decreus, L. Huyse, D. Pels, W. Schinkel, D. Van Reybrouck, J. van der Lans, G. Verbeet, Y. Zonderop. Und das sind nur die, die mir spontan einfallen.
3. Ein Jahr später fand das Wort mit folgender Erklärung Eingang in den Duden: »aus Enttäuschung über bestimmte politische Entscheidungen sehr heftig öffentlich protestierender und demonstrierender Bürger«.
4. Zur gesunkenen Wahlbeteiligung bei der Europawahl siehe www.europarl.europa.eu/elections2014-results/nl/turnout.html.
5. *De Standaard*, 3. August 2013. Der Schriftsteller David Van Reybrouck fasste das kernig zusammen: »Het regeerakkoord is een negeerakkoord« (Die Regierungserklärung ist eine Negierungserklärung) (*De Standaard*, 11. Dezember 2014), siehe https://nl-nl.facebook.com/permalink.php?story_fbid =760734490668855&id=266204043455238).
6. In den Worten des Philosophen Thomas Decreus (2013): »[…] dass Demokratie kein Zustand ist, sondern eine Bewegung ohne Endpunkt. Es ist ein ständiger Prozess, der danach strebt, ungerechte Machtverhältnisse zu neutralisieren.« www.academia.edu/1900079/Geweld_en_Legitimiteit_Over_ de_Fundering_van_het_Recht_bij_Rawls_en_Derrida.
7. Dass Demokratie ein kontinuierlicher Prozess ohne definitiven Endpunkt ist, bedeutet, dass verschiedene Etappen des Demokratisierungsprozesses immer orts- und zeitgebunden sind (Rosanvallon, 2006). Eine solche Auffassung hat wichtige Implikationen und widerspricht der Idee, dass »unsere« auf freien Wahlen basierende Demokratie die einzig wahre ist und daher anderen Ländern aufoktroyiert werden muss, die »noch nicht so weit sind«. Was dabei herauskommt, sieht man an den vom Westen erzwungenen Wahlen in Afghanistan, Irak und verschiedenen afrikanischen Ländern – einen Erfolg kann man das nicht gerade nennen. Die historischen Umstände unterscheiden sich, und daher muss Demokratie dort eine andere Form haben. »Unsere« Demokratie anderen Ländern aufzuzwingen ist übrigens höchst undemokratisch und vor allem paternalistisch.

8. Ich ziehe »Gleichwertigkeit« der »Gleichheit« vor. Streben nach Gleichheit kann sehr gefährlich werden, denn es kann zu einer erzwungenen Uniformierung (teilweise auch wörtlich zu nehmen) der Gesellschaft führen. Demos, das Volk, können wir derzeit besser verstehen als »die Gemeinschaft«.

9. OECD, *In It Together: Why Less Inequality Benefits All*. Die wissenschaftlichen Belege für die negativen Folgen von Ungleichheit haben seit dem bahnbrechenden Werk von Wilkinson und Pickett (2010) nur noch zugenommen. Es überrascht mich immer wieder, wie wenige Menschen darüber informiert sind. Eine der renommiertesten Zeitschriften, *Science*, widmete am 23. Mail 2014 diesem Thema eine ganze Ausgabe. Siehe www.sciencemag.org/site/special/inequality/.

10. Dabla-Norris (2015). *Inequality: A Global Perspective*. International Monetary Fund, (15. Juni 2015), siehe www.imf.org/external/pubs/cat/longres.aspx?sk=42986.0. Laut IWF sind die sogenannten »Expertenboni« die wichtigste Erklärung für die wachsende Ungleichheit, eine Meritokratie also. Als ich 2012 diese Theorie in meinem Buch *Und ich? Identität in einer durchökonomisierten Gesellschaft* vorstellte, wurde ich von einigen selbst ernannten Experten angegangen, ich hätte keine Ahnung und arbeitete unwissenschaftlich. Es würde mich interessieren, ob sie das nun auch über den IWF sagen.

11. Benjamin (1991, Bd. II.1), S. 186f.

12. Willem Schinkel (2012) weist zu Recht darauf hin, dass Nationalismus nicht per definitionem eine neoliberal-ökonomische Form annehmen muss, ganz im Gegenteil; die schottischen Nationalisten sind ausgesprochen linkssozial. Nationalismus kann sogar auf der Solidarität einer größeren Gruppe von Menschen aufgebaut sein, die eine bestimmte Geschichte teilen. Was Schinkel kritischen Nationalismus nennt, wird diese Solidarität zudem auch in einen globaleren Kontext der Betroffenheit einbinden, als Gegenentwurf zu einem Rückzug in eine geschlossene Gemeinschaft, die gerade wegen ihres geschlossenen Charakters zu Plünderungen einlädt.

13. Siehe www.ringland.be/ Das Dossier ist ohne Zweifel ein Test, wie viel Demokratie heute noch vorhanden ist, und wie ernst das genommen wird, was Politiker selbst immer propagieren: Mitsprache des Bürgers. Falls die Politiker dennoch ihren eigenen Vorschlag durchsetzen, wird die Anzahl der Wutbürger im Raum Antwerpen deutlich zunehmen.

14. Gribnau (2013). www.ucsia.org/download.aspx?c=.antwerptaxacademy&n=112356&ct=112356&e=319373.

15. Siehe für Luxleaks www.theguardian.com/business/2014/nov/05/-spluxembourg-tax-files-tax-avoidance-industrial-scale. Siehe Maus (2014), http://m.tijd.be/9578419.art?sid=5555510.

16. Ein aktuelles Beispiel: Die Wissenschaft ist sich größtenteils einig, welche schwerwiegenden Folgen hormonaktive Substanzen (EAS) für unsere Gesundheit haben. Die EU will sie eindämmen und lässt eine wissenschaftliche Kommission solche gefährlichen Stoffe auflisten. Ende 2012 ist die Studie fertig, im Juni 2013 wird der Vorschlag abgewiesen und alles auf die lange Bank geschoben. Den Grund dafür kennen wir erst seit Kurzem: Lobbyarbeit der chemischen Industrie, angeführt von Bayer. Das wissen wir, weil Corporate Europe Observatory seine Recherchen veröffentlicht hat. Diese Gruppe beobachtet den Einfluss von Lobbyarbeit auf die europäische Politik. Im vorliegenden Fall überlassen E-Mails von Bayer und der Zeitpunkt, zu dem sie verschickt wurden, nichts der Fantasie (Horel, 2015). Einmal mehr kann anhand dieser Forschungsgruppe gezeigt werden, wie die neue soziale Kontrolle funktioniert. Vorerst hat dies jedoch wenig Auswirkungen, außer dass auch hier die Zahl der Wutbürger wächst.

17. Ein Bericht über Swiss-Leaks findet sich auf www.icij.org/project/swiss-leaks/banking-gianthsbc-sheltered-murky-cash-linked-dictators-and-arms-dealers.

18. Ein Artikel von Fishkin erklärt gut, wie das funktioniert. Zu lesen auf http://bostonreview.net/james-fishkin-nation-in-a-room-turning-public-opinion-into-policy. Wo und wie sein Modell derzeit angewendet wird, kann man verfolgen auf http://cdd.stanford.edu. Einen ausführlichen Bericht über das britische Beispiel gibt es auf http://cdd.stanford.edu/2010/final-report-power-2010-countdown-to-a-new-politics/ und www.theguardian.com/commentisfree/2010/jan/20/britain-change-counts-election-today.

19. Dieses sowie andere Beispiele werden von David Van Reybrouck ausführlich in seinem Plädoyer für eine neue Demokratie besprochen (*Tegen verkiezingen* – Gegen Wahlen). Was das niederländische Beispiel betrifft, so vermute ich, dass viele Niederländer nicht einmal über seine Existenz Bescheid wissen. Das zeigt meiner Meinung nach, dass die damalige Regierung es nicht an die große Glocke hängen wollte. Es erfordert in der Tat Mut, etwas zu organisieren, von dem man weiß, dass es die eigene Macht begrenzen wird. Für eine Übersicht siehe https://decorrespondent.nl/514/Democratische-vernieuwing-het-kan-dus-wel/56754133942-9ade18b8.

20. Ein Beispiel im Kleinen: In Antwerpen stößt ein Bauprojekt auf das Veto eines Nachbarschaftskomitees. Statt wie gewohnt einen juristischen Feldzug anzuberaumen, zieht der Bauherr die Bauanfrage zurück und setzt sich mit dem Nachbarschaftskomitee an einen runden Tisch. Drei Monate später ist der Plan fertig und wird nun von der Nachbarschaft unterstützt. Die Anwohner haben selbst monatelang untereinander diskutiert und nachgedacht, sodass sie das Dossier gut kennen und wissen, was sie wollen. Im Jahr darauf, 2013, beginnt derselbe Bauunternehmer ein anderes großes Projekt und bezieht diesmal von Anfang an die Anwohner in die Planung mit ein. Auffallend ist, dass keine lokalen Politiker zu dem Diskurs eingeladen werden, weil sie – so das Nachbarschaftskomitee – sich vor allem profilieren wollen. Dieses und andere Beispiele sind im letzten Kapitel des Buches von Luc Huyse (2014) nachzulesen, in dem er Lösungen für die derzeitige Krise der Politik aufzeigt. Ich verfälsche seine Absichten sicher nicht, wenn ich diese Lösungen unter dem Begriff deliberative Demokratie zusammenfasse.

21. Es erinnert an eine komplexe Variante von Doodle, wobei es nicht nur um das Festlegen eines Datums für eine Versammlung geht, sondern auch um die Auswahl der Punkte für die Tagesordnung. LiquidFeedback ist gratis im Internet erhältlich. Es ist eines der vielen Beispiele, bei denen Kenntnisse und eine dazugehörige Methode aus einem Kollektiv entstanden sind, das vor allem teilen möchte. Für weitere Informationen siehe http://en.wikipedia.org/wiki/LiquidFeedback und http://techpresident.com/news/wegov/2215 4/how-german-pirate-partys-liquid-democracy-works.

Schlussbemerkung

1. Das spontane prosoziale Verhalten bei kleinen Kindern wurde von Warneken und Tomasello (2009) vom Max-Planck-Institut untersucht und mittlerweile wiederholt bestätigt: http://www.parentingscience.com/helpful-kids-and-rewards.html. Diese Feststellungen finden ferner Bestätigung in der soziobiologischen Forschungsarbeit von Frans de Wal. Ein Beispiel ist besonders eindrucksvoll: Primaten (wir also) zeigen eine angeborene Reaktion gegen Ungerechtigkeit (ein ebenso überzeugendes wie witziges Video dazu ist: www.youtube.com/watch?v=meiU6TxysCg). Bei den Studien zu prosozialem Verhalten von kleinen Kindern fällt auf, dass helfendes Verhalten gefördert wird, je mehr diese selbst bestimmen können (und nicht von wohlmeinenden Eltern zum Teilen mit anderen verpflichtet werden), und

umgekehrt. Der Wunsch nach Autonomie und ihre positiven Folgen werden in einer neuen Forschungsrichtung der Psychologie ersichtlich, der sogenannten Selbstbestimmungstheorie. Nicht von ungefähr ist diese Theorie derzeit besonders erfolgreich. Sie trifft den Zeitgeist.

2. Soziale Ungleichheit trifft häufig ärmere Bevölkerungsgruppen nichtwestlicher Abstammung, die sich bis heute anhören müssen, sie würden sich nicht ausreichend an unsere Normen und Werte anpassen. Dabei vergisst man, dass der Zugang dazu über Bildung geht, und dass dieser Zugang in verschiedenen Ländern unterschiedlich ist. Türkische Jugendliche in einer vergleichbaren Situation (Eltern in der Türkei geboren, mindergebildete Arbeiterfamilien) treten in Schweden sechs Mal häufiger eine akademische Ausbildung an als in Deutschland. Die wichtigste Ursache ist das Schulsystem: In Schweden gibt es genügend bezahlbare Kitas, es gibt eine gute Elternzeit, und Kinder gehen bereits mit drei Jahren zur Schule; eine verbindliche Entscheidung über den Bildungsweg müssen sie erst mit fünfzehn treffen. In Deutschland ist das ganz anders. Und das Ergebnis? In Stockholm sind nur fünf Prozent der Jugendlichen mit Migrationshintergrund Anhänger des konservativen Islam, in Berlin 28 Prozent! So die Ergebnisse einer niederländischen Forschungsgruppe: Crul, Schneider, Lelie (2013).

REGISTER

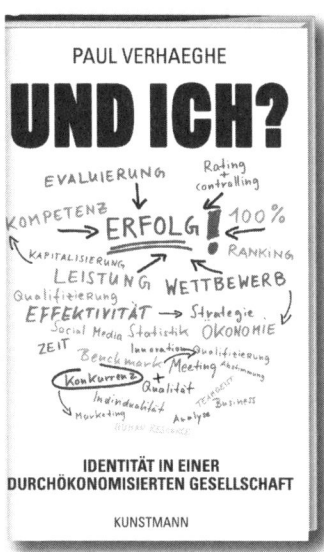

Paul Verhaeghe
UND ICH?
Identität in einer durchökonomisierten Gesellschaft

In einer furiosen Anklage zeigt Paul Verhaeghe, welche Auswirkungen das Selbstverständnis einer Gesellschaft, die jeden Lebensbereich unter das Diktat der Ökonomie stellt, auf die Psyche der Menschen hat.

»Überzeugend entlarvt er die Ideologie des Neoliberalismus als unmenschlich und irreführend: Wissenschaft und Wirtschaft propagieren, dass jeder Mensch sich selbst immer wieder neu erschaffen könne, wenn er sich nur richtig Mühe gebe.«
Deutschlandradio Kultur

Aus dem Niederländischen von Birgit Erdmann und Angela Wicharz-Lindner, 256 S., ISBN 978-3-88897-869-2

VERLAG ANTJE
KUNSTMANN

Die Übersetzung dieses Buches wurde gefördert vom Flämischen
Literaturfonds (Vlaams Fonds voor de Letteren – www.flemishliterature.be)

Flemish
Literature
Fund

Umschlaggestaltung: Heidi Sorg und Christof Leistl, München
Typografie + Satz: Frese | Werkstatt für Grafik & Fotografie, München
Druck und Bindung: Bookwell, Porvoo, Finnland
ISBN 978-3-95614-127-0